EXTRAORDINÁRIAS

CB006491

ExTRAORDINÁRIAS

MULHERES QUE REVOLUCIONARAM O BRASIL

DUDA PORTO DE SOUZA   ARYANE CARARO

4ª edição revista e ampliada
2ª reimpressão

SEGUINTE

Copyright do texto © 2017 e 2022 by Duda Porto de Souza e Aryane Cararo
Copyright das ilustrações © 2017 e 2022 by várias ilustradoras

A ilustração de Graziela Maciel Barroso foi baseada na fotografia
(código JBRJ.GMB.ICON.HOM.14) do Arquivo Graziela Maciel Barroso,
do acervo do Jardim Botânico do Rio de Janeiro.

O selo Seguinte pertence à Editora Schwarcz S.A.

*Grafia atualizada segundo o Acordo Ortográfico da Língua Portuguesa de 1990,
que entrou em vigor no Brasil em 2009.*

CAPA E PROJETO GRÁFICO Tamires Cordeiro
CHECAGEM Érico Melo
PREPARAÇÃO Lígia Azevedo
REVISÃO Carmen T. S. Costa, Adriana Moreira Pedro e Natália Mori

Dados Internacionais de Catalogação na Publicação (CIP)
(Câmara Brasileira do Livro, SP, Brasil)

Souza, Duda Porto de
    Extraordinárias: Mulheres que revolucionaram o Bra-
sil / Duda Porto de Souza, Aryane Cararo. — 4ª ed. rev. e
ampl. — São Paulo : Seguinte, 2022.

    Bibliografia.
    ISBN 978-85-5534-231-8

    1. Mulheres – Biografia 2. Mulheres – Brasil
    3. Mulheres – História I. Cararo, Aryane. II. Título.

22-133428   CDD-920.720981

Índice para catálogo sistemático:
1. Brasil : Mulheres : Biografia   920.720981
Cibele Maria Dias – Bibliotecária – CRB-8/9427

Todos os direitos desta edição reservados à
EDITORA SCHWARCZ S.A.
Rua Bandeira Paulista, 702, cj. 32
04532-002 — São Paulo — SP
Telefone: (11) 3707-3500
www.seguinte.com.br
contato@seguinte.com.br

Para Nina Cararo Schulz e todas as brasileiras.

Sumário

9 *Apresentação*

....

12 Madalena Caramuru
16 Dandara
20 Bárbara de Alencar
24 Hipólita Jacinta Teixeira de Melo
28 Maria Quitéria
32 Maria Felipa de Oliveira
36 Nísia Floresta
40 Ana Néri
44 Anita Garibaldi
48 Maria Firmina dos Reis
52 Chiquinha Gonzaga
56 Georgina de Albuquerque
60 Nair de Teffé
64 Anita Malfatti
68 Bertha Lutz
72 Antonieta de Barros
76 Carmen Portinho
80 Laudelina de Campos Melo
84 Nise da Silveira
88 Pagu
92 Ada Rogato
96 Graziela Maciel Barroso
100 Carolina Maria de Jesus
104 Maria Lenk

108 Dorina Nowill
112 Cacilda Becker
116 Dona Ivone Lara
120 Zuzu Angel
124 Josefa Paulino da Silva
128 Niède Guidon
132 Zilda Arns
136 Margarida Maria Alves
140 Leila Diniz
144 Dinalva Oliveira Teixeira
148 Marinalva Dantas
152 Indianarae Siqueira
156 Sônia Guajajara
160 Marielle Franco
164 Djamila Ribeiro
168 Marta Vieira

Abrasileiradas

173 Felipa de Souza
174 Olga Benario Prestes
175 Carmen Miranda
176 Lina Bo Bardi
177 Dorothy Stang

....

178 *Linha do tempo*
185 *Glossário*
191 *Referências*

203 *Agradecimentos*
205 *Sobre as autoras*
206 *Sobre as ilustradoras*

Apresentação

Cada mulher tem sua parte heroína. Enfrentar os preconceitos que mesmo no século XXI são tão presentes em nossa sociedade, dando conta também de tantos papéis e exigências, é, sem dúvida, prova de força. Prova. Essa palavra que nasce conosco e nunca nos abandona. Parece que temos de provar tudo a todos a todo momento, embora a gente saiba muito bem que ninguém nunca deveria ter de provar nada para garantir direitos iguais e respeito.

Mas quem seria sua heroína? Não vale falar da Mulher-Maravilha, Jean Grey, Mulan, Katniss Everdeen, Beatrix Kiddo ou Trinity. Queremos saber quem é sua heroína de verdade, de carne e osso, aquela que você admira, cuja história conhece, com quem se identifica. Joana d'Arc? Frida Kahlo? Marie Curie? Cleópatra? É fácil citar estrangeiras, mas onde ficam as brasileiras nessa lista? Sua inspiração é uma de nós?

Na terceira onda do feminismo – ou quarta ou pós-feminismo, porque só o tempo dirá como ficarão conhecidos os dias atuais –, ainda parece difícil citar nossas guerreiras de ontem e de hoje, aquelas que, como nós, nasceram no Brasil ou decidiram viver aqui. E é por isso que escrevemos este livro.

Se várias gerações crescem sem saber quem são as mulheres que fizeram nossa história, que lugar no país e no mundo somos preparadas para ocupar? É urgente falar, conhecer, ilustrar e dar espaço para essas brasileiras que deixaram sua marca e se tornaram um divisor de águas em suas áreas.

Em nossa pesquisa, nos surpreendemos com a quantidade de narrativas que gostaríamos de contar. Para cada figura escolhida, outras tantas surgiam. Entre elas, contemplamos também as mulheres que não nasceram aqui, mas que marcaram a história do país.

Como critério, optamos por celebrar as diferentes áreas de atuação – da arte aos direitos humanos, das revoluções à medicina, da luta contra a escravização de pessoas no passado e no presente à ciência. Pioneiras, ousadas, guerreiras, rebeldes, curiosas, valentes – nenhuma delas se limitou ao papel que lhes foi atribuído socialmente.

As que aparecem aqui, no entanto, não são mais importantes que todas as outras, incluindo você (importância é um conceito muito amplo, subjetivo e controverso). A lista é infinita, de modo que este trabalho não acaba aqui, mas as mulheres escolhidas são aquelas que consideramos que todo mundo deveria conhecer o quanto antes.

Talvez você já tenha cruzado com alguns desses nomes. Anita Garibaldi e Chiquinha Gonzaga foram retratadas em séries de tv. Zuzu Angel ganhou filme. Marta Vieira continua brilhando no futebol. Dona Ivone Lara ajudou a compor nossa identidade cultural através do samba. Mas muitas outras estão sendo apagadas da nossa memória com o tempo e a escassez de registros. É o caso de Maria Firmina dos Reis e Maria Felipa de Oliveira. Em alguns casos não discernimos bem o mito da verdade, como acontece com Madalena Caramuru, Dandara e Dina. Algumas nunca foram muito conhecidas, mas deveriam, como Margarida Maria Alves, Laudelina de Campos Melo e Ada Rogato. De outras, como Pagu, só conhecemos uma faceta, ignorando quão maravilhosas foram em sua totalidade. Já as contemporâneas nossas, como Nièdе Guidon e Marinalva Dantas, estão aí lutando enquanto seguimos nossa vida, talvez sem nos dar conta de sua relevância. E há aquelas, como Indianarae Siqueira, que transformaram as questões de gênero, fazendo-nos lembrar de que somos todos humanos. Ao final de tantos esforços, o que se sobressai nas trajetórias aqui reunidas é a força dessas mulheres para comunicar e promover mudanças para toda a sociedade.

Esta compilação é tão plural quanto as regiões do país, como não poderia deixar de ser. Da militância social de Bárbara de Alencar no sertão pernambucano à criação da fundação Dorina Nowill em São Paulo, que serviu de modelo para o resto do mundo; de Leila Diniz exibindo a barriga de grávida nas areias de Ipanema a Sônia Guajajara liderando o movimento indígena na Amazônia; ou ainda Margarida Maria Alves, que deu a vida em defesa da população camponesa no Brejo Paraibano. As ricas influências geográficas e culturais do Brasil são pilares fundamentais para compreendermos tantas agitações.

Ao reunir estas histórias de vida, pudemos entender um pouco da nossa própria história, do que nos fez chegar até aqui, do que já conquistaram para nós lá atrás. E do que ainda temos de enfrentar, pois as conquistas, às vezes, são fios frágeis de uma costura complexa e trabalhosa que não se conclui de uma hora para outra. Colocando essas mulheres lado a lado, percebemos o quanto suas vidas se entrelaçam no tempo, no espírito ou nas convicções, e como séculos de história separam as mesmas reivindicações. Entendemos como cada uma foi vítima e embaixadora de sua época. Para seguir carreira, muitas tiveram de abdicar do casamento, para não serem proibidas de trabalhar pelos maridos. Outras foram julgadas por defender o prazer feminino ou acreditar que a maternidade não era uma regra. Muitas pagaram com a liberdade ou com a vida por levantar a voz. Em pleno século XXI, o Brasil ainda está entre um dos países mais violentos para as mulheres, sendo as mulheres negras e jovens as mais afetadas.

Há aqui feministas de diferentes épocas, cada qual com suas próprias lutas e reivindicações, ainda que não tenham sido militantes. Mulheres que batalharam pelo direito ao voto, outras que seguem lutando pela participação política e contra o racismo que estrutura toda a sociedade brasileira. Mulheres que quebraram tabus em relação à sexualidade e brigaram pelos direitos reprodutivos e pela conquista do mercado de trabalho. E mulheres que lutam ainda hoje pela pluralidade feminina, em uma redefinição do gênero que respeita as diferenças entre classes, cores, etnias, localidades e escolhas sexuais. Ou seja, reunimos aqui brasileiras que, das mais variadas formas, se posicionaram contra a discriminação da mulher.

Precisamos falar sobre elas, porque lhes devemos muito. Este livro foi criado para ser apreciado por todas as faixas etárias. Porque, transmitindo essas histórias, podemos fazer deste um mundo mais equânime, justo e melhor. Para todas as pessoas. E este trabalho não acaba aqui.

Este é um trabalho de todos os dias. De reconhecer a força de mulheres que estão agora mesmo batalhando para acabar com todo tipo de discriminação interseccional. De vigiar os direitos adquiridos quando o mundo assiste estarrecido a tantos retrocessos. De entender que o trabalho não remunerado de mulheres na economia do cuidado é o que sustenta o mundo capitalista e que este é um sistema que subjuga e oprime. De manter-se presente na luta e na memória daquelas que vieram antes de nós, honrando-as e ampliando seus esforços.

Cinco anos depois do lançamento de *Extraordinárias*, não podemos dizer que a equidade de gênero é uma realidade, mas muitos passos foram dados. Movimentos como o 8M, que tem como data principal o 8 de março, Dia Internacional da Mulher, mostraram que o feminismo lidera a luta contra retrocessos em toda a América Latina. O MeToo, de combate ao assédio sexual, reverberou globalmente, assim como o Vidas Negras Importam, contra a violência sistêmica direcionada às pessoas negras, e a "Primavera das Estátuas", de derrubada de monumentos que simbolizam o colonialismo. Essas ações levantaram vozes e reflexões necessárias e urgentes. Instrumentos de ação contra a violência de gênero, como a Lei Maria da Penha, que completou 15 anos em 2021, fizeram mais que prender criminosos: promoveram a conscientização sobre a realidade de muitas mulheres. Nesses anos que separam a primeira da atual edição deste livro, vimos com satisfação tantas pessoas tomarem para si o papel de contar as histórias de mulheres brasileiras e de se insurgirem contra o sistema patriarcal. Também choramos com as perdas irreparáveis de pessoas como Marielle Franco, brutalmente executada. Mas, assim como Margarida, Marielle virou semente e estará sempre presente. Porque somos a soma de todas que vieram antes de nós e a força daquelas que seguem ao nosso lado. Pedimos justiça para seguirmos adiante.

Setembro de 2022

NOTA DA EDIÇÃO

Ao longo do texto, você vai encontrar termos grifados. Todos eles contam com uma explicação no nosso glossário (p. 185). Boa leitura!

Madalena Caramuru

A participação feminina no Brasil Colônia (1500-1822) se restringiu, em parte, à procriação, aos trabalhos domésticos, ao canto e às orações. Nesse contexto, a alfabetização das mulheres seria fundamental para ampliar a atuação feminina na sociedade e mudar a história do país, como mostrou a pioneira Madalena Caramuru.

Madalena era uma das filhas do náufrago português Diogo Álvares Correia, mais conhecido como Caramuru, e da indígena tupinambá Paraguaçu, que adotou o nome cristão de Catarina do Brasil. A família morava no povoado de Salvador, na Bahia. Em 1534, ela se casou com Afonso Rodrigues, nascido em Óbidos, Portugal, que foi quem a alfabetizou. De acordo com Varnhagen, um dos poucos historiadores que documentou a vida da moça – e que portanto nos garante que ela de fato existiu! –, o casamento dos dois foi registrado na igreja de Nossa Senhora da Vitória, uma das primeiras de Salvador.

Depois de instruída, Madalena se manifestou em defesa do povo diante dos portugueses. Em 26 de março de 1561, ela escreveu uma carta para o padre Manuel da Nóbrega, chefe da primeira missão jesuítica enviada ao Brasil, em 1549. No documento, ela exigia o fim dos maus-tratos às crianças indígenas e o início da educação feminina, oferecendo uma ajuda financeira para que isso acontecesse. O padre, ao contrário da maioria dos homens brancos, tentou integrar o povo colonizado. Ele acatou suas ideias, recorrendo à rainha de Portugal, d. Catarina, para conseguir a autorização necessária para colocá-las em prática. Ele também alegou que a presença feminina nos cursos de catecismo era muito maior, de modo que elas poderiam aprender a ler e a escrever.

A Corte portuguesa, no entanto, julgou a iniciativa perigosa, vetando o pedido. Com essa correspondência, que se perdeu com o tempo, Madalena não se tornou apenas a primeira mulher a interpretar e usar o código linguístico na história do país, como também a primeira a usá-lo para lutar pela ampliação da educação. Em 2001, os Correios emitiram um selo para homenagear o ativismo de Madalena Caramuru, cuja arte foi criada por Ricardo Cristofaro.

Foi apenas em meados do século XVIII que as meninas passaram a frequentar as escolas brasileiras, mas com muitas restrições. Mais tarde,

A primeira brasileira alfabetizada

✱ Primeira metade do século XVI, Bahia

† [Local e data desconhecidos]

• Ilustração de Joana Lira

"[...] o indígena que via na mulher uma companheira não via razão para as diferenças de oportunidades educacionais. Não viam o perigo que pudesse representar o fato de suas mulheres aprenderem a ler e a escrever, como os brancos os preveniam. Condenar ao analfabetismo e à ignorância o sexo feminino lhes parecia uma ideia absurda."

Arilda Inês Miranda Ribeiro, em *A educação das mulheres na Colônia*

EDUCAÇÃO INDÍGENA: DA CATEQUIZAÇÃO AO RESPEITO ÉTNICO

- De 1549 a 1757, a educação dos indígenas era de responsabilidade dos missionários católicos, principalmente jesuítas.

- Após a expulsão dos jesuítas das terras sob domínio português, em 1759, o Marquês de Pombal elaborou uma reforma no ensino. Ele instituiu o Diretório dos Índios, que proibiu o uso de outra língua que não o português e criou escolas separadas para meninos e meninas. Além da doutrina cristã, elas deveriam aprender a ler, escrever, fiar, fazer renda e costurar.

- O diretório foi revogado em 1798, muito por conta dos abusos contra a população indígena. Apesar disso, várias províncias continuaram a adotá-lo até 1845.

- Em 1845, foi instituído o Regulamento das Missões, que trouxe novamente os missionários ao Brasil e os incumbiu da educação indígena, que incluía o catecismo, mas não com a autonomia de antes.

- Com a criação do Serviço de Proteção aos Índios e Localização de Trabalhadores Nacionais, em 1910 (posteriormente chamado só de Serviço de Proteção aos Índios – SPI), e a política de integração nacional, a educação passou a ser vista como forma de "civilizar" os indígenas e prepará-los para serem "trabalhadores". Assim, eram ensinados, além de português, matemática básica para o comércio, noções de agricultura, pecuária e indústria. Não havia preocupação em manter as diferenças entre as várias etnias.

- Acusado de extermínio cultural das populações indígenas, o Brasil substituiu o SPI pela Fundação Nacional dos Povos Indígenas (Funai) em 1967. A entidade manteve a educação voltada para a inserção do indígena na sociedade, mas reconheceu a importância da educação bilíngue. Entretanto, o uso das línguas nativas era visto apenas como uma forma de transição para o aprendizado do português e da "identidade nacional".

- Em 1991, o MEC passou a cuidar do ensino indígena e inseriu a sociedade civil, incluindo representantes desses povos, nas decisões sobre as diretrizes escolares. Desde então, as políticas educacionais procuraram respeitar a interculturalidade, a educação bilíngue, diferenciada e específica, de acordo com os costumes e tradições de cada etnia, como prevê a Constituição de 1988, um marco na educação indígena.

- Em 2020, havia 3359 escolas indígenas no país – um terço das quais fica no estado do Amazonas, segundo o Censo Escolar da Educação Básica.

"O Referencial Curricular Nacional para as Escolas Indígenas (RCNEI), instituído em 1998, orienta as práticas pedagógicas. A alfabetização das crianças falantes da língua materna nativa é feita por professores indígenas bilíngues que têm o grande desafio de educar as crianças também em português até o terceiro ano, e com isso garantir a valorização das tradições culturais da etnia."

Rosely Fialho de Carvalho, mestre em Educação Escolar Indígena

com a Lei Geral de 1827, foi autorizada a abertura de escolas públicas femininas, garantindo apenas os estudos primários.

Ao longo do século XX, houve uma reversão do hiato de gênero. As mulheres foram as principais beneficiadas pela universalização do ensino, ultrapassando, em muitos cursos, o número de homens em sala de aula e tirando notas melhores que eles.

A história da alfabetização no Brasil é contada por mulheres como Madalena Caramuru, que colocaram em prática o verdadeiro poder de ter pena, lápis ou caneta em mãos. Garantir esse direito a todos continua sendo a maneira mais efetiva de conquistar um futuro melhor.

EDUCAR PARA LUTAR

O investimento na educação foi fundamental para a luta pela emancipação das mulheres. Nísia Floresta (p. 36) foi a primeira por aqui a publicar um livro sobre feminismo, com *Direitos das mulheres e injustiça dos homens*, de 1832. Em 1897, outro passo importante foi dado: a mineira Prisciliana Duarte de Almeida (1867-1944) fundou a icônica *A Mensageira: Revista Literaria Dedicada á Mulher Brazileira*. A publicação contou com diversas colaboradoras, que finalmente ganharam espaço para desenvolver suas produções literárias. Elas abordaram o preconceito, o renascimento das letras, a poesia, a educação e tantos outros temas progressistas sob a ótica feminina. A publicação circulou até 1900, e hoje é parte do acervo da Biblioteca Nacional. Prisciliana fez contribuições valiosas para a literatura, principalmente no segmento infantil, e foi uma das fundadoras da Academia Paulista de Letras.

Dandara

Uma guerreira que aprendeu a fabricar espadas e a lutar com elas; uma capoeirista forte e corajosa que planejava ações de combate e liderava seus companheiros na luta pela liberdade – assim sobrevive em relatos e lendas populares a história de Dandara, rainha do Quilombo dos Palmares e companheira de Zumbi. Não se sabe ao certo onde ela nasceu e como chegou ao maior e mais duradouro quilombo implantado nas Américas. Independente da falta de registros oficiais de sua existência, uma coisa é certa: quando se fala em Dandara, se coloca em questão o silêncio e o apagamento imposto às mulheres negras no Brasil.

Dandara viveu na região da serra da Barriga, atualmente pertencente ao município de União dos Palmares (AL). Ali assumiu a missão de proteger o Quilombo dos Palmares, fundado por volta do final do século XVI por pessoas escravizadas que haviam fugido dos engenhos de açúcar nas redondezas. Segundo as narrativas, ela não se contentava apenas com a resistência ao regime colonial português e aos ataques holandeses, propondo estratégias para ampliar o poder de Palmares e extinguir o trabalho escravo nas fazendas.

A líder de Palmares

★ [Local e data desconhecidos]
✝ 6/2/1694, União dos Palmares (AL)

• Ilustração de Lole

CONHECENDO AS TERRAS DE ZUMBI E DANDARA

O Quilombo dos Palmares foi, entre 1597 e 1695, o maior centro de resistência à escravidão no Brasil. Em seu auge, teve entre 30 mil e 50 mil habitantes, espalhados nas dezenas de aldeias que o formavam. O local onde ficava, no alto da serra da Barriga, foi tombado nos anos 1980 pelo Instituto do Patrimônio Histórico e Artístico Nacional (Iphan). A partir de 2007, passou a abrigar o Parque Memorial Quilombo dos Palmares, que reconstitui aspectos importantes do cotidiano dos quilombolas. As construções são feitas de pau a pique e cobertas de palha, incluindo o Onjó de Farinha, onde se produzia e torrava a farinha de mandioca usando práticas indígenas, e o Oxile das Ervas, onde se utilizavam plantas e raízes com propriedades medicinais para rituais e oferendas. Outro espaço importante é o Onjó Cruzambê, dedicado à prática de religiões de matriz africana. Em 2017, a serra da Barriga recebeu o título de Patrimônio Cultural do Mercosul, em votação unânime realizada em Buenos Aires.

Quando em 1678 o primeiro grande líder da comunidade, Ganga Zumba, tio de Zumbi, assinou um acordo de paz com o governo da então província de Pernambuco, Dandara se posicionou fortemente contra. O documento garantia a liberdade dos palmarinos e permitia que realizassem comércio, mas os obrigava a entregar qualquer pessoa escravizada que aparecesse ali em busca de abrigo. Algumas fontes dizem que a influência da companheira foi fundamental para o rompimento de Zumbi com o tio e sua ascensão à liderança do quilombo. Ganga Zumba teria pagado com a vida por esse tratado de "paz", tendo sido assassinado por quilombolas contrários ao acordo com os portugueses.

A tradição oral, reforçada por alguns historiadores, conta que Dandara teria morrido no dia em que as forças militares derrotaram a última aldeia de Palmares, 6 de fevereiro de 1694. Seus três filhos com Zumbi – Harmódio, Aristogíton e Motumbo – teriam sido mortos em combate, e ela teria se jogado de um penhasco para não ser capturada. Zumbi conseguiu fugir com um grupo pequeno para tentar reconstruir Palmares.

PELA CONSCIENTIZAÇÃO SOBRE A MULHER NEGRA

Desde 2011, o Brasil celebra o Dia Nacional de Zumbi e da Consciência Negra em 20 de novembro. É uma referência à data em que o líder dos Palmares foi morto, em 1695, quando tentava reunir forças para retomar o movimento derrotado. Para resgatar a história da participação feminina na luta contra a escravidão, a Assembleia do Rio de Janeiro aprovou em 2016 a inclusão no calendário estadual oficial do Dia de Dandara e da Consciência da Mulher Negra, comemorado em 6 de fevereiro.

A trajetória de Dandara em Palmares é retratada em detalhes no livro *As lendas de Dandara*, da escritora cearense Jarid Arraes. Mesclando pesquisa historiográfica, ficção e memória popular, ela narra como a guerreira conseguiu desempenhar papéis geralmente destinados aos homens, arriscando-se em missões de resgate de pessoas escravizadas em fazendas e em um porto de navios negreiros. Para Jarid, o racismo e o machismo da sociedade fazem com que heroínas como Dandara sejam quase completamente apagadas da história brasileira. Como conta na introdução do livro, ela só conheceu sua história quando começou a militar como feminista negra. Em uma entrevista ao *Diário de Pernambuco*, publicada em 2015, Jarid criticou a escassez de narrativas desse tipo na mídia e nas escolas, e explicou sua decisão de publicar o livro:

Decidi escrever sobre Dandara quando publiquei um texto falando dela [...], em novembro de 2014, e recebi comentários que afirmavam que ela não era nada além de uma lenda. Pensei: se ela é uma lenda, então preciso escrever essas lendas, pois nem isso temos a seu respeito.

Assim, as várias facetas de Dandara continuam vivas. Sua força reverbera entre as novas gerações, ligada à história da diáspora africana e das mulheres negras no Brasil.

~○-○ Saiba mais

A história de Dandara, Zumbi e Ganga Zumba é contada no filme *Quilombo* (1984), do diretor Cacá Diegues. Os personagens históricos são representados pelos atores Zezé Motta, Antônio Pompêo e Tony Tornado, respectivamente. A produção foi indicada à Palma de Ouro no Festival de Cannes de 1984. Na literatura, o professor Newton Rocha recria a queda de Palmares no conto romanceado *Dandara, a rainha guerreira de Palmares* (2015).

Bárbara de Alencar

A história da matriarca da família Alencar, que liderou importantes movimentos políticos e sociais, é pouco conhecida mesmo no seu estado natal, Pernambuco. Aos 57 anos, já viúva, ela se tornou uma das primeiras prisioneiras políticas da história do Brasil, ao lutar contra o domínio da Coroa portuguesa. Mas essa não foi sua única batalha. Após a Independência do país, continuou contestando o autoritarismo, opondo-se às políticas centralizadoras da primeira Constituição do Império.

Em uma época em que a inteligência da mulher era comparada à loucura e qualquer participação feminina na política era um escândalo, como ressaltou o sociólogo José Alfredo Montenegro, Bárbara deixou seu nome na história e gravado no Livro dos Heróis e Heroínas da Pátria. Influenciados pelas ações, pelas opiniões e pelo espírito contestador da mãe, seus filhos também se tornaram importantes figuras na luta por ideais de liberdade e igualdade.

Uma líder política

* 11/2/1760, Exu (PE)

† 28/8/1832, Fronteiras (PI)

• Ilustração de Veridiana Scarpelli

O LIVRO DOS HERÓIS E HEROÍNAS DA PÁTRIA

Você já ouviu falar no Livro de Aço? Ele é literalmente composto de páginas de aço e está guardado no Panteão da Pátria e da Liberdade Tancredo Neves, na praça dos Três Poderes em Brasília. Além de documentar as figuras que protagonizaram momentos importantes da história do Brasil e ajudaram a construir e fortalecer a identidade nacional, também homenageia os Soldados da Borracha, cujos nomes não são identificados. Eles foram os seringueiros recrutados para trabalhar na coleta de látex durante a Segunda Guerra Mundial para enviar aos Estados Unidos, ajudando nos esforços de combate ao nazismo. Para que um nome seja incluído no Livro, o Senado e a Câmara dos Deputados precisam aprovar uma lei. Menos de 10% dos nomes que figuram nele são de mulheres. Entre as heroínas homenageadas estão a enfermeira Ana Néri (p. 40), a estilista Zuzu Angel (p. 120) e as revolucionárias Anita Garibaldi (p. 44) e Bárbara de Alencar.

Marta, Alexandre, João e Leonel, os irmãos portugueses que deram origem à família Alencar no Brasil, estabeleceram-se na chapada do Araripe, uma muralha com sítios geológicos e paleontológicos que divide

os estados do Ceará, Pernambuco e Piauí. Ao longo do rio da Brígida, que nasce na chapada, Leonel fundou fazendas que deram origem ao município de Exu, em Pernambuco. Foi lá que, anos mais tarde, em 11 de fevereiro de 1760, nasceu Bárbara. Quando adulta, ela passou a atuar como líder comunitária e política de uma maneira tão impactante que seu legado resistiu à falta de registros em documentos oficiais: foi a partir da tradição oral que muitos historiadores resgataram sua trajetória.

Bárbara era casada com o capitão e comerciante português José Gonçalves dos Santos, com quem teve cinco filhos. Dar uma educação de qualidade a eles sempre foi uma das suas maiores prioridades. Por isso, escolheu o Seminário Maior Nossa Senhora da Graça, em Olinda, que oferecia uma educação progressista. Era um espaço de muita discussão política e de conscientização sobre a realidade do país, que foi fundamental para a história da família.

Em 1817, eclodiu a Revolução Pernambucana, um movimento que desejava que o Brasil fosse emancipado e deixasse de ser colônia. Alguns dias depois, em 8 de março, foi proclamada a República em Recife, que pretendia implantar uma nova Constituição no país.

Filho de Bárbara, José Martiniano era líder da revolução e o maior político do Ceará dessa época. Ele foi para o Cariri reunir seus familiares e, do púlpito da igreja da Sé, no Crato, comandou uma passeata, ao lado da mãe, em direção à Câmara Municipal. Ao chegar ao local, retirou a bandeira da Coroa portuguesa e fincou uma branca, da República, em seu lugar.

A repressão foi dura: no mesmo ano, a matriarca e seus familiares foram presos e acusados de traição ao governo. Ela foi torturada e encarcerada em condições deploráveis e insalubres em uma das celas da fortaleza de Nossa Senhora da Assunção, no Ceará. Detida durante quatro anos, Bárbara foi transferida para prisões em Recife e Salvador. Quando o movimento de independência já se mostrava incontornável, Portugal absolveu os envolvidos com uma anistia geral. Bárbara foi solta em 17 de novembro de 1821.

Foi uma época tenebrosa, mas não demorou muito até que ela se envolvesse com política novamente. Mesmo com a Independência conquistada em 1822, a primeira Constituição, de 1824, marcou não só a continuação da extrema centralização do poder no Rio de Janeiro, como também a influência que Portugal ainda exercia sobre o Brasil.

Nesse mesmo ano, uma nova luta pelas políticas sociais e pela distribuição de poder assolou o Nordeste, com a Confederação do Equador. Tristão, outro filho de Bárbara, comandou a insurreição, vitoriosa por pouco tempo, chegando a exercer o cargo de presidente da província do Ceará. Bárbara e José Martiniano também participaram ativamente da revolta, que não teve um final feliz para a família: Tristão e o irmão Carlos José acabaram morrendo.

Após fugir de inúmeras perseguições políticas, Bárbara morreu em 28 de agosto de 1832, na fazenda Alecrim, no Piauí. Ela foi sepultada na igreja de Nossa Senhora do Rosário, no distrito de Itaguá, próximo da sede do município de Campos Sales, no Ceará. Em reconhecimento à sua luta, o centro administrativo do Ceará recebeu seu nome. Na década de 1990, foi erguida uma estátua da heroína na praça da Medianeira, em Fortaleza. Em 2011, foi fundado na capital cearense um instituto que leva seu nome e se dedica à defesa dos direitos das minorias e das políticas públicas.

Hipólita Jacinta Teixeira de Melo

Hábil articuladora, estrategista e competente nos negócios, Hipólita Jacinta foi uma mulher com coragem suficiente para participar ativamente da Inconfidência Mineira, um dos principais movimentos separatistas do Brasil Colônia. E, embora a maioria das narrativas históricas relegue muitos inconfidentes a um papel secundário, sem a participação de rebeldes como ela a conspiração não seria possível. Hipólita chegou a eliminar provas que incriminavam os participantes e a se arriscar ao avisá-los sobre um traidor.

Filha do rico casal de portugueses Clara Maria de Melo e Pedro Teixeira de Carvalho, de quem herdou uma grande fortuna, era uma mulher instruída e com vasta cultura. Casou-se com o coronel Francisco Antônio de Oliveira Lopes, amigo de Joaquim José da Silva Xavier, mais conhecido como Tiradentes. O casal esteve entre os maiores articuladores do movimento que pretendia fazer da capitania de Minas Gerais uma república independente no fim do século XVIII.

A inconfidente

* 1748, Prados (MG)
† 27/4/1828, Prados (MG)

• Ilustração de Adriana Komura

A INCONFIDÊNCIA MINEIRA

A descoberta e a produção de ouro na região de Minas Gerais possibilitaram a formação de uma elite local ao longo do século XVIII. Muitos de seus membros concluíram os estudos na Europa, onde entraram em contato com ideias e acontecimentos que anunciavam mudanças.

A Inconfidência Mineira teve início na década de 1780, motivada pelos ideais iluministas, pela independência dos Estados Unidos e pelo aumento dos impostos cobrados pelo governo português sobre a produção de ouro no Brasil. Formado por um grupo de intelectuais, militares e comerciantes, o movimento pretendia transformar a capitania de Minas Gerais em uma república independente. Os rebeldes planejavam botá-lo em prática quando a cobrança de um novo imposto, conhecido como derrama, tivesse início.

No entanto, a revolução não chegou a acontecer. Com a traição de Joaquim Silvério dos Reis, as principais figuras do movimento foram presas. Tiradentes, que assumiu a chefia do grupo, foi executado. Os demais foram condenados ao exílio na África (no caso dos civis) ou enviados a conventos em Portugal (no caso dos religiosos).

Hipólita permitiu que a fazenda Ponta do Morro, onde morava, fosse transformada em um ponto de encontro dos conspiradores. Quando a repressão da Coroa portuguesa fechou o cerco em torno do movimento, ela demonstrou impressionante coragem. Em maio de 1789, escreveu uma carta ao marido e a outros inconfidentes informando sobre a prisão de Tiradentes, no Rio de Janeiro, e revelando a traição de Joaquim Silvério dos Reis. Assim, pedia aos envolvidos que tomassem cuidado e os lembrava que lutavam por algo maior:

> Dou-vos parte, com certeza, de que se acham presos, no Rio de Janeiro, Joaquim Silvério dos Reis e o alferes Tiradentes, para que vos sirva ou se ponham em cautela; e quem não é capaz para as coisas, não se meta nelas; e mais vale morrer com honra que viver com desonra.

Depois que Francisco Antônio foi preso em 1789 por trair a monarquia portuguesa, ele chegou a escrever uma carta ao visconde de Barbacena, governador de Minas Gerais, com informações sobre a rebelião, na tentativa de ter sua pena reduzida. Mas Hipólita a queimou antes que fosse entregue, eliminando também outros papéis que poderiam comprometer os revolucionários. Não que ela não se importasse com o destino do marido, tendo disposto de vários recursos para tentar libertá-lo. Diz-se, até, que mandou fazer um cacho de bananas de ouro maciço em tamanho real para ser entregue à rainha de Portugal em troca do perdão a Francisco, mas o presente teria sido interceptado pelo visconde de Barbacena.

Em 19 de abril de 1792, Francisco Antônio foi condenado ao exílio na África, onde acabou morrendo. Hipólita também sofreu sanções, tendo todos os seus bens confiscados, o que a levou a demonstrar determinação e habilidade política.

Hipólita escreveu ao governo português argumentando que boa parte dos bens tomados era herança de seus pais, que nada tiveram a ver com a Inconfidência. A batalha burocrática foi longa (de 1789 a 1795), mas, no fim, muitos bens lhe foram devolvidos. Ao se colocar como exímia negociadora e competente administradora, ela rompeu com a imagem comum naqueles tempos da mulher submissa.

Ela e o marido não tiveram filhos biológicos, mas adotaram os meninos Antônio Francisco e Francisco da Anunciação, que se tornaram homens de destaque no Império: o primeiro, barão, e o segundo, padre e deputado da província de Minas Gerais. Se por um lado Hipólita se mostrou implacável na defesa de seu patrimônio, por outro se revelou generosa ao distribuir parte dele entre os mais pobres da região onde morava, como demonstram seu testamento e os registros da igreja matriz de Nossa Senhora da Conceição, em Prados.

Morreu rica, em abril de 1828. Em 1999, foi homenageada postumamente com a Medalha da Inconfidência, a mais importante condecoração concedida pelo governo de Minas Gerais.

OUTRAS MULHERES INCONFIDENTES

Hipólita foi a única diretamente envolvida com a Inconfidência, mas outras duas mineiras participaram dessa história.

Bárbara Heliodora Guilhermina da Silveira, casada com o inconfidente Alvarenga Peixoto, não participou da conspiração, mas, como Hipólita, lutou por seu patrimônio após a condenação do marido. Ela recorreu contra o confisco de seus bens e foi igualmente bem-sucedida.

Maria Doroteia Joaquina de Seixas era a musa inspiradora do poeta inconfidente Tomás Antônio Gonzaga. Os dois estavam noivos quando ele foi preso, em 1789, acusado de participar da rebelião. Nunca mais se viram, mas o amor e a saudade contribuíram para que ele escrevesse *Marília de Dirceu*, clássico da língua portuguesa.

Maria Quitéria

Cabelos curtos e encaracolados, farda militar azul, calça branca, quepe, arma em mãos e uma expressão serena no rosto. Pela pintura de 1920 do italiano Domenico Failutti, mal dá para identificar se a personagem retratada é homem ou mulher, a não ser, talvez, pelo saiote. Mas trata-se da baiana Maria Quitéria, que fugiu de seu pai, enganou todo mundo ao se vestir de homem e se alistou para lutar contra o domínio português na Guerra da Independência (1822-4).

Nascida em 1792 (algumas fontes divergem sobre a data, apontando 1797), em uma fazenda em São José das Itapororocas, pertencente à vila de Cachoeira, ela perdeu a mãe quando tinha nove anos e assumiu os cuidados com a casa e os dois irmãos. Seu pai, o fazendeiro Gonçalo Alves de Almeida, casou-se pela segunda vez, mas logo ficou viúvo de novo e decidiu se mudar para a fazenda Serra da Agulha, onde criava gado e plantava algodão. A essa altura, Maria Quitéria já era uma moça que montava, usava armas de fogo, caçava e até dançava lundus com trabalhadores escravizados. Sua próxima madrasta, Maria Rosa de Brito, reprovava esses modos.

Quitéria era bem independente. Quando o recôncavo baiano decidiu lutar a favor do príncipe d. Pedro como regente, o espírito de revolta contra o domínio português já havia incendiado a todos. Cachoeira entrou na guerra em junho de 1822, e logo emissários saíram em busca de voluntários. O pai de Quitéria explicou ao mensageiro do Conselho Interino da Província que não tinha filhos homens adultos, que ele mesmo já era velho e que seus trabalhadores, todos escravizados, não serviriam. Ouvindo tudo isso, a filha pediu permissão para se alistar. Ele não deixou. Então ela o desafiou.

Foi escondida até a casa da irmã, que já era casada, contou seus planos e ganhou uma aliada, que lhe emprestou as roupas do marido, José Cordeiro de Medeiros. Quitéria cortou o cabelo bem curto, vestiu-se de homem e fugiu de casa para se apresentar ao comando de Cachoeira como "soldado Medeiros". E foi assim que se tornou oficialmente a primeira mulher-soldado do país. Foi aceita para a artilharia, mas seu corpo franzino demais para empunhar canhões a fez ser transferida para a infantaria. O disfarce ia bem até que seu pai a descobriu entre os oficiais.

A heroína do Exército

∗ 27/7/1792?, Cachoeira (BA)

† 21/8/1853, Salvador (BA)

• Ilustração de Yara Kono

Quitéria não quis voltar para casa, no entanto. Como àquela altura os oficiais já conheciam sua disciplina e seu talento com as armas, não permitiram seu retorno, transferindo-a para o Batalhão de Caçadores Voluntários do Príncipe Dom Pedro, conhecido popularmente como Batalhão dos Periquitos, devido ao verde nos punhos e na gola do uniforme. Ela passou, então, a usar o tal saiote e encarou sua primeira batalha em janeiro, na foz do rio Paraguaçu, na baía de Todos os Santos.

Chefiando um grupo de mulheres – isso mesmo, ela não era a única! –, pôs para correr os portugueses. Sua bravura nesse combate a tornou famosa, e vários poetas ao longo dos anos exaltaram a destemida heroína. Um mês depois, ela participou dos embates em Pituba e Itapuã, tomando sozinha uma trincheira inimiga e fazendo dois prisioneiros. Sua valentia rendeu a promoção ao cargo de primeiro-cadete, mas ela não participou de mais batalhas porque logo os baianos expulsaram as tropas portuguesas de Salvador, em um importante capítulo da Guerra da Independência do Brasil.

GUERRA DA INDEPENDÊNCIA

Meses antes de d. Pedro I dar o famoso grito de Independência ou morte às margens do rio Ipiranga, como se isso bastasse para determinar a emancipação brasileira da condição de colônia portuguesa, foi preciso pegar em armas. A resistência na oficialização desse processo fez com que manifestantes pró e contra a Coroa entrassem em conflito armado a partir de fevereiro de 1822 – embora no ano anterior o Exército luso já tivesse sido expulso de Pernambuco, primeiro território a se separar oficialmente do reino português. Na Bahia, então terceira maior província, a adesão ao imperador e à luta armada começou em Cachoeira, após deliberação em 25 de junho de 1822, e terminou com a retomada de Salvador, em 2 de julho de 1823. A guerra em outras províncias do território brasileiro, no entanto, se estendeu até o ano seguinte.

A essa altura, a fama de Quitéria já tinha ultrapassado a Bahia. Quando os portugueses foram derrotados, em julho de 1823, ela recebeu do próprio d. Pedro I, no Rio de Janeiro, a condecoração de Cavaleiro da Ordem Imperial do Cruzeiro. Sua presença na cidade foi um alvoroço: todos queriam conhecer a jovem que vinha sendo comparada à francesa Joana d'Arc. Na Corte, conheceu a escritora e pintora britânica Maria Graham, que escreveu suas impressões sobre o país no *Diário de uma viagem ao Brasil e de uma estada nesse país durante parte dos anos 1821, 1822 e 1823*.

Chega a ser curiosa a descrição da britânica, especialmente quando fala sobre a aparência física da combatente:

> Ela é iletrada, mas inteligente. Sua compreensão é rápida e sua percepção aguda. Penso que, com educação, ela poderia ser uma pessoa notável. Não é particularmente masculina na aparência; seus modos são delicados e alegres. [...] Não há nada de muito peculiar em suas maneiras à mesa, exceto que ela come farinha com ovos ao almoço e peixe ao jantar, em vez de pão, e fuma charuto após cada refeição, mas é muito sóbria.

Tão preconceituosa quanto essa observação de Maria Graham foram alguns comentários da imprensa que exaltavam não só a valentia, mas a pureza da oficial. Matéria do *Diario Carioca* de 13 de janeiro de 1946, por exemplo, assinada por Américo Palha, diz que

> Pedro I confere à gloriosa guerreira a honra de recebê-la em audiência especial. O Imperador soube da sua bravura e da maneira correta com que sempre se portara no meio da soldadesca, mantendo-se pura e aureolada pelas mais belas virtudes cristãs.

O jornalista ainda escreve que ela

> não se deixou, entretanto, levar pelas miragens da vida. Não se deixou arrastar pelas ambições ou pelo fulgor da glória que conquistara. Depois de encerrados os episódios da guerra libertadora, a heroína recolheu-se à quietude do lar.

Maria Quitéria voltou à fazenda do pai, ainda despertando muita curiosidade da população. Casou-se alguns meses depois com o agricultor Gabriel Pereira de Brito, com quem teve uma filha, Luísa Maria da Conceição. Com o tempo, sua fama se esvaiu. Após ficar viúva, mudou-se para Feira de Santana, em 1835, e depois para Salvador, sobrevivendo do seu salário de militar. Quando morreu, aos 61 anos, estava quase cega.

Embora tenha passado seus últimos anos praticamente incógnita, as inúmeras ruas, praças e avenidas batizadas com seu nome não nos deixam esquecê-la. Em 1953, o ministro da Guerra ordenou que o quadro de Failutti estivesse presente em todos os quartéis e unidades do Exército. Em 1996, a baiana se tornou Patrona do Quadro Complementar de Oficiais do Exército Brasileiro.

Maria Felipa de Oliveira

Não foi preciso arma de fogo para pôr os portugueses a correr da ilha de Itaparica no século XIX. Pelo menos não no grupo de mulheres liderado por Maria Felipa de Oliveira, símbolo da resistência na luta pela independência do país.

Mulher negra da ilha de Itaparica, Maria Felipa de Oliveira nasceu escravizada e depois, livre, fez dessa conquista um meio para lutar contra os portugueses. A falta de registros históricos a seu respeito é compensada pela bravura de seus feitos e pela admiração que despertou em seus conterrâneos, ficando marcada na memória coletiva da ilha localizada na baía de Todos os Santos.

Felipa se destacava na comunidade como marisqueira, capoeirista e líder de um grupo de mulheres valentes conhecidas como "as vedetas [vigias] da praia". Enquanto os militares portugueses na Bahia não reconheciam a Independência brasileira, Maria Felipa se informava sobre os acontecimentos da Guerra da Independência nas rodas de capoeira e nas zonas portuárias de Salvador e de Itaparica, repassando-as a integrantes da resistência.

O líder português Madeira de Melo pretendia ocupar a ilha para comandar dali a reconquista de Salvador. As embarcações e os soldados

Algoz dos portugueses

★ [Local e data desconhecidos]
† 4/1/1873, local desconhecido

• Ilustração de Laura Athayde

MARIA FELIPA NOS LIVROS

O pesquisador Ubaldo Osório foi um dos primeiros autores a falar sobre Maria Felipa, em seu livro *A ilha de Itaparica* (1942). Ele ainda a homenageou ao batizar a filha, mãe do escritor João Ubaldo Ribeiro, com seu nome. João Ubaldo, por sua vez, teria se inspirado nela ao criar a personagem Maria da Fé, de seu romance *Viva o povo brasileiro* (1984).

A professora Eny Kleide Vasconcelos Farias, especializada em história do patrimônio cultural, escreveu *Maria Felipa de Oliveira: Heroína da Independência da Bahia* (2010), após oito anos de pesquisa. Como parte dessa iniciativa, a perita técnica Filomena Modesto Orge, do Instituto de Criminalística Afrânio Peixoto, na Bahia, ilustrou uma proposta do que poderia ter sido a imagem de Maria Felipa.

lusitanos que chegaram lá, no entanto, foram atacados por Maria Felipa e suas vedetas. Conhecedoras do território, elas não precisaram de armas de fogo para dar conta dos estrangeiros. Munidas de peixeiras e galhos da planta cansanção, surraram os soldados e queimaram as embarcações com tochas feitas de palha de coco. O episódio foi decisivo para acelerar a derrota dos portugueses na Bahia, em 2 de julho de 1823.

Os portugueses não foram os únicos a sofrer uma derrota diante da determinação de Maria Felipa de Oliveira. Contam que havia uma imagem de Nossa Senhora da Piedade, protetora dos pescadores, das marisqueiras e da população mais pobre, em um nicho em uma pedra na praia da ilha de Itaparica, que havia sido colocada ali pelo visconde do Rio Vermelho. Quando ele morreu, seus herdeiros quiseram tirá-la de lá, mas Maria Felipa e suas seguidoras se colocaram diante dela e impediram a polícia de fazê-lo. A imagem continuou em seu lugar e depois foi construída uma capela em homenagem à padroeira.

OUTRA BRAVA GUERREIRA

Conta-se que no ano de 1625 uma mulher frustrou os planos dos holandeses de invadirem a baía de Vitória, no Espírito Santo, sem usar nenhuma arma, apenas água fervente. O episódio foi registrado em 1675, no livro *Nova Lusitânia, história da Guerra Brasílica*, de Francisco de Brito Freyre. O autor foi almirante durante os confrontos finais contra os holandeses, em meados do século XVII, e virou governador da capitania de Pernambuco (1661-4).

Com base em depoimentos e documentação sobre o conflito, ele escreveu que uma mulher portuguesa jogou água fervente de seu sobrado sobre o almirante Perez quando ele subia para a parte alta da cidade, identificando-o pela roupa. Nesse relato, o primeiro a citar a ação que teria retardado o ataque da esquadra holandesa, dando tempo para o contra-ataque da vila, a mulher não tem nome, como apontou o historiador Gerson França. As publicações anteriores sobre o confronto não falam desse episódio — que pode, realmente, ter sido coletado por Freyre entre a população anos mais tarde. Mas, com o tempo, ele foi ganhando cada vez mais detalhes.

Até que, em 1858, José Marcellino Pereira de Vasconcellos publicou *Ensaio sobre a história e estatística da província do Espírito Santo* e deu nome à mulher que paralisou o ataque holandês: Maria Urtiz. Curiosamente, ele citou como fonte a obra de Brito Freyre. De onde veio esse nome, não fica claro.

Fato é que Maria Ortiz, como ficou grafado ao longo dos anos, acabou sendo celebrada como heroína capixaba desde o final do século XIX. E, assim, o nome acabou até batizando a ladeira em que isso teria ocorrido. Hoje, publicações chegam a apontar a data de nascimento e morte dela (Vitória, 1603-46). Seja lá qual for sua verdadeira identidade, parece muito provável que, sim, mais uma vez na história brasileira uma mulher lançou-se à luta com o que tinha em mãos e ajudou a mudar o destino de sua cidade.

Enquanto mulheres brancas como Joana Angélica e Maria Quitéria (p. 28) colaboraram para a vitória brasileira e tiveram, em certa medida, sua importância reconhecida, a celebração da heroína negra Maria Felipa de Oliveira permanece muito aquém do devido. Não se sabe ao certo, por exemplo, o que aconteceu com ela após o confronto. É mais provável que tenha retomado a vida de marisqueira e deixado descendentes. Fato é que morreu em 1873, conforme atestado de óbito encontrado na cidade de Maragogipe. Em entrevista à WebTv da Universidade Estadual da Bahia (Uneb), a diretora da Casa de Maria Felipa, Hilda Virgens, destacou a sensibilidade da guerreira de Itaparica para organizar sua luta com "armas da natureza" e o lugar especial que conquistou no coração da comunidade negra da Bahia.

Nísia Floresta

Dionísia Pinto Lisboa, escritora e intelectual nascida no minúsculo vilarejo potiguar de Papari, ficou mais conhecida pelo pseudônimo Nísia Floresta Brasileira Augusta, que ultrapassou as fronteiras brasileiras. Floresta era o nome do sítio onde nasceu; Brasileira exaltava seu orgulho do país; Augusta homenageava seu segundo companheiro e grande amor. Ela lutou pela educação das mulheres, a abolição da escravatura, a República, os indígenas e a liberdade religiosa.

Precursora do feminismo

* 12/10/1810, Papari, hoje Nísia Floresta (RN)
† 24/4/1885, Rouen, França

• Ilustração de Bruna Assis Brasil

Nísia abandonou o primeiro marido, publicou o primeiro livro feminista no país, introduziu o ensino igualitário e desfilou com desenvoltura nos círculos intelectuais europeus, sendo amiga do filósofo positivista Auguste Comte e outros tantos. Sua contribuição foi tão grande que em 1948 sua cidade natal passou a se chamar Nísia Floresta.

Sua vida parece até obra de ficção quando pensamos que ela nasceu em 1810, em um vilarejo minúsculo de uma colônia portuguesa em que ainda não se usava talheres para comer. Mas por ser filha de um advogado, o português Dionísio, e vir de uma família com boas condições financeiras, teve acesso à educação.

A perseguição política a seu pai, uma das vítimas da revolta contra os portugueses durante os conflitos pela Independência, ajudou a forjar seu espírito revolucionário, uma vez que em 1817 a família se mudou para Goiana (PE), onde as ideias liberais fervilhavam. Ainda assim, Nísia não escapou ao casamento precoce, aos treze anos, com Manuel Alexandre Seabra de Melo, dono de terras em Papari sem quase nenhum letramento. A união não durou um ano. Nísia abandonou o marido quando o pai precisou fugir de novo, primeiro para Olinda e depois para Recife.

Manuel Alexandre a perseguiu durante anos, ameaçando processá-la por abandono do lar e adultério quando ela se uniu a outro homem aos dezoito anos, o estudante de direito Manuel Augusto de Faria Rocha, com quem teve dois filhos, Lívia e Augusto, e um terceiro falecido prematuramente. Quando a sociedade e os jornais fizeram campanha para desqualificá-la, anos mais tarde, essa segunda união não foi perdoada.

Mas nada foi mais revolucionário que sua estreia na literatura, aos 22 anos, com o livro *Direitos das mulheres e injustiça dos homens* (1832).* Foi com essa obra subversiva que surgiu o pseudônimo que a deixou famosa. E foi com ela que o feminismo acabou sendo implantado nas letras brasileiras, ganhando contornos bem nacionais nas palavras, contexto e reflexões de Nísia.

Em sua vida pessoal, no entanto, tragédias se sucediam. O pai foi assassinado em 1828, e ela perdeu o companheiro alguns anos depois. Sozinha e com filhos pequenos, decidiu partir em 1837 para o Rio de Janeiro, deixando para trás Porto Alegre, o epicentro da Guerra dos Farrapos, onde fizera amizade com Giuseppe Garibaldi (conheça a história de sua companheira Anita na p. 44).

No Rio, Nísia mostrou novamente seu pioneirismo ao fundar o Colégio Augusto para meninas, com aulas de inglês, italiano, francês, história, geografia, matemática, caligrafia, latim, português, música, dança, desenho e até educação física. Se as feministas dos anos 1960 queimaram sutiãs, Nísia ainda tinha que brigar contra espartilhos, que eram peça obrigatória da vestimenta e impediam os movimentos. Para se ter ideia de quão revolucionária foi sua escola, basta dizer que, na educação tradicional da época, as meninas só eram preparadas para ser boas esposas, aprendendo português, francês, contas básicas e bordado, isso quando estudavam: em 1852, de 55 mil alunos das escolas públicas, apenas 8,4 mil eram garotas.

A partir da década de 1840, a imprensa passou a atacar não só seus métodos de ensino como sua vida pessoal, e sua resposta foram artigos em jornais, poemas e outros catorze livros publicados ao longo da vida – entre eles, *Conselhos à minha filha*, usado até nas escolas italianas.

Durante as quase três décadas em que viveu na Europa, Nísia teve contato com toda sorte de intelectuais, incluindo Alexandre Dumas e Victor Hugo, e seu trabalho foi publicado em várias línguas. Ela morreu de pneumonia na comuna francesa de Bonsecours, em 1885. Seus restos mortais foram transferidos para o Brasil em 1954 e hoje descansam na sua cidade natal. Nísia não deixou descendentes diretos, já que não teve netos, e não chegou a ver o fim da escravidão ou a República. Mas é como se tivesse participação em cada uma dessas conquistas, especialmente nas feministas – afinal, foi ela quem começou essa luta no nosso país.

....

★ Apesar de Nísia acreditar que estivesse fazendo uma tradução livre da obra da feminista inglesa Mary Wollstonecraft, mãe de Mary Shelley (autora de *Frankenstein*), a pesquisadora Maria Lúcia Pallares-Burke afirma que a obra em que se baseou, na verdade, foi *Woman Not Inferior to Man* (1739), escrita por Mary Wortley Montagu, cujo pseudônimo era Sophie.

DIREITOS DAS MULHERES E INJUSTIÇA DOS HOMENS (trechos)

"Os homens, não podendo negar que nós somos criaturas racionais, querem provar-nos a sua opinião absurda, e os tratamentos injustos que recebemos, por uma condescendência cega às suas vontades; eu espero, entretanto, que as mulheres de bom senso se empenharão em fazer conhecer que elas merecem um melhor tratamento e não se submeterão servilmente a um orgulho tão mal fundado."

"Se cada homem, em particular, fosse obrigado a declarar o que sente a respeito de nosso sexo, encontraríamos todos de acordo em dizer que nós nascemos para seu uso, que não somos próprias senão para procriar e nutrir nossos filhos na infância, reger uma casa, servir, obedecer, e aprazer a nossos amos, isto é, a eles homens."

Ana Néri

Em meados do século XIX, pouco restava a fazer para uma mulher de cinquenta anos, principalmente considerando que a expectativa de vida nem chegava aos trinta. Mesmo assim, com todos os filhos e outros parentes alistados na Guerra do Paraguai (1864-70), a baiana Ana Néri não pensou duas vezes antes de se voluntariar como enfermeira. Após meio século de vida, tinha início seu maior desafio.

Viúva de um militar e portanto com boa condição financeira, Ana decidiu estar entre os 18 mil baianos que compunham os batalhões e acabou reconhecida como a primeira enfermeira de guerra do Brasil. Ela oferecia muito mais do que curativos – como consolo, palavras de ânimo e colo – tanto para brasileiros como para os soldados das outras nações envolvidas, de modo que argentinos, uruguaios e até os inimigos paraguaios ganhavam igual atenção. Não é por acaso que entre nossas tropas ela começou a ser chamada de "mãe dos brasileiros".

Sua história começou na então vila de Cachoeira do Paraguaçu, cidade a 120 quilômetros de Salvador. Única mulher entre os cinco filhos de José Ferreira de Sousa e Luísa Maria das Virgens, casou-se aos 23 anos com o capitão de fragata português Isidoro Antônio Néri, que morreu durante uma viagem ao Maranhão em 1843-4 (as fontes divergem). Viúva aos 29 anos, Ana fez o que se esperava de uma mulher naquela época: dedicou-se a educar os filhos Justiniano (de 1839), Isidoro (de 1841) e Pedro (de 1842). Ela se mudou para Salvador, onde prosseguiram com os estudos, tendo dois deles se formado médicos e um seguido a carreira militar.

A Guerra do Paraguai entrou em sua vida em 8 de agosto de 1865, quando ela mandou uma carta ao presidente da província da Bahia, Manuel Pinto de Sousa Dantas, que dizia:

> Tendo já marchado para o exército dois de meus filhos, além de um irmão e outros parentes, e havendo se oferecido o que me restava nesta cidade, aluno do sexto ano de medicina, para também seguir a sorte de seus irmãos e parentes na defesa do país, oferecendo seus serviços médicos – como brasileira, não podendo ser indiferente aos sofrimentos dos meus compatriotas e, como mãe, não podendo resistir à separação dos objetos que me são caros, [...] desejava

A primeira enfermeira de guerra

★ 13/12/1814, Cachoeira (BA)
† 20/5/1880, Rio de Janeiro (RJ)

• Ilustração de Laura Athayde

acompanhá-los por toda parte, mesmo no teatro da guerra, mas opondo-se a este meu desejo, a minha posição e o meu sexo, não impedem, todavia, estes dois motivos, que eu ofereça meus serviços em qualquer dos hospitais do Rio Grande do Sul, onde se façam precisos, como que satisfarei ao mesmo tempo os impulsos de mãe e os deveres de humanidade para com aqueles que ora sacrificam suas vidas pela honra e brios nacionais e integridade do Império. Digne-se vossa excelência de acolher benigno este meu espontâneo oferecimento, ditado tão somente pela voz do coração.

A resposta chegou dias mais tarde, aceitando sua oferta. E as críticas da sociedade baiana também vieram: "Só pode estar louca!", "Guerra é coisa para homens!", "Não fica bem a existência de enfermeiras no Exército!". Ana ignorou o falatório. E, na semana seguinte, já estava a caminho do Sul, onde trabalhou em hospitais montados no Brasil, no Paraguai e na Argentina. No Paraguai, aliás, ela transformou a própria casa em enfermaria. Se o Brasil não tinha Exército suficiente para uma batalha daquele porte, que dirá recursos médicos.

A GUERRA DO PARAGUAI

Em dezembro de 1864, o ditador paraguaio Francisco Solano López declarou guerra ao Brasil. Os historiadores ainda divergem sobre os motivos que o teriam feito se lançar contra um vizinho muito maior — se era só uma necessidade de ter uma saída para o mar, a vontade de tornar seu país uma grande potência, ou apenas uma reação à ameaça do Império brasileiro. A verdade é que o conflito pode ser considerado um desdobramento da invasão brasileira ao Uruguai poucos meses antes para destituir seu presidente — ou, pelo menos, essa foi a desculpa perfeita. Solano invadiu o Mato Grosso com um exército bem maior que o brasileiro.

No entanto, o Brasil se aliou, para surpresa do paraguaio, ao Uruguai e à Argentina, formando a Tríplice Aliança. O conflito se desenrolou por cinco longos anos, até 1870, dizimando quase toda a população masculina do Paraguai — historiadores dizem que de 75% a 90% dos homens adultos morreram. Muitos, incluindo aí crianças e mulheres, padeceram de fome e doenças. Dos dois lados do conflito, as baixas teriam somado mais de 300 mil pessoas. No fim, havia apenas meninos paraguaios para lutar.

Nos cinco anos em que esteve na guerra, Ana viu todo tipo de horror da carnificina nos charcos e brejos da região, que dizimou a maioria da população masculina do Paraguai, além de muitos brasileiros, argentinos e uruguaios, e matou de fome mulheres e crianças. Mas, certamente, o dia mais difícil foi aquele em que, entre mortos e feridos no acampamento, encontrou o corpo do próprio filho, Justiniano, já sem vida. Conta-se que mal teve tempo de chorar: quando um soldado adversário gemeu por ajuda, foi atendê-lo sem rancor. Uma semana depois, viu seu sobrinho Artur morrer e outro filho ferido. Nem mesmo a dor da perda a fez desistir ou interromper sua ajuda aos que permaneciam em guerra, suas viúvas e seus órfãos.

Em março de 1870, com o fim do conflito, ela retornou ao Brasil e se fixou no Rio de Janeiro, levando consigo quatro crianças órfãs para criar (conforme a maioria dos relatos, que apontam de três a seis crianças). Foi honrada pelo governo com as medalhas Humanitária de Primeira Classe e Geral de Campanha. Entrou para a história como nossa primeira enfermeira de guerra e foi indicada como a precursora da Cruz Vermelha em território nacional. Morreu em uma casa modesta dez anos depois. Mais de um século mais tarde, em 2009, recebeu uma justa homenagem ao ser a primeira mulher a entrar para o Livro dos Heróis e Heroínas da Pátria.

Anita Garibaldi

Uma mulher valente, apaixonada, de espírito independente, que sabia cavalgar muito bem e manejar armas como poucos soldados. Largou um casamento infeliz para seguir seus desejos em pleno século XIX. Arriscava-se em zonas de tiroteio, incitava a luta armada e foi protagonista de fugas espetaculares. Enfrentou frio, chuva, fome, febre e as piores condições possíveis carregando os filhos no colo ou no ventre. Virou uma lenda no Brasil e na Itália, a ponto de ganhar o título de "heroína de dois mundos".

A heroína de dois mundos

✱ 30/8/1821, Laguna (SC)
✝ 4/8/1849, Mandriole, Itália

● Ilustração de Bárbara Malagoli

Essa mistura de ingredientes é tão boa que Anita poderia até ser uma personagem da televisão – e foi, na minissérie *A casa das sete mulheres*, exibida em 2003 pela TV Globo. Mas Ana Maria de Jesus Ribeiro realmente existiu. Até julho de 1839, ela era apenas a Aninha do Bentão, filha do tropeiro Bento Ribeiro da Silva e de Maria Antônia de Jesus. Foi ao conhecer o italiano Giuseppe Garibaldi que se tornou Anita. Teve uma vida intensa, mas morreu cedo, aos 27 anos, nos braços do companheiro, e seu nome foi inscrito no Livro dos Heróis e Heroínas da Pátria.

Segundo a versão mais aceita, ela nasceu em 30 de agosto de 1821, em uma família pobre na região de Morrinhos, que pertencia à cidade catarinense de Laguna, hoje Tubarão. Certa vez, ainda nova, quando estava indo à missa a cavalo, deparou com bois no caminho. Pediu ao vaqueiro que os retirasse e, diante da recusa, ela mesma o fez. O rapaz tentou impedi-la, segurando as rédeas de seu cavalo. Aninha não pensou duas vezes: chicoteou o sujeito. Imagine a desfeita que era apanhar de uma mulher no século XIX! O vaqueiro deu queixa às autoridades e, com a repercussão, a mãe, já viúva, teve de se mudar com os filhos para o outro lado do rio Tubarão.

Temendo o espírito valente e livre da filha, sua mãe tratou de lhe arrumar um marido. Ana tinha só catorze anos quando, em agosto de 1835, se casou com um sapateiro mais velho, Manuel Duarte de Aguiar. Foi uma união infeliz de quatro anos, sem herdeiros, que ruiu quando ele se alistou no Exército Imperial. Mas ela não ficou sozinha por muito tempo...

Em julho de 1839, Giuseppe Garibaldi chegou a Laguna com três navios, para fundar ali a República Juliana, como parte da Revolução

Farroupilha ou Guerra dos Farrapos (1835–45). E foi amor à primeira vista. O italiano conta, em suas memórias, que viu Ana do navio e desembarcou para procurá-la, mas só a encontrou algum tempo depois. Foi tudo tão intenso que, em 20 de outubro, quando ele zarpou com seu navio, ela o acompanhou, pouco se importando com seu casamento ainda vigente e as convenções sociais.

Oito dias depois, a caminho de Santos, passaram a ser caçados por veleiros imperiais, que combatiam os rebeldes farroupilhas. Recuaram e, em Imbituba (SC), com um navio avariado e outro perdido em um temporal, se prepararam para o conflito por terra e mar. Era 4 de novembro. Anita ficou no barco, de carabina em mãos, ajudando os feridos. Garibaldi bem que tentou protegê-la, pedindo que ficasse no porão. Mas ela não era mulher de se esconder. Desceu apenas para trazer três fujões. Perderam a luta, mas escaparam.

No dia 15, já em Laguna, outra batalha pôs à prova o sangue-frio de Anita, que disparou canhões e encarou o fogo cruzado doze vezes para ir a terra pedir reforços e trazer munição. Foram 33 horas de confronto em desvantagem numérica. A República Juliana caiu e a eles coube fugir pela serra para Lages, numa travessia penosa que não os poupou de combates com as forças imperiais.

Na batalha do Campo das Forquilhas, perto de Curitibanos (SC), em 12 de janeiro, Anita acabou cercada por soldados inimigos e foi feita prisioneira. O combate foi tão sangrento que ela pediu para procurar o corpo de Garibaldi entre os mortos. Se foi artimanha ou oportunismo, não se sabe, mas ela enganou os oficiais, conseguiu um cavalo e fugiu floresta adentro. Ficou oito dias na mata, machucada e faminta, e atravessou rios e tempestades até chegar a Vacaria (RS), onde Garibaldi estava.

Essa não foi, no entanto, sua fuga mais complicada. Doze dias após dar à luz o primeiro filho, Menotti, em setembro de 1840, Anita foi surpreendida sozinha por um ataque noturno em Mostardas (RS). De camisola, saltou no cavalo com o bebê nos braços e buscou refúgio na escuridão da mata. Passaram quatro dias escondidos na floresta.

Três meses depois, ela e o filho quase morreram novamente. Depois do cerco a Porto Alegre (RS), os farroupilhas bateram em retirada e, em nove dias de uma extenuante caminhada, tiveram de atravessar montanhas e vales isolados, mata densa, chuva incessante, pouca comida, pés em carne viva e muito frio. Ela teve de aquecer o bebê com o próprio hálito. Muitos rebeldes tombaram no caminho, especialmente mulheres e crianças.

OUTRAS MULHERES NAS REVOLUÇÕES

Bárbara de Alencar, p. 20.

Maria Quitéria, p. 28.

Ana Paes d'Altro (1605-?), também conhecida como Ana de Holanda, abrigou em seu engenho mulheres e filhas dos líderes da revolta pernambucana contra os holandeses no Brasil. Sua fazenda foi palco do combate mais sangrento do conflito, em 1645.

Clara Camarão (século XVII), lutou na guerra para expulsar os holandeses de Pernambuco. Indígena, foi uma das heroínas de Tejucupapo, local célebre pela resistência feminina contra o domínio holandês.

Por causa dos perigos, a família se retirou do conflito em 1841 e foi para o Uruguai. Lá, Anita e Garibaldi se casaram, em 26 de março de 1842, e tiveram mais três filhos – Rosita (1843), que morreu pequena, Teresita (1845) e Ricciotti (1847). Eles persistiram em seus ideais republicanos: Garibaldi chefiou a Legião Italiana, um batalhão de imigrantes que lutava contra as tropas argentinas de Juan Manuel Rosas, o que só fez aumentar a fama do casal.

Quando Anita chegou a Gênova, na Itália, com os três filhos em março de 1848, foi ovacionada por 3 mil pessoas. Nem ela esperava tanta popularidade. Ficou com a sogra em Nice (hoje pertencente à França) até Garibaldi se juntar a ela para lutar pela unificação da Itália – que só aconteceria, de fato, em 1870. Como não era mulher de ficar em casa esperando o marido, ela o acompanhou em alguns embates.

UNIFICAÇÃO ITALIANA

A Itália só virou um país propriamente dito em 1870, quando os vários reinos que compunham seu território foram unificados, após mais de cinquenta anos de guerras de sucessão. Os principais eram os reinados de Piemonte-Sardenha; de Veneza, Lombardia e Tirol, sob comando austríaco; e de Parma e as Duas Sicílias, sob comando dos espanhóis; além dos Estados Pontifícios (Roma), liderados pelo papa.

Mesmo grávida, deixou os filhos com a avó, cortou o cabelo, vestiu-se de homem e chegou a Roma em 20 de junho de 1849. Ali, deparou com as tropas de Garibaldi cercadas pelos franceses. De alguma forma, furou o cerco. Derrotados, fugiram em julho com uma legião de 4 mil homens. Mas, dessa vez, a epopeia seria ainda mais longa e cruel. Percorreram mais de quinhentos quilômetros, nas piores condições, com os austríacos nos seus calcanhares.

A saúde de Anita não acompanhou sua coragem. Desnutrida e com febre, ela morreu nos braços do companheiro em 4 de agosto de 1849, em uma fazenda em Mandriole, perto de Ravenna. Giuseppe mal teve tempo de chorar: precisou fugir antes do enterro e só pôde buscar seu corpo dez anos depois, para enterrá-lo em Nice. Mais tarde, ele foi levado a Roma.

Maria Firmina dos Reis

Maria Firmina dos Reis foi uma expoente da cultura maranhense. Seu romance de estreia, *Úrsula*, é considerado o primeiro romance afro-brasileiro, pioneiro na literatura antiescravagista do país, e um marco na literatura escrita por mulheres no Brasil. Representada com a pele branca até a primeira década do século XXI, a primeira romancista do Brasil, mulher negra, poeta e professora, contribuiu com artigos para diversos jornais de sua época e também atuou no campo da música, compondo canções clássicas e populares.

Maria Firmina era uma mulher miúda e reservada, que não se deixava conhecer profundamente, pois não permitia aproximações muito íntimas. Amava a noite, o silêncio e a harmonia do mar, mas não era feliz. "Insondável me segue, me acompanha, esse querer indefinível", escreveu sobre si mesma. As descrições que se tem dela contam que tinha cabelo crespo, sempre preso na altura da nuca, olhos escuros e um rosto redondo. Alguns relatos dizem que era parda; outros, que era negra, o que torna ainda mais relevante o papel que teve no cenário político – machista e arcaico – de seu tempo. Ela se posicionava contra a escravidão e a discriminação de gênero nas escolas, que separavam meninos de meninas. Sua bagagem cultural, pelas poucas oportunidades de estudo que teve, era admirável.

Nasceu em São Luís, capital do Maranhão, mas se mudou aos cinco anos para a vila de Guimarães, na baía do Cumã. Morou com a mãe, a avó, a irmã e duas primas. Ela se alfabetizou sozinha e lia incansavelmente. Também aprendeu por si mesma o francês. Em 1847, com 25 anos, foi a primeira mulher de Guimarães aprovada em um concurso para professora primária. Para comemorar o feito da jovem, seus parentes arranjaram um palanquim, uma espécie de assento coberto, preso em duas hastes de madeira, que era carregado nos ombros por duas ou quatro pessoas escravizadas. A ideia era que fosse levada pelas ruas para receber as devidas homenagens. Mas ela se recusou. Não via sentido em ser louvada dessa maneira. Respondeu que ia a pé, porque negro não era animal para se andar montado em cima. Um caso emblemático para demonstrar sua posição libertária.

A primeira romancista

* 11/3/1822, São Luís (MA)
† 11/11/1917, Guimarães (MA)

• Ilustração de Joana Lira

Na época em que Maria Firmina começou sua produção literária, a estética literária que estava no auge era o romantismo, e seus escritos não fugiram ao estilo dramático desse movimento, mas sempre deixavam claras suas posições políticas. Em 1859, escreveu seu primeiro livro, *Úrsula*. A personagem-título é uma heroína ultrarromântica que tem um desfecho infeliz e sofrido – o que, por si só, é surpreendente, já que eram esperados finais felizes para agradar ao público feminino. Apesar de sua protagonista se encaixar nos ideais da época, Maria Firmina dá voz a dois personagens secundários que são pessoas escravizadas e fundamentais para a narrativa: Túlio e Susana. Esta última relata as tristezas da escravidão, a apavorante viagem no navio negreiro e toda a felicidade que foi obrigada a deixar para trás, na África. O discurso de ambos deixa evidente a posição antiescravagista de Maria Firmina, também uma mulher negra. Por lhes dar voz e dignidade, *Úrsula* também é considerado o primeiro romance da literatura afro-brasileira.

Os jornais acolheram bem a obra, apesar de sempre fazerem menção ao sexo da autora. Em 13 de maio de 1861, o maranhense *A Verdadeira Marmota* disse que era raro ver a mulher preferir cultuar o espírito aos prazeres do salão, para se ter ideia de como era incomum ver uma mulher se aventurando no campo das letras. Não à toa, Maria Firmina não colocou seu nome no texto, assinando apenas como "uma maranhense".

Além de talentosa, ela não se deixava calar. Quando os movimentos abolicionistas começaram a se alastrar pelo país, ganhando mais força a partir da década de 1880, ela continuou em sua luta antiescravagista através da literatura. Em 1887, no auge do movimento abolicionista no Maranhão, publicou o conto "A escrava".

Um ano antes de se aposentar, fundou a primeira escola mista do Maranhão, em 1880, mostrando que não concordava com um sistema educacional que alimentava a desigualdade entre os gêneros – o feminino ainda era minoria nas salas de aula. Ela criou uma instituição aberta e gratuita a quem não podia pagar.

Sua carreira como autora inclui ainda a publicação da novela *Gupeva*, entre 1861 e 1862, e o volume de poemas *Cantos à beira-mar*, em 1871. Apesar da importância de sua produção literária e de colaborar constantemente com jornais, participando de forma ativa da vida intelectual da época, seu nome e sua obra foram apagados dos registros. As poucas referências a Maria Firmina feitas nas historiografias mencionam suas obras apenas de passagem.

Em 1973, mais de meio século após a morte da autora, o pesquisador José Nascimento Morais Filho começou a resgatar sua memória. Ele a

> **"Não é a vaidade de adquirir nome que me cega, nem o amor-próprio de autor. Sei que pouco vale este romance, porque escrito por uma mulher, e mulher brasileira, de educação acanhada e sem o trato e a conversação dos homens ilustrados, que aconselham, que discutem e que corrigem, com uma instrução misérrima, apenas conhecendo a língua de seus pais, e pouco lida, o seu cabedal intelectual é quase nulo."**
>
> Trecho de *Úrsula*

descobriu por acaso, enquanto pesquisava textos natalinos de autores maranhenses em jornais antigos. Ficou intrigado com aquela ousada mulher que já escrevia para os jornais em pleno século xix. Por que os livros não falavam dela? Descobriu que, além de ter conquistado espaço na imprensa, tinha livros publicados e era uma intelectual respeitada. Aos poucos, foi reconstruindo sua trajetória e escreveu sua primeira biografia, em 1975. Até 2012, em uma parede da Câmara dos Vereadores de Guimarães, cidade do Maranhão onde Maria Firmina passou a maior parte de sua vida, a primeira romancista negra do Brasil foi retratada com a pele branca, segundo trabalho de pesquisa da professora Régia Agostinho. Por muitos anos, a imagem de Maria Firmina foi confundida com a da escritora gaúcha Maria Benedita Câmara (1853–95), conhecida como Délia.

Em comemoração aos 150 anos de nascimento da autora, o pesquisador publicou outro livro: *Maria Firmina dos Reis: Fragmentos de uma vida*. Nessa ocasião, 11 de outubro foi decretado o Dia da Mulher Maranhense. A partir de então, houve algumas tentativas de curar a amnésia que apagou dos livros uma existência tão brilhante: Maria deu nome a uma rua e a um colégio, mas ainda é pouco.

A maranhense, que morreu cega, pobre e sem glórias aos 95 anos, é um dos casos de esquecimento mais injustos quando se traça a evolução da literatura brasileira. Se sua história e sua obra fizessem parte dos livros, com certeza teríamos outra perspectiva sobre a produção literária nacional, com um coro mais plural.

Chiquinha Gonzaga

Um escândalo. É um bom resumo da vida de Chiquinha Gonzaga aos olhos da sociedade. Mulher sem preconceitos de raça, gênero ou ritmo musical e que prezava pela liberdade — amorosa, financeira, de escolhas —, acabou ela mesma sendo discriminada. Foi renegada pela família, afastada dos filhos, desprezada pela elite e humilhada pelas "pessoas de bem". Uma figura tão audaciosa não tinha como sair ilesa em uma sociedade patriarcal, machista e desigual.

A intérprete da alma popular brasileira

★ 17/10/1847, Rio de Janeiro (RJ)
† 28/2/1935, Rio de Janeiro (RJ)

● Ilustração de Veridiana Scarpelli

Ela chutou para o alto todas as convenções sociais, teve uma vida boêmia quando as mulheres mal saíam de casa, separou-se de um marido rude que a impedia de tocar piano e enfrentou o julgamento alheio para que pudesse viver sua vida como desejava, dedicando-se à sua música e escolhendo a quem amar. Claro que não foi fácil. Na sua lápide, fez questão de que estivesse registrado: "Sofri e chorei". Mas sempre seguiu em frente.

Graças à sua personalidade subversiva, o Brasil ganhou algumas de suas primeiras músicas populares, quando era de bom-tom tocar e compor apenas ritmos estrangeiros. Mais do que isso, ganhou sua primeira maestrina, sua primeira compositora para peças de teatro e uma defensora fervorosa do fim da escravidão e da instituição da República. Chiquinha Gonzaga chegou a vender uma de suas composições para alforriar um músico negro, José Flauta, e doou outros rendimentos à causa.

Com nome de santa, Francisca Edwiges nasceu em um bairro aristocrático do Rio de Janeiro, em uma família orgulhosa por ser parente do poeta lírico Tomás Antônio Gonzaga. Mas sua primeira certidão revela que sua mãe, Rosa Maria, era solteira e filha de pais escravizados — e só depois viria a se casar com o marechal José Basileu Neves Gonzaga, que reconheceu Chiquinha como sua filha. Foi criada como as sinhazinhas da elite, com aulas de piano, latim, ciências e português, e educada para gostar de óperas, valsas, polcas e tangos. Fez do instrumento seu melhor amigo, e, aos onze anos, apresentou à família sua primeira composição, "Canção dos pastores".

Como era costume, logo lhe arranjaram um marido, e aos dezesseis anos ela se viu casada com Jacinto Ribeiro do Amaral, dono e comandante de um navio mercante, filho de um rico comendador. O primeiro filho, João Gualberto, veio em 1864, e no ano seguinte nasceu Maria.

O marido não tinha absolutamente nada a ver com ela. Ele transportava armas e soldados, muitos deles escravizados, para a Guerra do Paraguai. Chegou a levar Chiquinha e os filhos em uma de suas viagens, o que provavelmente só contribuiu para aumentar sua posição contrária à escravidão. Era um homem rude, que passava muito tempo viajando e odiava ver sua esposa envolvida com música. Assim, proibiu que ela tocasse, decretando a morte de um relacionamento que nunca envolvera amor. Ela o abandonou, levando as crianças consigo, mas se descobriu grávida de novo e decidiu retornar ao lar. Hilário nasceu em 1870.

Depois de um tempo, Chiquinha tomou coragem, largou o marido de vez e voltou para a música, não sem sofrimento – ela teve de deixar os filhos sob os cuidados da família de Jacinto. Pedir a separação, naqueles tempos, era visto como uma afronta, e o ex-marido, com o orgulho ferido, moveu uma ação de divórcio perpétuo no Tribunal Eclesiástico por abandono do lar e adultério.

Mas não demorou para Chiquinha descobrir verdadeiramente o amor – há quem diga que ela o encontrou quando ainda morava com Jacinto. Apaixonou-se pelo engenheiro João Batista de Carvalho, um Don Juan que adorava música e com quem viveu até em canteiros de obras no interior de Minas Gerais. No Rio de Janeiro, o casal foi muito hostilizado pela sociedade. Isso abalou muito João, e o relacionamento definhou.

Chiquinha podia suportar as críticas, mas não a infidelidade do companheiro, então juntou suas coisas e foi morar no porão de uma casa modesta no bairro de São Cristóvão e viver daquilo que sabia fazer: música. Levou também a filha Alice, que nasceu daquela união, mas cuja guarda acabou perdendo para João – as mulheres não tinham direitos naquela época.

Para se sustentar, Chiquinha passou a dar aulas de piano e idiomas, tocar em festas, cabarés e rodas de choro, além de vender suas composições de porta em porta. Seu primeiro sucesso foi a polca "Atraente", lançada em 1877, que abriu caminho para a pianista, mas não sem percalços. Sua música "Aperte o botão", por exemplo, foi proibida por Floriano Peixoto, que pediu sua prisão por ser irreverente demais. Isso só aumentou a fama da artista.

Frequentadora da roda boêmia e mulher de opiniões fortes, Chiquinha virou amiga de José do Patrocínio, Olavo Bilac, Carlos Gomes, Osório Duque Estrada e do dramaturgo Artur Azevedo. Este último lhe pediu para musicar a peça *Viagem ao Parnaso*, mas os empresários acharam que o envolvimento de uma mulher pegaria mal e a rejeitaram.

PARA COMEÇAR A OUVIR

Não deixe de curtir sucessos de Chiquinha regravados por outros artistas, como Carmen Miranda (p. 175), Pixinguinha e Diogo Nogueira. Aqui vão alguns exemplos:

"Ó abre alas"
"Corta-jaca"
"Estrela d'alva"
"Lua branca"
"Atraente"
"O que passou, passou"
"A brasileira"
"Não se impressione"
"Valquíria"
"Falena"

Ela não se deu por vencida. Em 1883, musicou a peça *Festa de São João* e, em 1885, a opereta *A corte na roça*, que a tornou o nome da moda entre os autores de teatro – na época, a imprensa não sabia nem como chamá-la, porque não havia feminino para a palavra "maestro". Ao longo de sua vida, compôs 77 partituras teatrais, além de um volume inacreditável de 2 mil outras composições, misturando ritmos e criando uma música genuinamente brasileira e popular.

Sem se intimidar com os comentários alheios, tocou violão – um instrumento malvisto pela elite – e compôs muitos maxixes, um ritmo tido como obsceno por implicar uma dança agarradinha. Chiquinha foi a primeira a reger um concerto exclusivo de violões, com cerca de cem músicos da periferia carioca no palco do teatro São Pedro, em 1887. Foi um ato corajoso. Afinal, tocar serenata, na época, era considerado crime. Em 1912, outro espetáculo teatral, *Forrobodó*, um dos maiores sucessos de sua carreira, mostraria que a compositora continuava envolvida com ideias e amigos irreverentes, já que retratava um baile da periferia carioca e era repleta de palavrões, ainda que ela só a tivesse musicado.

Chiquinha abriu alas para a expressão genuinamente brasileira na música e, curiosamente, foi com a marchinha "Ó abre alas", feita a pedido do Cordão Carnavalesco Rosa de Ouro para o Carnaval de 1899, que a obra da compositora acabou eternizada – e até hoje ganha as ruas de todo o Brasil nos dias de folia. Tanta irreverência e popularidade uma hora a levariam a se infiltrar na alta sociedade. Em 1914, a então primeira-dama, Nair de Teffé (p. 60), fez questão de tocar o maxixe "Corta-jaca", de Chiquinha, no violão, na última recepção oficial do marechal Hermes da Fonseca como presidente, no Palácio do Catete.

Sua fama, a essa altura, já tinha extrapolado o Brasil. Em 1902, ela havia começado suas viagens internacionais para Portugal, Espanha, Itália, França, Alemanha, Bélgica, Inglaterra e Escócia, onde viu suas obras sendo executadas sem lhe render nenhum tostão. Em 1917, fundou a Sociedade Brasileira de Autores Teatrais, que regulamentou os direitos autorais dos artistas.

Naquela época, viajava acompanhada de seu mais longo amor: João Batista, um rapaz 36 anos mais novo que ela. Conheceram-se quando ele tinha dezesseis e ela 52. Para minimizar o falatório, ela o registrou como filho. Chiquinha viveu bastante, o suficiente para saborear o gosto de seu trabalho, acompanhada até o último dia de vida por João. Morreu em uma quinta-feira, 28 de fevereiro de 1935, antevéspera de Carnaval.

Georgina de Albuquerque

Muitos pintores famosos se inspiraram em figuras femininas para criar obras-primas — *Mona Lisa* (*c.*1503), *Garota com brinco de pérola* (*c.*1665), *As donzelas de Avignon* (1907). Mas, procurando do lado de cá das telas, é fácil perceber que, até o início da arte moderna, pouquíssimas mulheres puderam se dedicar às mais variadas formas de expressão artística. Entre as várias razões para isso, está o pensamento antiquado de que caberia ao sexo feminino apenas um papel submisso, como objeto a ser representado, jamais como sujeito. No Brasil, Georgina de Albuquerque mostrou que esse pensamento, que durou tempo demais, era um grande erro.

A mulher do outro lado da tela

★ 4/2/1885, Taubaté (SP)
† 29/8/1962, Rio de Janeiro (RJ)

• Ilustração de Bruna Assis Brasil

Dona de um talento natural, treinada em escolas de arte de renome e ganhadora dos principais prêmios nacionais, Georgina superou obstáculos para conquistar um espaço entre os grandes pintores brasileiros. Ela transitou entre diferentes estilos e se tornou a primeira mulher a dirigir a Escola Nacional de Belas-Artes (Enba). Seus quadros estão em acervos de museus de cidades como Rio de Janeiro, São Paulo, Buenos Aires e Washington.

Nascida no interior de São Paulo, desde criança gostava de desenhar, incentivada pela mãe. Durante a adolescência, teve aulas com o pintor italiano Rosalbino Santoro, que chegou a morar em sua casa. Aos dezessete anos, estava tão decidida a se tornar pintora que enviou, por meio de um tio, um quadro para a Enba, no Rio de Janeiro. Ele voltou com uma notícia peculiar: o quadro havia sido considerado tão bom que achavam que se tratava de uma cópia.

A jovem não deixou por menos. Foi com ele ao Rio, arrumou um jeito de se encontrar pessoalmente com um dos professores da Enba que havia visto seu quadro e disse que, para provar que não era copista e merecia entrar na escola, ia pintar o retrato dele. Depois disso, ela foi aceita, de modo que, em 1904, iniciava sua educação artística formal. Mas não foi na Enba que Georgina completou seus estudos. Lá ela conheceu o também aluno Lucílio de Albuquerque, com quem se casou pouco depois. Em 1906, após o marido ficar em primeiro lugar em uma exposição de arte e receber como prêmio uma bolsa de estudos em Paris, os dois se mudaram para lá.

Na França, ela continuou frequentando instituições de prestígio, como a École des Beaux-Arts e a Académie Julian, que se destacou como a primeira escola de arte do mundo a oferecer às mulheres aulas de modelo vivo. Georgina, é claro, aproveitou a oportunidade. Além disso, foi influenciada pelo impressionismo, movimento artístico que caracterizou a maior parte de sua obra. O casal teve três filhos: Beatriz (que morreu ainda criança), Dante Jorge e Flamínio Júlio. Georgina não permitiu que a maternidade afetasse sua carreira, tendo declarado que não deixou de trabalhar nem um só dia mesmo quando seus filhos eram pequenos.

IMPRESSIONISMO

Os artistas desse movimento não se prendiam às práticas da arte acadêmica da época, optando por pinceladas mais livres. Suas obras captam as impressões perceptivas e sensoriais de luminosidade, cor e sombra das paisagens, sobretudo ao ar livre. Para isso, eram produzidas em diferentes horários do dia. As inovações na produção de tinta a óleo durante o século XIX transformaram a pintura em uma atividade portátil, proporcionando ferramentas importantes para a proliferação do movimento. No Brasil, essa pintura começou a ser praticada com o rompimento do alemão Johann Georg Grimm (1846-87) com a Academia Imperial de Belas-Artes do Rio de Janeiro, quando novos materiais também chegaram por aqui. Georgina de Albuquerque também foi uma das introdutoras do impressionismo no país.

A família retornou ao Brasil em 1912, quando foi morar em Niterói (RJ). Georgina criou cursos de arte e Lucílio se tornou professor da Enba. Ela pintava e desenhava com frequência, usando diversos materiais. Nessa época, ganhou duas medalhas de prata na Exposição Geral de Belas-Artes (em 1912 e 1914), que era o evento mais importante das artes plásticas no país. Na edição de 1919, ela se consagrou com a medalha de ouro pelo quadro *Família*. Assim, foi a primeira brasileira a ser reconhecida como uma grande pintora.

No centenário da Independência brasileira, em 1922, Georgina inovou mais uma vez. Até então, a pintura histórica – representação de momentos históricos em quadros de grandes dimensões, geralmente encomendados por governantes – ainda era considerada o gênero de maior prestígio, dominado por homens. Ela pintou a tela *Sessão do Conselho de Estado*, com a qual não apenas ousou entrar naquele ramo da pintura como também, como afirma a professora Ana Paula Cavalcanti, em suas pesquisas sobre mulheres artistas, subverteu o gênero. O quadro reproduz a reunião na qual teria sido tomada a decisão de separar o Brasil de Portugal, antes mesmo do Grito do Ipiranga.

Em geral, telas de pintura histórica traziam imagens grandiosas e heroicas, como cenas de batalha, e tinham como personagem central figuras masculinas. Ainda na visão de Ana Paula, *Sessão do Conselho de Estado*, ao contrário, retrata uma situação em ambiente fechado e tem como protagonista uma mulher, a princesa Maria Leopoldina, esposa de d. Pedro I. Para completar, a artista usa pinceladas impressionistas em um gênero caracterizado por traços mais clássicos. Hoje a obra faz parte do acervo do Museu Histórico Nacional, no Rio de Janeiro.

Com esse quadro, ela se tornou a primeira brasileira a realizar com destaque tudo o que um pintor de formação clássica poderia fazer. O fato de isso ter ocorrido em 1922, mesmo ano da Semana de Arte Moderna, é bastante simbólico. Georgina foi a grande pintora clássica brasileira que abriu o caminho para que pintoras modernas, como Anita Malfatti (p. 64) e Tarsila do Amaral, brilhassem.

Na década de 1920, ela assumiu o cargo de professora da Enba, a qual dirigiu entre 1952 e 1955. Em 1940, criou, na casa em que morava, o Museu Lucílio de Albuquerque, para preservar a obra do marido, que havia morrido. Anos depois, a casa foi demolida, o museu foi vendido para o Itamaraty e a coleção se desfez.

Georgina tinha consciência de que vivia em um tempo "em que a mulher não tinha os mesmos direitos do homem", como ela mesma dizia. Entretanto, com talento e determinação, lutou pelo espaço das mulheres do outro lado da tela.

Nair de Teffé

Chegar à velhice mantendo o humor afiado não é para qualquer um, mas Nair de Teffé conseguiu isso depois de se consagrar como a primeira mulher caricaturista do mundo. Ao completar noventa anos, em 1976, ela disse em uma entrevista ao jornal *O Globo*: "Comecei invertendo meu nome. Ponha aí no jornal que eu faço noventa anos com o zero à esquerda. Na realidade sou uma eterna menina de nove anos".

Se com essa idade ela era assim, imagine aos nove… Pois foi exatamente quando a pequena Nair começou a se interessar pela caricatura, ainda como estudante de um convento na França. "Por achar o nariz de uma das freiras muito comprido, desenhei-o num papel, o que fez as meninas rirem muito", ela contou ao jornal *O Estado de S. Paulo*, em 1969. Anos depois, adotou o pseudônimo de Rian (seu nome de trás para a frente) e alcançou sucesso com desenhos de personalidades da belle époque do Rio de Janeiro.

Filha do barão de Teffé, herói da Guerra do Paraguai, e de Marie Louise Dodsworth, Nair se mudou com a família para a Europa quando tinha um ano e meio. Morou na França, na Itália e na Bélgica, países em que aprendeu a falar diversas línguas, incluindo francês e alemão. Voltou ao Brasil já adolescente, passando a morar em Petrópolis, onde continuou estudando artes.

A estreia como caricaturista aconteceu na revista ilustrada semanal *Fon-Fon*, em 1909, aos 23 anos. Ao longo da carreira, ela colaborou com diversas publicações de prestígio, como *Gazeta de Noticias*, *Careta*, *O Malho* e *Revista da Semana*. A imprensa europeia também destacou seu trabalho em publicações humorísticas como *Fantasio*, *Le Rire*, *Excelsior* e *Fémina*. Os desenhos de Nair geralmente retratavam políticos e integrantes da alta sociedade. Ela tinha um repertório cultural muito amplo, tocava piano e ainda era atriz de teatro. Ser caricaturado por Nair era um grande acontecimento. Uma de suas charges mais famosas é a do senador Rui Barbosa, que na eleição de 1910 havia sido derrotado pelo marechal Hermes da Fonseca, futuro marido dela.

Em 1912, já reconhecida como artista talentosa, atraiu ainda mais as atenções com uma exposição de suas caricaturas no salão do *Jornal do Commercio*. O evento foi inaugurado por Hermes da Fonseca, que

Uma mulher nada caricata

* ★ 10/6/1886, Rio de Janeiro (RJ)
* † 10/6/1981, Niterói (RJ)

* • Ilustração de Adriana Komura

PSEUDÔNIMO

O pseudônimo Rian deu muito o que falar. Entre as interpretações mais populares, estavam a similaridade com "rien" ("nada", em francês) e uma referência ao verbo "rir".

compareceu na companhia da então primeira-dama, a professora Orsina da Fonseca.

Meses depois, ele ficou viúvo e reencontrou a jovem artista em Petrópolis. A própria Nair revelou como ocorreu a aproximação em inúmeras entrevistas. Ela sofreu uma queda do cavalo e o marechal a socorreu. Ele a pediu em casamento e ela disse que precisava de seis meses para pensar. Mas a resposta veio muito antes, ainda durante o período de luto dele. Em 1913, Hermes da Fonseca tinha 58 anos e Nair, 27, tornando-se a primeira e até hoje única mulher a namorar e casar com um presidente da República no exercício do cargo.

Nos holofotes da vida política e social do país, deu um tempo na carreira: parou de publicar caricaturas, embora continuasse a fazê-las. Mas, espírito livre que era, fez questão de não ficar à sombra do marido. Organizava saraus e festas no Palácio do Catete, então residência oficial do presidente. Em uma delas, inovou ao tocar no violão o famoso maxixe "Corta-jaca", de Chiquinha Gonzaga (p. 52). Os convidados aplaudiram, mas a ousadia de Nair em tocar um instrumento considerado imoral e executar uma música popular diante da elite brasileira, acostumada a ouvir valsas e polcas europeias, foi demais para as cabeças mais conservadoras, principalmente as dos opositores de seu marido. Rui Barbosa, por exemplo, criticou duramente a peripécia no Senado.

Outra história, negada por Nair, conta que ela usou em um evento uma saia rodada com apliques de caricaturas de sua autoria dos ministros de Estado. Verdade ou mentira, o fato é que sua mentalidade revolucionária mexia com o imaginário das pessoas.

Nair viveu ao lado de Hermes da Fonseca por quase dez anos, dois deles como primeira-dama, entre 1913 e 1914. Após ficar viúva, voltou a Petrópolis, onde foi eleita, em 1928, para a presidência da Academia de Ciências e Letras local, que transformou, no ano seguinte, em Academia Petropolitana de Letras. Também integrou a Academia Fluminense de Letras. No Rio de Janeiro, em 1932, fundou o Cinema Rian, em Copacabana, importante ponto da cena cultural da cidade, que ficou em atividade até 1983. Na década de 1940, Nair se mudou para um sítio em Pendotiba, nos arredores de Niterói. Nessa fase, viveu mais isolada, na companhia dos seus filhos adotivos e de seus cachorros.

Ainda em vida, sua obra continuou sendo celebrada por cronistas, escritores e historiadores. Foi Herman Lima quem a convenceu a voltar a publicar caricaturas após a longa pausa. Ela manteve o traço e o humor irreverentes até o fim da vida. Aos noventa anos, junto com o formulário do Imposto de Renda, entregou uma caricatura do então ministro da Fazenda, Delfim Netto, e um recado: "Ministro, desculpe-me, mas essa coisa de Imposto de Renda é muito complicada pra mim. Vocês deviam dispensar os adultos com mais de setenta anos".

Até hoje, são raras as mulheres caricaturistas que conquistaram tamanho reconhecimento. Porém, o pioneirismo de Nair mostra a importância de valorizarmos a participação feminina nessa arte.

Anita Malfatti

A polêmica gerada pelas pinturas de Anita Malfatti durante uma exposição realizada em 1917, em São Paulo, foi tão intensa que um senhor de idade ameaçou romper os quadros com a bengala. Mas a coisa esquentou para valer depois que o escritor Monteiro Lobato publicou uma dura crítica sobre a mostra. Cinco quadros já vendidos chegaram a ser devolvidos. Foi assim que a moça de personalidade tímida causou a primeira grande controvérsia no provinciano e acadêmico meio artístico paulistano, dando a largada no modernismo brasileiro.

Filha da americana Eleonora Elisabeth Malfatti e do italiano Samuel Malfatti, Anita teve o incentivo da família para seguir carreira nas artes. Queriam que ela se formasse professora de desenho, como a mãe, que dava aulas no Colégio Mackenzie. Seu pai, um engenheiro que veio ao Brasil para trabalhar na construção das estradas de ferro, morreu cedo. Devido a uma atrofia congênita no braço e na mão direita, a menina se tornou uma canhota involuntária.

Antes da aparição de suas primeiras obras modernistas, os artistas, em sua maioria homens, exibiam quadros que em geral retratavam a natureza. O impressionismo estava entre as tendências vigentes e, alguns anos antes, Georgina de Albuquerque (p. 56) destacou-se como uma das precursoras do movimento no Brasil. Imagine uma mulher ousar seguir uma nova corrente artística… Mas foi o que Anita fez! Ela optou por valorizar a figura humana em suas telas, com claras influências do expressionismo e do cubismo, inspirações que acumulara em seu tempo de estudante no exterior.

Para conseguir ampliar seus horizontes, Anita recebeu ajuda financeira do tio, o engenheiro e arquiteto George Krug. Em 1910, com 21 anos, ela partiu para a Alemanha, onde morou por quatro anos. O país vivia a efervescência cultural das vanguardas artísticas, como o expressionismo, o cubismo e o fauvismo. Durante um ano, Anita frequentou a Academia Imperial de Belas-Artes, em Berlim, além de ter estudado com Lovis Corinth (1858-1925). Mais tarde, ao se lembrar desses cursos, ela comentou em uma entrevista para *A Gazeta* que desde o começo lhe permitiram ter independência como artista e lhe deram "Toda liberdade de pintar".

Pioneira do modernismo

★ 2/12/1889, São Paulo (SP)
† 6/11/1964, São Paulo (SP)

• Ilustração de Lole

Um dos episódios que mais marcaram sua estadia na Alemanha foi a histórica retrospectiva de arte moderna Sonderbund, em Colônia, que abalou o universo das artes. Na segunda década do século XX, era quase impossível ver na mesma cidade obras de grandes nomes como Edvard Munch, Pablo Picasso, Paul Cézanne, Wassily Kandinsky, Emil Nolde e Vincent van Gogh. Foi uma oportunidade única de se familiarizar com a produção modernista, que também gerava controvérsias por lá. Com o início da Primeira Guerra Mundial, no entanto, Anita retornou ao Brasil.

De volta a São Paulo, ela fez sua primeira exposição em um evento que passou praticamente despercebido. Poucos meses depois, embarcou para os Estados Unidos, decidida a morar em Nova York. Naquela época, não era comum uma mulher viajar sozinha, mesmo que tivesse dinheiro. No novo endereço, ela estava mais uma vez em contato com a nata da vanguarda artística, vivendo perto de artistas que tinham fugido da guerra na Europa, como Marcel Duchamp.

Acumulando toda essa bagagem antes mesmo de completar trinta anos, Anita acabou sendo figura central da primeira mostra reconhecida como moderna no Brasil – aquela de 1917, que gerou tantas críticas. Aliás, foram seus amigos que a convenceram a expor, pois sua família ficara bastante desapontada com suas escolhas artísticas. "Falaram e falaram até que fiz a primeira exposição de arte moderna", revelou, referindo-se à visita do pintor Di Cavalcanti e do jornalista Arnaldo Simões Pinto. Em dezembro, em um grande salão na rua Líbero Badaró, lá estavam mais de cinquenta obras de sua autoria.

Poucos dias depois, Monteiro Lobato escreveu no *Estado de S. Paulo* a crítica "A propósito da exposição Malfatti", que mais tarde seria publicada também no livro *Ideias de Jeca Tatu*, com o título "Paranoia ou mistificação?". Lobato se posicionou contra a proposta de modernidade da artista, comparando as novas tendências à pintura de pessoas com distúrbios mentais: "A única diferença reside em que nos manicômios esta arte é sincera, produto ilógico de cérebros transtornados pelas mais estranhas psicoses; e fora deles, nas exposições públicas, zabumbadas pela imprensa e absorvidas por americanos malucos, não há sinceridade nenhuma, nem nenhuma lógica, sendo mistificação pura".

Em resposta, o escritor Oswald de Andrade (1890-1954) escreveu um artigo no *Jornal do Commercio* destacando a coragem e a originalidade do trabalho de Anita, além do fato de sua arte representar "a negação da cópia". Mário de Andrade (1893-1945) e Menotti del Picchia (1892-1988) também ficaram ao lado da artista.

Nos anos seguintes, ela foi estudar com Pedro Alexandrino (1856-1942), pintor naturalista de destaque que também deu aulas para Tarsila do Amaral (1886-1973) – foi assim que as duas se conheceram. Quando a Semana de Arte Moderna se deu, Anita já tinha produzido grande parte das obras que a consagraram. Passou, então, a integrar o Grupo dos Cinco, ao lado de Tarsila, Mário, Oswald e Menotti, líderes de uma geração que buscou uma identidade genuinamente brasileira. A produção cultural do país, cada vez mais livre de amarras acadêmicas, jamais foi a mesma.

Anita voltou para a Europa com uma bolsa de estudos do Pensionato Artístico do Estado de São Paulo. Também deu aulas no Mackenzie e, em 1949, teve a primeira retrospectiva de sua carreira, no Museu de Arte de São Paulo Assis Chateaubriand (Masp). Dois anos depois, participou da i Bienal Internacional de São Paulo. Em 1963, foi homenageada com uma retrospectiva de seu trabalho na vii Bienal Internacional de São Paulo. O tempo consagrou cada vez mais sua obra singular, mostrando como Lobato e outros não tinham sido capazes de assimilar seu pioneirismo. Uma mulher à frente do seu tempo, Anita deu o grito de liberdade de que toda expressão artística precisa para se renovar.

FASES DE ANITA

No centenário da primeira mostra modernista no Brasil, em 2017, o Museu de Arte Moderna de São Paulo (MAM) exibiu a exposição Anita Malfatti: 100 Anos de Arte Moderna, em que a curadora Regina Teixeira de Barros dividiu a produção da artista em três fases:

1915: Anita vai à ilha de Monhegan (EUA) para encontrar o professor e filósofo Homer Boss. Lá, pinta paisagens com grossas pinceladas, cores fortes e contrastes intensos, que iam consagrá-la como a pioneira da arte moderna no Brasil.

1923: Viaja a Paris como bolsista, onde, conta, "frequentei as academias de cursos livres, visitei os ateliês, rebusquei nos salões o que se fazia de mais avançado". Por "avançado" entenda-se a retomada de tendências realistas, naturalistas e clássicas.

1944: Visita cidades históricas de Minas Gerais, onde assiste a procissões e festas de rua, temas que incorporaria a seu repertório e levaria a uma "simplificação" na construção de suas pinturas. Sua curiosidade e suas experimentações não são compreendidas pela crítica.

Bertha Lutz

Ela poderia ter sido apenas a filha do famoso cientista brasileiro Adolfo Lutz, o fundador da medicina tropical no país. Mas Bertha Maria Júlia Lutz não ficou à sombra de seu pai e entrou para a história como uma das primeiras e mais importantes feministas do Brasil. Sua luta mudou significativamente o papel da mulher na política. Sem ela, talvez o voto feminino e a igualdade de direitos políticos tivessem de esperar para além da década de 1930 até virar realidade. Para nossa sorte, Bertha brigou pelo que acreditava em uma época em que as mulheres precisavam pedir autorização dos maridos até para trabalhar fora de casa.

Uma feminista pioneira

★ 2/8/1894, São Paulo (SP)

† 16/9/1976, Rio de Janeiro (RJ)

• Ilustração de Bárbara Malagoli

Filha do sanitarista e da enfermeira inglesa Amy Fowler, Bertha nasceu em São Paulo em 1894, e, ainda menina, ajudou a mãe nas escolas que ela havia criado – uma para meninos pobres e outra para vendedores de jornais. Como seu pai não confiava na qualidade da educação superior no Brasil, foi enviada ainda adolescente à Europa para terminar seus estudos. Curiosa e boa aluna, cursou biologia na Sorbonne, em Paris. Foi ali que duas de suas paixões ganharam corpo: o feminismo e as ciências.

No começo do século XX, a Europa fervia com o movimento sufragista. Quando Bertha voltou ao Brasil, em 1918, trouxe não só seu diploma debaixo do braço, como também uma cabeça cheia de ideias feministas. Ela usou como principal arma os argumentos – e era boa com as palavras, chegando até a se arriscar em poesias ousadas para os padrões da época.

Como feminista, seu primeiro ato público foi divulgar uma carta na *Revista da Semana*, ainda no final de 1918. Era uma resposta a um jornalista que acreditava que o movimento sufragista na Europa e nos Estados Unidos nada tinha a ver com as brasileiras. Bertha criticou o tratamento dado pelos homens à causa e convidou as mulheres a se organizarem em associações de luta pelos seus direitos. Começava aí um importante capítulo do movimento sufragista no Brasil, do qual Bertha foi a maior representante. Para ela, as mulheres não só precisavam ter direito ao voto e aos cargos políticos, mas também ao trabalho e à educação, para se livrar da dependência dos homens. Ela mesma era financeiramente independente e nunca se casou, algo bastante incomum para seu tempo.

Em 1919, Bertha prestou concurso para o Museu Nacional, do Rio de Janeiro, e se tornou a segunda brasileira a entrar para o serviço público. Nas quatro décadas em que trabalhou lá, desenvolveu importantes pesquisas, especialmente relacionadas a anfíbios, e ganhou reputação internacional como cientista e defensora dos museus e da educação feminina. Também esteve no grupo que criou a Associação Brasileira de Educação, em 1924.

AS SUFRAGISTAS NO MUNDO

As primeiras décadas do século XX foram de muita luta para que europeias e norte-americanas tivessem o direito de votar. Na Inglaterra, vendo que os pedidos pacíficos de igualdade no salário e no tratamento, de redução da jornada de dezesseis horas e de direito ao voto feitos desde fins do século anterior não estavam surtindo efeito, as mulheres começaram a explodir caixas de correio, quebrar vidraças e entrarem em greve de fome.

A onda feminista varreu vários países e trouxe resultados. Em 28 de fevereiro de 1909, foi organizado nos Estados Unidos o Dia Nacional da Mulher. Um ano depois, durante a Conferência Internacional de Mulheres, na Dinamarca, representantes de dezessete nações concordaram em criar uma data para celebrar essa luta. E foi em 1917, ao longo de uma greve geral na Rússia, que se decidiu estabelecer o 8 de março como o Dia Internacional da Mulher, quando a Primeira Guerra Mundial estava a todo vapor e, com os homens no front, a força de trabalho feminina era importantíssima. No ano seguinte, russas e inglesas conquistaram o direito de votar.

Erroneamente, relaciona-se a comemoração do 8 de março com um incêndio horroroso que ocorreu na fábrica Triangle Shirtwaist, em Nova York, no dia 25 de março de 1911. Os trabalhadores estavam em greve por melhores condições, mas a manifestação foi violentamente reprimida. Morreram 146 funcionários, em sua maioria esmagadora mulheres. Mas a data já havia sido proposta um ano antes.

Bióloga, feminista, ativista política, musicista, poeta, preocupada com o ensino, a natureza e a igualdade no trabalho, Bertha desempenhou muitos papéis e viajou o mundo para conciliar todos eles, lutando por causas ainda hoje atuais, como a igualdade salarial entre homens e mulheres.

Aos 25 anos, uniu-se a outras feministas e fundou a Liga para a Emancipação Intelectual da Mulher, uma semente para a criação da Federação Brasileira pelo Progresso Feminino (FBPF), em 1922. A entidade, presidida por Bertha, tinha como principal bandeira o voto e o Congresso Nacional como palco de atuação preferido. Incansáveis, as sufragistas chegaram a coletar 2 mil assinaturas – o que era muito – para pressionar os senadores. Não deu certo, mas a derrota não as desanimou. Bertha até decidiu cursar direito para ampliar suas armas, e um ano antes de se formar viu seu sonho se realizar: em 24 de fevereiro de 1932, um decreto assinado pelo presidente Getúlio Vargas permitiu o voto facultativo feminino. As francesas só conseguiram esse direito em 1944!

Mas faltava muito a conquistar, inclusive o direito de ser eleita para um cargo político – o que aconteceu pouco tempo depois. Por pressão da FBPF, Bertha fez parte do comitê que elaborou a Constituição de 1934 e instituiu a igualdade de direitos políticos. Ela mesma exerceu esse direito ao se candidatar a uma vaga como deputada federal. Entre as muitas brigas que queria comprar no Congresso estavam ampliar a licença-maternidade de trinta dias para três meses e reduzir a jornada de trabalho, que era de treze horas.

Bertha não obteve votos suficientes, mas se tornou primeira suplente e acabou assumindo a cadeira do deputado Cândido Pessoa, que morreu em 1936. Em menos de um ano, apresentou o projeto de lei do Estatuto da Mulher e propôs a criação do Departamento Nacional do Trabalho Feminino, Maternidade, Infância e Lar.

Infelizmente, a deputada não teve tempo de fazer muita coisa. Em 1937, Vargas instituiu o Estado Novo e fechou o Congresso, retirando de todos os brasileiros o poder de voto. Bertha voltou para o Museu Nacional, onde permaneceu até ser aposentada compulsoriamente pela ditadura militar instituída em 1964. Ali, preocupou-se com o desmatamento e as queimadas muito antes de ecologia e sustentabilidade virarem termos da moda.

Apesar de sua atividade como cientista, nunca abandonou a militância e presidiu a Federação até 1942. Também representou o Brasil no exterior em diversas ocasiões e foi por insistência dela que, em 1945, a Carta das Nações Unidas, o documento fundador da ONU, incluiu a igualdade de gênero. Além disso, ela foi porta-voz do país na Conferência Internacional do Trabalho, em 1944, e na vice-presidência da Comissão Interamericana de Mulheres, de 1953 a 1957.

Por mais que evitasse tocar em grandes tabus da época, como o divórcio e a distribuição desigual das tarefas domésticas, não dá para negar que Bertha marcou o movimento feminista, tendo sido eleita "Mulher das Américas" pela União das Mulheres Americanas, em Nova York, em 1951. Só para se ter ideia, a ex-primeira-dama americana Eleanor Roosevelt – que apoiou a criação da Organização das Nações Unidas (ONU) – tinha recebido o prêmio dois anos antes. Bertha morreu em 1976, aos 82 anos, em um asilo no Rio de Janeiro.

Antonieta de Barros

A catarinense Antonieta de Barros encontrou diversos caminhos para chegar ao seu objetivo. Na luta por uma educação de qualidade e acessível a todas as mulheres, ela atuou como professora, escritora e jornalista e se tornou a primeira líder negra a assumir um mandato popular no Brasil, na década de 1930.

A primeira líder negra na política

★ 11/7/1901, Florianópolis (SC)
† 28/3/1952, Florianópolis (SC)

• Ilustração de Veridiana Scarpelli

Antonieta foi muito ligada à mãe, Catarina Waltrick, que nasceu em Lages, interior de Santa Catarina, em 1868, três anos antes da assinatura da Lei do Ventre Livre. Há relatos de que sua mãe foi escravizada na região serrana de Coxilha Rica (sc) e de que trabalhou na fazenda da família Ramos, muito influente no estado. Dez anos após a abolição da escravatura, em 1898, Catarina seguiu com os patrões para morar na capital e trabalhar como lavadeira. Ela também teria se casado com Rodolfo de Barros – mas pesquisadores não encontraram nenhum registro oficial relacionado a ele. Já vivendo em Florianópolis, deu à luz Antonieta, em 1901. Dois anos depois, nasceu Leonor, que também se tornou professora e nunca se casou.

Em uma dedicatória feita em seu livro *Farrapos de ideias*, de 1937, uma coletânea de textos de sua autoria publicados na imprensa catarinense, Antonieta deixou um registro da importância das mulheres de sua vida: "À minha mãe, a grande amiga que não morreu, e à minha irmã, saudade, gratidão e amizade". Não há qualquer menção ao pai e a um irmão caçula. O livro é assinado com o pseudônimo Maria da Ilha, que ela usava para publicar artigos e crônicas em jornais como *A Semana, A Pátria, República, Correio do Estado, O Idealista* e *O Estado*.

A influência delas foi além, dando rumo à missão de vida de Antonieta. Foi por causa da pensão que a mãe abriu em casa, como forma de complementar a renda de lavadeira e garantir o sustento da família, que ela conviveu com estudantes e aprendeu a valorizar a educação, podendo ela própria avançar nos estudos.

Ao concluir a Escola Normal Catarinense, em 1921, tornou-se professora, carreira que abraçou ao longo de três décadas. Na época, as mulheres podiam estudar apenas até o curso normal. Para além disso, as pessoas se preocupavam com quando iam casar e ter filhos. Na imprensa, Antonieta defendia que todos deveriam ter acesso à educação

avançada e à cultura. Para ela, a alfabetização era só o começo. Ao tratar do ensino público catarinense em um artigo do jornal *República*, de 12 de julho de 1932, ela reivindicou mais possibilidades de acesso à universidade: "Há, contudo, uma grande lacuna na matéria de ensino: a falta dum ginásio, onde a mulher possa conquistar os preparatórios, bilhete de ingresso para os estudos superiores".

O primeiro desafio que assumiu como recém-formada foi abrir em sua própria casa uma escola de alfabetização para crianças e adultos, em parceria com a irmã. Paralelamente, Antonieta atuava em associações de professores e intelectuais, como a Liga do Magistério Catarinense e o Centro Catarinense de Letras. A partir de 1925, também se envolveu na luta para as mulheres conquistarem o direito ao voto.

As atividades na imprensa começaram pouco depois. Ao longo da carreira como jornalista, além das centenas de artigos e crônicas publicados, dirigiu a revista *Vida Ilhoa*. Assim, quando se lançou como a única mulher candidata na eleição da Assembleia Constituinte de 1935, Antonieta já tinha um nome reconhecido, apesar de seus meros 33 anos. Pouco antes, tinha assumido a cadeira de português no Instituto de Educação Dias Velho, do qual se tornou diretora anos mais tarde, em 1944.

O convite para lançar sua candidatura partiu de Nereu Ramos, líder do Partido Liberal Catarinense, alinhado a Getúlio Vargas. Antonieta se manteve até o fim politicamente fiel a seu amigo Ramos, que pertencia à família para a qual sua mãe trabalhara durante anos.

Ao tomar posse como deputada na Assembleia Legislativa de Santa Catarina, ela atuou principalmente por melhorias na educação. Com a instalação do Estado Novo, em 1937, Vargas fechou o Congresso Nacional e as assembleias estaduais. Antonieta continuou a se dedicar ao magistério, passando a dar aulas de português e psicologia no Colégio Coração de Jesus. Foi reeleita como suplente e assumiu seu segundo mandato também em prol de melhores condições de trabalho para os professores.

Nos últimos anos de vida, a professora sofreu perseguições por suas escolhas partidárias. A situação da política nacional havia mudado e, em 1951, ela foi surpreendida com a exoneração do cargo de diretora do Instituto de Educação Dias Velho. Durante sua vida pública, em poucas ocasiões Antonieta falou abertamente sobre os ataques que sofria por ter quebrado tantas barreiras sociais. Nas vezes em que o fez, foi simples e contundente, denunciando termos racistas usados contra ela. Em março do ano seguinte, morreu de complicações da diabetes, aos cinquenta anos.

"Mulher na política, em nosso país, sempre as houve. Não há novidade pois, a não ser que abandonam os bastidores, para se apresentarem em público." Essas foram as palavras de Antonieta em um texto publicado em 17 de julho de 1932, no mesmo jornal, quando as brasileiras passaram a ter direito ao voto. Ela lutou pela igualdade entre mulheres e homens, reivindicando também o reconhecimento da contribuição das brasileiras para o país, injustamente silenciada.

EM BUSCA DA MEMÓRIA DA MULHER NEGRA

Quando se mudou para Florianópolis, a cineasta paulista Flávia Person se interessou pela história da mulher por trás de algumas homenagens na cidade, como o Túnel Antonieta de Barros e o auditório Antonieta de Barros da Assembleia Legislativa do Estado de Santa Catarina, além do nome de ruas, de uma biblioteca, de associações e movimentos sociais. No entanto, durante a pesquisa para o documentário *Antonieta*, lançado em 2016, ela se deparou com a falta de acervo histórico sobre a primeira mulher negra eleita a um cargo político no Brasil.

Em entrevista à BBC, a antropóloga Alexandra Alencar, da Universidade Federal de Santa Catarina, criadora do projeto Outras Antonietas, voltado para professoras negras, ressaltou a importância de resgatar a história dessa mulher que conquistou espaço político e intelectual, enfrentando preconceitos: "No Sul do Brasil, negros sempre tiveram situação de invisibilidade histórica, e personagens como Antonieta ajudam a reduzir essa invisibilidade".

Carmen Portinho

A engenheira Carmen Portinho introduziu e ampliou o conceito de habitação popular no Brasil e esteve à frente de projetos importantíssimos para as artes visuais no país: o Museu de Arte Moderna (MAM) do Rio de Janeiro e a Escola Superior de Desenho Industrial (Esdi). Mas, antes, lutou para que as mulheres tivessem a mesma participação que os homens na educação e no trabalho.

A construtora da modernidade

* 26/1/1903, Corumbá (MS)
† 25/7/2001, Rio de Janeiro (RJ)

• Ilustração de Yara Kono

Nascida em Corumbá, principal cidade do Pantanal, Carmen se mudou para o Rio de Janeiro com a família aos oito anos. Ainda na adolescência, ela se tornou figura central na organização do movimento sufragista (ver box p. 70), ao lado de Bertha Lutz (p. 68), e entre as décadas de 1920 e 1930 militou fervorosamente pelos direitos das mulheres.

Carmen não media esforços para realizar seus ideais. Ela chegou a sobrevoar o Rio de Janeiro com colegas lançando panfletos em defesa do sufrágio feminino. Em suas próprias palavras, "isso no tempo em que nem aviões decentes existiam", revelou em entrevista concedida a Vera Rita da Costa. A atuação no movimento feminista se intensificou e, antes de completar vinte anos, em 1922, ela foi uma das fundadoras da Federação Brasileira pelo Progresso Feminino (FBPF). Contando com a força da sororidade, elas conquistaram cada vez mais adeptas.

Em sua formação acadêmica, Carmen também deu passos importantes para a emancipação feminina. Quando cursava o último ano de engenharia na Escola Politécnica da Universidade do Brasil, atual Universidade Federal do Rio de Janeiro, começou a dar aulas no Colégio Pedro II. Uma mulher professora de um internato masculino gerou revolta e indignação em alguns. Até o ministro da Justiça tentou interferir em sua nomeação para o colégio, mas felizmente não teve sucesso. Em 1925, Carmen foi a terceira mulher a se formar em engenharia civil no país, e logo veio a se tornar a primeira urbanista brasileira a concluir um curso de pós-graduação no Instituto de Artes da Universidade do Distrito Federal (que na época era o Rio de Janeiro). Ainda durante esse período, ela participou da criação da União Universitária Feminina.

É claro que Carmen não escapou do preconceito e do machismo. Trabalhando desde 1926 na Diretoria de Obras e Viação do Distrito Federal, ela estava subordinada a um chefe que menosprezava sua ca-

pacidade. Carmen foi até o presidente Washington Luís, que recebia a população em audiências públicas, e disse:

> Sou engenheira, trabalho na prefeitura, dou conta do meu dever e trabalho muito. Podem consultar os meus chefes. Agora vai haver promoção e me considero com merecimento para recebê-la. Só que não conheço ninguém para me apresentar. Vim pedir ao senhor que saiba da minha vida, do meu trabalho e me ajude, caso julgue que mereça.

Carmen foi promovida e pouco tempo depois completou sua primeira construção, a Escola Primária Ricardo de Albuquerque, no subúrbio carioca. Em 1937, foi fundadora e se tornou a primeira presidenta da Associação Brasileira de Engenheiras e Arquitetas, que pretendia incentivar o ingresso das mulheres na área. Por anos, essa foi a única organização profissional com atuação exclusivamente feminina.

NOME E IDENTIDADE

Carmen sempre fez questão de assinar seus trabalhos com o nome de solteira. Pode parecer um gesto pequeno, mas é uma conquista importante do movimento feminista. Como ela mesma disse: "Nós fomos as primeiras a propor que as mulheres não mudassem seu nome ao casar. Eu mesma não adotei o nome de meu marido. Nós achávamos que isso seria uma demonstração de independência e resistência. Eu fiz meu nome, o nome com que nasci. Agora, muita gente faz o nome do marido e, quando se torna conhecida, ninguém sabe se é por competência ou por causa do marido".

Sua atuação ultrapassou nossas barreiras geográficas. Em 1945, Carmen recebeu uma bolsa de estudos para participar das comissões de reconstrução e remodelação das cidades inglesas que haviam sido destruídas durante a Segunda Guerra Mundial. Essa experiência foi decisiva para seu interesse pela habitação popular. Ao voltar para o Brasil com novas ferramentas para encarar os problemas de moradia causados pelo crescimento desordenado dos municípios, ela propôs a criação de um Departamento de Habitação Popular na prefeitura do Rio. A ideia foi aceita e Carmen assumiu sua diretoria até o início da década de 1960.

No novo cargo, a engenheira foi responsável pela construção do icônico conjunto habitacional Pedregulho – que aparece em destaque no filme *Central do Brasil* –, quando chefiou o marido, Affonso Eduardo

Reidy, autor do projeto arquitetônico. Nas diversas ocasiões em que trabalharam juntos, ficou evidente a preocupação do casal com o aspecto social da arquitetura e do urbanismo. Conciliando habitação e convivência, os moradores contavam com centros comerciais, escolas, quadras esportivas e postos de saúde. Na entrada, um mosaico de Cândido Portinari promovia o contato com a arte brasileira. Construções como essa fizeram com que Carmen ganhasse fama no Brasil e no exterior.

Outro ícone da arquitetura moderna brasileira projetado por Reidy e construído por ela foi o Museu de Arte Moderna do Rio de Janeiro. Desde 1951, Carmen fazia parte de sua diretoria e trabalhava para que a instituição, instalada provisoriamente, conseguisse uma sede definitiva. As obras no aterro do Flamengo começaram em 1954. Ela era a única mulher num canteiro de obras gigantesco. Como diretora, contribuiu não somente para a estrutura física do MAM, mas foi essencial para a formação de sua identidade cultural, dedicando-se aos artistas e às exposições.

Em 1967, Carmen foi convidada para dirigir a recém-criada Escola Superior de Desenho Industrial, hoje ligada à Universidade do Estado do Rio de Janeiro (Uerj). Vale lembrar que, na época, existiam pouquíssimas escolas de desenho industrial no mundo, e a mais importante era a Bauhaus, na Alemanha. Nessa posição, Carmen chegou a desafiar a ditadura para proteger os alunos, impedindo que a polícia invadisse a escola.

Próxima de completar seu centenário, Carmen continuava a trabalhar como assessora do Centro de Tecnologia e Ciências da Uerj e participava de júris de arte. Faleceu aos 98 anos e deixou como legado a vontade de criar espaços urbanos a ser compartilhados por todos.

Laudelina de Campos Melo

Descendente direto da escravidão, o trabalho doméstico no Brasil ainda é um retrato da discriminação de raça, gênero e classe, por ser exercido, majoritariamente, por mulheres pobres, negras e pardas. Se hoje as trabalhadoras domésticas contam com direitos trabalhistas e organização sindical, muito disso se deve à atuação de Laudelina de Campos Melo.

Um espírito incansável

* 12/10/1904, Poços de Caldas (MG)
† 12/5/1991, Campinas (SP)

• Ilustração de Laura Athayde

Filha de Sidônia e Marco Aurélio, Laudelina nasceu poucos anos após a abolição da escravatura, em um tempo em que os negros eram claramente tratados como cidadãos de segunda categoria. Desde criança, era ela quem cuidava dos afazeres da casa. A mãe passava o dia fora, trabalhando para a família Junqueira, que havia sido proprietária de seus avós. Sidônia sofria com o preconceito, e a pequena Laudelina, que só pôde estudar até a terceira série, sabia que aquilo não estava certo.

Em depoimento para a dissertação de mestrado da professora Elisabete Aparecida Pinto, da Universidade Federal da Bahia, ela relembrou situações de racismo e o incômodo que sentia. Uma vez, sua mãe se negou a fazer um trabalho que não lhe cabia, afirmando não ser escrava e provocando a reação de um capataz dos Junqueira. Ela conta:

> Aí ele [o português] começou a chicotear a minha mãe no caminho. Avancei no pescoço dele, quase matei ele... eu tinha doze anos nessa época. Avancei no português pela garganta... agarrei na garganta dele, se não me separassem dele eu teria matado de tanto ódio que eu fiquei.

Já na adolescência, Laudelina começou a frequentar e depois organizar grupos e associações culturais para a população negra – o primeiro foi o Clube 13 de Maio. Diante da falta de alternativas, ela passou a trabalhar em residências aos dezessete anos. Em 1922, mudou-se para São Paulo e, logo depois, para Santos, onde se casou em 1924 com Henrique Campos. Lá, participou da criação da organização Saudades de Campinas, que reunia a população negra local.

Atuando no trabalho doméstico e percebendo como as questões de gênero, raça e classe afetavam sua vida e a das pessoas com quem convivia, Laudelina começou a agir para mudar a realidade. Em 1936, filiou-se ao Partido Comunista Brasileiro (PCB) e fundou, em 8 de julho, a

Associação de Empregadas Domésticas de Santos, a primeira desse tipo na história brasileira, com o objetivo de garantir os direitos trabalhistas da categoria. "A situação da empregada doméstica era muito ruim, a maioria daquelas antigas trabalharam 23 anos e morriam na rua pedindo esmolas. [...] Era um resíduo da escravidão, porque era tudo descendente de escravos", lembrou.

O início do Estado Novo e da Segunda Guerra Mundial (na qual atuou como voluntária, em solo brasileiro) impediram conquistas mais rápidas. No entanto, a associação foi importante ao oferecer serviços assistenciais, educativos e recreativos às trabalhadoras. Laudelina se separou do marido em 1938 e foi morar em Campinas com o filho Alaor (1925-89). O casal havia tido outra filha, Neusa, que morreu ainda pequena.

Laudelina foi trabalhadora doméstica até 1953, quando arranjou um emprego em uma pensão e começou a vender salgados nos estádios de futebol da cidade. Enturmou-se com o movimento negro da região, organizando atividades para valorizar a cultura afrodescendente, como grupos de teatro e dança, bailes de debutantes e uma escola de música e balé.

Sem se esquecer de suas colegas, fundou, em 1961, a Associação Profissional Beneficente das Empregadas Domésticas, em Campinas. À frente da entidade, encabeçou a luta por mais direitos em plena ditadura militar. Mobilizou a classe para a realização de congressos nacionais que resultaram, na década de 1970, na regulamentação da profissão, no direito à carteira de trabalho assinada e no acesso à previdência social. Além disso, colaborou para a criação de associações e sindicatos em outras cidades do país.

O trânsito entre diversos movimentos sociais permitiu que Vó Nina, como passou a ser chamada quando ficou mais velha, percebesse as necessidades mais urgentes da classe. Além de assistência jurídica e social, ela sempre se preocupou em oferecer, diretamente ou por meio de reivindicações ao poder público, educação e trabalho a essas profissionais. Em Campinas, por exemplo, fazia questão de que as associadas se alfabetizassem e de que houvesse creche para seus filhos.

Laudelina morreu em 1991, deixando sua casa para o sindicato local. Antes, porém, teve a satisfação de ver a Constituição de 1988 assegurar às trabalhadoras o 13º salário, o repouso semanal remunerado, a licença-maternidade de 120 dias e a aposentadoria, entre outras conquistas. Todos esses direitos e os que vieram depois são fruto direto da competência e determinação de Laudelina. Sua obra e memória seguem vivas por meio do trabalho da Casa Laudelina de Campos Melo, uma organização social de Campinas.

DIREITOS IGUAIS

Mais de um século depois do fim da escravidão, o Estado brasileiro finalmente concedeu aos trabalhadores domésticos os mesmos direitos dos outros trabalhadores, com a emenda constitucional 72, de 2013. A jornada máxima de trabalho foi regulamentada para oito horas diárias e 44 horas semanais. O pagamento do seguro da previdência social passou a ser obrigatório. Além disso, a categoria conquistou o direito ao vale-transporte. Tudo isso não deixa de ser consequência dos esforços iniciais de Laudelina.

Nise da Silveira

Enquanto o mundo considerava o eletrochoque e a lobotomia os melhores tratamentos para os pacientes psiquiátricos, Nise da Silveira só conseguia enxergar seu horror. Ela tinha uma visão muito mais humana, acolhedora, abrangente. E, por isso mesmo, mais incomum, desafiadora e ousada. Por isso tudo e por ser mulher em uma área de maioria masculina, a psiquiatra foi ridicularizada, contestada, desmoralizada e sabotada pelos colegas. Mas seu olhar inovador e sua persistência inabalável venceram o preconceito.

Nise não só foi pioneira da terapia ocupacional e do movimento antipsiquiátrico como introduziu a psicologia junguiana no Brasil e acabou reconhecida no mundo inteiro pelo seu trabalho ligado ao inconsciente, inspirando a criação de museus, centros culturais e terapêuticos. Ela tinha só um metro e meio de altura e estrutura frágil, mas defendia suas ideias com firmeza.

Filha única da pianista Maria Lídia e do professor de matemática e jornalista Faustino da Silveira, teve a infância marcada pelas obras de Machado de Assis e pelo convívio com animais, uma paixão que levaria por toda a vida, chegando a ter 23 gatos ao mesmo tempo em seu apartamento. A mãe queria que ela fosse pianista, mas Nise decidiu ser médica, ainda que tivesse pavor de ver sangue. Na turma da Faculdade de Medicina da Bahia (1921-6), era a única mulher entre 157 alunos. Desde aquela época, já tinha um olhar para os marginalizados: sua tese de formatura foi sobre a criminalidade feminina no Brasil.

Com a morte do pai em 1927, a alagoana se mudou com o primo Mário Magalhães da Silveira, então seu namorado, para o Rio de Janeiro, onde estagiou na clínica de Antônio Austregésilo, considerado o precursor da neurologia no Brasil. Em 1933, entrou para o serviço público, trabalhando no Hospital Psiquiátrico da Praia Vermelha. Casou oficialmente com Mário em 1940 e viveram juntos até a morte dele, em 1986. No Rio, o casal acabou se envolvendo com o meio artístico e o marxismo. Ela chegou a participar de algumas reuniões do Partido Comunista Brasileiro, o que afetaria duramente sua vida.

Denunciada por uma enfermeira por ter livros marxistas, Nise foi presa em 1936 e amargou dezesseis meses de reclusão na casa de

A psiquiatra do inconsciente

★ 15/2/1905, Maceió (AL)

† 30/10/1999, Rio de Janeiro (RJ)

● Ilustração de Joana Lira

"Antes eu era louca, agora estou na moda."

Jornal do Brasil,
30/8/1990

detenção na rua Frei Caneca. Lá, dividiu a cela de número quatro com as revolucionárias alemãs Olga Benario Prestes (p. 174) e Elise Saborovsky Ewert, além de travar contato com o escritor Graciliano Ramos, que a citou no livro *Memórias do cárcere*. A experiência na prisão ia mudá-la para sempre.

Após oito anos nebulosos, Nise foi readmitida no serviço público para trabalhar no então Centro Psiquiátrico Nacional, em Engenho de Dentro – hoje, Instituto Municipal Nise da Silveira. Mas os anos 1930 tinham sido particularmente cruéis para os doentes mentais e começava aí sua maior briga, contra a psiquiatria tradicional. Quando pediram que acionasse o eletrochoque, Nise se recusou. Isso a fez ser transferida para uma área desprezada do hospital, que nem dispunha de médicos, a Seção de Terapêutica Ocupacional, que ela implantou efetivamente em 1946. Antes, os pacientes desse setor faziam apenas trabalhos de limpeza.

> "Naturalmente, depois de uma prisão, a visão de mundo se modifica. Quem sabe, se eu não passasse por essa experiência, talvez tivesse me tornado uma psiquiatra comum e entrado nos trilhos tradicionais."
> *Marie Claire*, agosto de 1991

A DÉCADA PERVERSA

Desde Hipócrates (460 a.C.-377 a.C.), já se sabia que convulsões e febres tinham efeitos sobre os distúrbios mentais. Mas foi nos anos 1930, com o surgimento de técnicas controversas, que os limites da crueldade se superaram: a lobotomia, criada em 1935, o coma induzido por insulina (testado em 1927 e divulgado em 1930), as convulsões por metrazol (de 1934) e o choque eletroconvulsivo (de 1937) viraram o tratamento preferido pelos psiquiatras, especialmente para o tratamento da esquizofrenia, e só perderam espaço com a introdução dos antipsicóticos sintéticos nos anos 1950.

Ali, ela criou dezessete ateliês, entre eles de costura, marcenaria, modelagem e pintura. A ideia era dar liberdade para os clientes, como ela preferia chamá-los, se expressarem e se comunicarem. Foi assim, influenciada pela leitura das obras do psiquiatra suíço Carl Gustav Jung sobre o inconsciente, que Nise criou um método reconhecido no mundo todo: incentivar a pintura livre para, aos poucos, revelar a psiquê dos pacientes, ajudando no seu tratamento.

Muitos deles ganharam reconhecimento no universo das artes plásticas, caso de Emygdio de Barros e Fernando Diniz. Mário Pedrosa, um dos mais influentes críticos de arte, ficou tão impressionado com o trabalho dos internos que levou o diretor do Museu de Arte Moderna (MAM) de São Paulo, Leon Degand, para conferir. O resultado foi a exposição 9 Artistas de Engenho de Dentro, em 1949 (a primeira mostra

> "Uma pessoa muito curada é uma pessoa chata."
> *O Globo*, 10/5/1987

> "A pintura, mesmo com o doente calado, permite que você olhe, ainda que por frestas, para dentro do interno."
>
> O Globo, 10/5/1987

 **Saiba mais**

Imagens do inconsciente (1981), livro de Nise da Silveira

Imagens do inconsciente (1983-6), documentário de Leon Hirszman com roteiro da própria Nise da Silveira

Nise: Arqueóloga dos mares (2008), livro de Bernardo Horta

Nise da Silveira: Caminhos de uma psiquiatra rebelde (2014), livro de Luiz Carlos Mello

Nise: O coração da loucura (2015), filme de Roberto Berliner

externa tinha sido em 1947, no Ministério da Educação e Saúde, no Rio). Nise e seus pacientes começavam a ficar famosos e a incomodar ainda mais os médicos que menosprezavam seus métodos – e chegavam a duvidar da autoria dos quadros.

Firme no seu propósito, ela inaugurou em 1952 o Museu de Imagens do Inconsciente, no Rio, hoje com mais de 360 mil obras e documentos, tombados pelo Instituto do Patrimônio Histórico e Artístico Nacional (Iphan). Iniciativa semelhante era feita pelo francês Jean Dubuffet com seu Museu de Arte Bruta, que reuniu trabalhos de pessoas com doenças mentais, crianças e presidiários a partir de 1945.

O Museu de Imagens do Inconsciente virou um centro de estudos psiquiátricos com reconhecimento internacional. Em 1957, quando Nise foi à Suíça estudar e expor as pinturas, impressionou bastante Jung, a quem conheceu pessoalmente – eles se correspondiam desde 1954, quando ela enviou uma carta perguntando sobre o simbolismo das mandalas dos pacientes.

Contra o que pregava a literatura médica, Nise se opunha à internação e discordava da crença de que os esquizofrênicos não tinham afetividade. Tanto que adotou cachorros e gatos para serem "coterapeutas", e o resultado foi muito positivo. Dessa forma, foi também pioneira na pesquisa das relações entre pacientes e animais no Brasil. Nem o boicote dos colegas, que chegaram a envenenar diversos animais, a fez desistir.

Em 1956, ela fundou a Casa das Palmeiras, precursora dos hospitais-dia. Era um passo incipiente na luta contra os hospícios, que atingiria seu auge com a Lei Antimanicomial, de 2001. Ao longo dos anos, a psiquiatra participou de congressos e expôs as obras do Museu de Imagens do Inconsciente no Brasil e no exterior, mas a repressão dos anos 1970 esvaziou seu setor e determinou sua aposentadoria compulsória em 1975. Apesar disso, ela continuou trabalhando como estagiária voluntária.

Ao todo, Nise escreveu dez livros, entre os quais *Imagens do inconsciente*, de 1981, ano em que ganhou a medalha Oswaldo Cruz do Ministério da Saúde. Aos 83 anos, foi a primeira mulher a receber o título de doutor honoris causa pela Universidade do Estado do Rio de Janeiro. Morreu aos 94 anos, cheia de livros e gatos. Sua audácia marcou profundamente os caminhos da psiquiatria e mudou a vida de todos que precisaram dela nas últimas décadas.

Pagu

Os lábios escuros, o cabelo ondulado e os olhos levemente caídos nas fotografias em preto e branco imortalizaram Pagu, esbanjando mistério e languidez. O título de musa antropofágica e o fato de ter ficado com o marido de uma amiga reforçam o estereótipo. Mas só para quem não conhece direito a história de Patrícia Rehder Galvão. Ela foi uma intelectual, cronista, romancista, correspondente internacional, militante, presa política, feminista e modernista, muito maior do que supõe o senso comum, tendo arriscado a própria vida pelo que acreditava.

Descendente de alemães, Patrícia Galvão era a terceira dos quatro filhos de Adélia Rehder e do advogado Thiers Galvão de França, de uma família tradicional da burguesia industrial. Desde menina, já mostrava irreverência: participava de brincadeiras consideradas de menino e pulava os muros da escola. Na adolescência, chocava com seu batom escuro e atitudes ousadas, usando roupas transparentes, respondendo ao assédio com palavrões e fumando na rua. Aos quinze anos, morou por um tempo em uma vila operária no Brás, seu primeiro contato com a realidade proletária, e começou a fazer ilustrações para o jornal do bairro. Nessa época, frequentou o Conservatório Dramático e Musical de São Paulo, onde Mário de Andrade dava aulas.

Eram tempos de correria: a São Paulo dos anos 1920 crescia verticalmente, industrializando-se, e o número de carros só aumentava. Era o palco perfeito para a Semana de Arte Moderna. Patrícia, que nessa época ainda era uma criança, acabou personificando essa modernidade quando adolescente. Aos dezoito anos, começou a frequentar a turma dos modernistas, ano em que Oswald de Andrade lançou o "Manifesto antropófago", que propunha uma arte que deglutisse as outras culturas, aproveitando o que tinham de bom, na busca de uma expressão brasileira.

A beleza e o talento com as palavras e o desenho encantaram os modernistas, que a elegeram musa do movimento antropofágico. Ela participou da *Revista de Antropofagia*, foi apadrinhada pelo casal Tarsila do Amaral e Oswald e recebeu do poeta Raul Bopp o apelido que consagraria sua persona.

Pelo diário que ela e Oswald fizeram juntos, supõe-se que seu romance começou em maio de 1929. A despeito da paixão, ele não assumiu a

A militante modernista

* 9/6/1910, São João da Boa Vista (SP)
† 12/12/1962, Santos (SP)

• Ilustração de Bárbara Malagoli

relação, mesmo com a gravidez dela. Patrícia acabou se casando em setembro do mesmo ano com o pintor Waldemar Belisário, em uma trama para manter as aparências, mas ele pediu a anulação do casamento pouco depois. Nesse período, Oswald já tinha se separado de Tarsila, e ele e Pagu se casaram em 1930. Foi um escândalo. Ele tinha vinte anos a mais que ela e fora casado com sua amiga.

Pagu perdeu o bebê que esperava, mas logo engravidou de novo. Na sua vida com Oswald, ela sofreu com as traições do marido, que apareceram ainda na véspera do casamento. "Depois vieram outros casos. Oswald continuava relatando sempre. Muitas vezes, fui obrigada a auxiliá-lo para evitar complicações até com a polícia de costumes. O meu sofrimento mantinha a parte principal de nossa aliança." Rudá Poronominare Galvão de Andrade nasceu em 25 de setembro e apenas um mês depois a vida de Pagu como ativista política começou a ganhar contornos próprios, quando acompanhou manifestações decorrentes da Revolução de 1930. Em dezembro, ela foi a Buenos Aires em sua primeira viagem internacional, para um congresso de escritores, e acabou tendo contato com autores como Jorge Luis Borges e com livros marxistas e material comunista. Na ocasião, deixou o bebê com Oswald, tendo sido bastante criticada por isso.

Seu interesse pelo marxismo contagiou o marido, e o casal passou a frequentar as reuniões do Partido Comunista Brasileiro. Juntos, criaram o jornal *O Homem do Povo*, que teve apenas oito números e no qual Pagu fazia duras críticas à burguesia e às feministas da elite – para ela, resolver os conflitos sociais era o que criaria uma sociedade mais equilibrada, inclusive para as mulheres. Os ataques do casal, especialmente aos estudantes de direito do largo de São Francisco, quase terminaram em linchamento. Certa vez, Pagu saiu do prédio da faculdade de arma em punho e chegou a disparar dois tiros. Eles tinham conquistado o ódio das elites e, por causa de processos que sofreram, foram para o Uruguai, onde encontraram Luís Carlos Prestes.

De volta ao Brasil, em Santos, Pagu acompanhou um movimento pré-greve e, ao ouvir o inspirador discurso do estivador Herculano de Sousa, decidiu ficar na cidade. Oswald e Rudá retornaram a São Paulo. Afastar-se da família era a prova de fogo para entrar no partido, que não a via com bons olhos, por não ser proletária. Pagu entregou panfletos, pichou muros e leu muitos livros comunistas. Em 23 de agosto de 1931, subiu ao palanque para discursar, mas tiros interromperam sua fala. Herculano foi atingido e morreu nos seus braços. Aquele sangue ia marcá-la para sempre. Então com fama de agitadora, Pagu foi detida.

──○─○ Saiba mais

Dos escombros de Pagu: Um recorte biográfico de Patrícia Galvão (2008),
livro de Tereza Freire
Eh, Pagu, eh (1982),
filme de Ivo Branco
Eternamente Pagu (1988),
filme de Norma Bengell
Pagu: Livre na imaginação, no espaço e no tempo (2001),
filme de Marcelo Tassara e Rudá de Andrade
Pagu: Vida-obra (1982),
livro de Augusto de Campos
Paixão Pagu: Uma autobiografia precoce de Patrícia Galvão (2005),
livro de Patrícia Galvão, org. de Geraldo Galvão Ferraz

> "Se o Partido precisasse de mim, deixaria de lado qualquer experiência, qualquer aspiração. Havia momentos em que me indignavam minhas tentativas de acomodação. A minha vida não estava ali, em minha casa. Eu já não me pertencia. Deixaria ainda meu filho. Por que me prendia então a ele, se sabia que estava predestinada a deixá-lo? Sabia que se o Partido me chamasse, eu iria. Não tinha nenhuma dúvida. E quando o Partido me chamou, eu fui."

Trecho de *Paixão Pagu*

Depois de solta, viveu com Oswald como foragida até ser convocada novamente pelo partido. Dessa vez, teria de sacrificar sua maternidade indo para o Rio de Janeiro. Lá, Pagu trabalhou como tecelã e lanterninha de cinema, mas ficou muito doente e precisou voltar a São Paulo, para o marido e o filho que havia deixado por um ideal.

Enquanto se recuperava, escreveu *Parque industrial*, o primeiro romance proletário do Brasil, financiado por Oswald e publicado em 1933 sob o pseudônimo Mara Lobo – ela usou muitos em sua vida, como Solange Sohl, King Shelter, Gim, Patsy. Nem assim agradou os comunistas, que não gostaram das passagens de abuso sexual sofrido pelas operárias. Apesar de frustrada, continuou esperando as missões, muitas delas humilhantes demais para aceitar, como trair os amigos e fazer sexo para obter informações. Rebelou-se e recebeu um aviso para ir embora. Assim, aos 23 anos, deu início a uma viagem à Rússia, que teve paradas nos Estados Unidos, onde entrevistou estrelas do cinema, no Japão, onde quis ver a realidade de operários e prostitutas, na China, onde cobriu a coroação do último imperador.

A Rússia, seu sonho dourado, se mostrou um pesadelo: encontrou campos de trabalho forçado e festas comunistas luxuosas que contrastavam com as crianças famintas. De lá, seguiu em 1934 para Paris, onde foi hóspede do poeta surrealista e trotskista Benjamin Péret e sua esposa, a soprano brasileira Elsie Houston. Nem a decepção abalou seu sonho. Filiou-se ao Partido Comunista francês, enquanto trabalhava como tradutora e jornalista. Em uma manifestação de rua, foi ferida, detida como comunista estrangeira e deportada, no final de 1935.

De volta ao Brasil, se separou de Oswald e foi presa, como resultado da perseguição gerada após a Intentona Comunista, da qual não participou. Fugiu da cadeia em 1937, mas foi capturada. E sofreu muito. Espancada, torturada e maltratada, saiu da prisão em 1940. Aos trinta anos, já não era mais Pagu: só queria ser Patrícia. Casou-se com o jornalista Geraldo Ferraz, com quem teve um filho, Geraldo Galvão Ferraz, e continuou sua carreira. Trabalhou para a agência de notícias France-Presse, escreveu com o marido o livro *A famosa revista*, fez poemas, contos policiais, peças de teatro e traduziu autores modernos. Em 1950, disputou uma vaga para deputada estadual em São Paulo, mas não foi eleita.

Pagu foi diagnosticada com câncer no pulmão e, depois que a cirurgia para retirar o tumor não foi bem-sucedida, tentou se suicidar em Paris, em 1962. Anos antes, ela já havia tentado se matar, provavelmente por sofrer de depressão. Morreu em 12 de dezembro daquele ano, com o avanço do câncer.

Ada Rogato

Ada Rogato não foi a primeira mulher a tirar o brevê de piloto – feito que coube a Teresa de Marzo em 1922, um dia antes de Anésia Pinheiro Machado, que por muitos anos foi tida erroneamente como a primeira aviadora. Mas as aventuras e conquistas da paulistana, que viajava sempre sozinha, a colocam na lista das maiores aviadoras que já tivemos. Ela até ajudou a passar uma mensagem de pacifismo após a Segunda Guerra Mundial, quando o mundo estava bastante instável. Não foi por acaso que ganhou o emblema de aviador da Força Aérea Brasileira, sendo a primeira civil a receber essa homenagem no país.

A aviadora destemida

* 22/12/1910, São Paulo (SP)
† 15/11/1986, São Paulo (SP)

• Ilustração de Lole

Era filha única do casal de imigrantes italianos Guglielmo e Maria Rosa Rogato. Sabia bordar, costurar e tocar piano, mas queria voar, o que, para seu pai, era maluquice. Então ela juntou dinheiro, pagou as próprias aulas e foi superando todos os preconceitos.

Ada foi a primeira sul-americana a conquistar a permissão para voar com planadores, em 1935. Um ano depois, obteve licença para pilotar um avião a motor. E ainda foi a primeira pessoa a tirar o brevê de paraquedismo no Brasil, tendo saltado mais de cem vezes. Em 1942, ela deu o primeiro salto noturno e luminoso dentro das águas da baía da Guanabara, no Rio de Janeiro, fazendo sucesso no mundo todo pela sua originalidade. Ela ainda se especializou em acrobacias aéreas, com manobras perfeitas que encantavam multidões, e encarou muitos desafios. Em 1950, atravessou a cordilheira dos Andes, ida e volta, pilotando um avião com motor de 65 HP, batizado de *Brasileirinho*. Foi a primeira a sobrevoar os Andes a bordo de uma aeronave com esse tipo de motor, quase um teco-teco. "Era como se eu tivesse ganhado uma grande partida, contra um adversário mil vezes mais forte", disse na ocasião.

Nessa viagem, passou por Uruguai, Argentina, Chile e Paraguai, onde realizou saltos e acrobacias, e acabou sendo carregada pela população. Ao todo, a aviadora registrou 11,2 mil quilômetros percorridos em 116 horas de voo solitário – ao contrário de outras pilotas, que costumavam voar acompanhadas. Se algo tivesse dado errado, ela não contaria com ninguém para ajudá-la; muitas vezes, não tinha nem rádio para chamar socorro.

A viagem foi considerada tão ousada que Ada foi a primeira aviadora a receber a Comenda Nacional do Mérito Aeronáutico e ganhou do ex-ministro da Aeronáutica Armando Trompowsky de Almeida um avião mais potente, um Cessna de 90 HP, batizado de *Brasil*. Apesar de ainda pequena, a nova aeronave animou a paulistana, que embarcou para uma incrível jornada no ano seguinte: cruzar as Américas.

Em 5 de abril, ela partiu do aeroporto Santos Dumont, no Rio de Janeiro, para percorrer 28 países, enfrentando novamente a cordilheira dos Andes. Ada percorreu a costa do Oceano Pacífico até o Alasca, no Círculo Polar Ártico. Foram 51 mil quilômetros de voo, em 316 horas. Essa aventura a fez gravar seu nome na história como a aviadora a percorrer a maior distância sem copiloto, e lhe rendeu a condecoração Bernardo O'Higgins, dada pelo governo chileno.

Mas ela queria ainda mais. Em 1952, saiu do Campo de Marte, em São Paulo, para atingir o então aeroporto mais alto do mundo, em La Paz, na Bolívia, a 4 mil metros de altitude. Ninguém havia se arriscado a subir tanto com uma aeronave tão pequena, e ela conseguiu isso mesmo perdendo 40% da potência do motor. Por sua coragem, foi a primeira mulher a receber a condecoração Condor dos Andes, do governo boliviano. O avião voltou ao Brasil repleto de mensagens em sua fuselagem, escritas por pessoas que encontrou pelo caminho.

Ada decidiu fazer então o Circuito do Brasil, voando 25 mil quilômetros de Norte a Sul, em 163 horas, de julho a outubro de 1956. Nessa jornada, em homenagem ao cinquentenário do primeiro voo do 14-Bis, de Santos Dumont, ela acabou realizando outra proeza: foi a primeira a sobrevoar a selva amazônica em um avião pequeno e sem rádio, vencendo o que chamou de o "temido inferno verde". No caminho, parou em aeroportos improvisados e encontrou tribos indígenas.

Porém, ainda faltava a prova de fogo: ela queria chegar à ponta sul da América, em Ushuaia, na patagônia argentina. Foram 52 dias de viagem em 1960, enfrentando ventos de mais de 80 km/h e temperatura de três graus negativos, que podia congelar o carburador da aeronave.

Apesar de todos os riscos que correu ao longo da vida, ela só se acidentou uma vez, quando seu avião sofreu uma "deficiência técnica", como relata um jornal da época, enquanto ela ajudava fazendeiros paulistas a acabar com uma praga nos cafezais, fazendo voos de polvilhamento – até na modalidade de sobrevoo agrícola ela foi pioneira!

Por tantas conquistas e bravura, os jornais a chamavam de "rainha dos céus do Brasil", "gaivota solitária" e "águia paulista". Ela ainda presidiu a Fundação Santos Dumont e dirigiu o já extinto Museu da Aero-

> "Foi mais pelo desejo de mostrar que a mulher é capaz dos mais arrojados feitos e também para complemento de minha carreira de aviadora que deliberei saltar de paraquedas, para obter o brevê de paraquedismo. [...] Realmente, é emocionante e perigosamente atraente esse esporte."
>
> *Diario de S. Paulo*, 30/8/1941

> "O pedaço mais emocionante foi o da visão dos Andes. O céu por cima, o inferno por baixo. Uma sucessão de abismos onde nós não sabemos se admirá-los ou temê-los. Se são belos, majestáticos, pelos caprichos formidáveis da natureza, são perigosos e traiçoeiros também... Mas como eu tinha grande confiança na máquina e na técnica, ao cabo de certo tempo esqueci-me do perigo, e acabei por só admirá-los."
>
> *A Gazeta*, em 13/6/1950

náutica, em São Paulo, tendo se aposentado como funcionária pública estadual. Teve muito reconhecimento em vida, chegando a ser bastante elogiada pelos astronautas Neil Armstrong e Richard Gordon, e morreu de câncer aos 75 anos, sem nunca ter casado.

OUTRAS RAINHAS DOS CÉUS

Teresa de Marzo (1903-86): Foi a primeira brasileira a tirar o brevê de piloto de avião, em 8 de abril de 1922. Não ficou muito conhecida porque tinha um marido ciumento que não a deixou prosseguir na carreira.

Anésia Pinheiro Machado (1904-99): Tirou o brevê no dia seguinte a Teresa de Marzo e entrou para a história por suas conquistas nos ares, sua coragem e perícia. Foi a primeira aviadora brasileira a transportar passageiros e a realizar voos acrobáticos, além de ser a primeira mulher a fazer um voo transcontinental.

Joana Martins Castilho D'Alessandro (1924-91): Entrou para a história como a aviadora mais jovem do mundo. Fez seu primeiro voo solo aos catorze anos e, aos quinze, ganhou um campeonato de acrobacia.

Graziela Maciel Barroso

A *Bauhinia grazielae* é uma árvore nativa da mata atlântica com proprie-dades medicinais. Ela é apenas uma das mais de 25 espécies vegetais batizadas em homenagem a Graziela Maciel Barroso, que tanto contribuiu para o avanço da botânica no Brasil. Amiga de Margaret Mee e Burle Marx, ela foi a primeira mulher naturalista do Jardim Botânico do Rio de Janei-ro. Além de seu trabalho classificando plantas das diferentes regiões do país, que a tornou referência na área de sistemática vegetal, Graziela contribuiu para a formação de gerações de botânicos.

A classificadora da flora brasileira

★ 11/4/1912, Corumbá (MS)
† 5/5/2002, Rio de Janeiro (RJ)

● Ilustração de Veridiana Scarpelli

Graziela foi educada para cuidar do lar. Casou-se aos dezesseis anos com o agrônomo Liberato Joaquim Barroso, antes de concluir a Escola Nor-mal de Cuiabá, e o acompanhou em inúmeras viagens de trabalho, nas quais conheceu a diversidade natural do Brasil. Seu primeiro filho, Man-fredo, nasceu quando ela tinha apenas dezoito anos, e Mirtila veio no ano seguinte. Logo depois, o casal começou a ir ao Rio de Janeiro com frequência, estabelecendo-se na cidade em 1940, quando Liberato foi nomeado diretor do Horto Florestal pelo Ministério da Agricultura. A família foi morar no casarão do Solar da Imperatriz, atual Escola Nacio-nal de Botânica Tropical. Em pouco tempo, Graziela passou a trabalhar no Jardim Botânico como estagiária e herborizadora, aos trinta anos.

"Fiz da botânica minha religião e do Jardim Botânico minha igreja" tornou-se uma das frases mais conhecidas de dona Grazi, como foi carinhosamente apelidada. Na relação com as plantas, encontrou sua realização e conforto nos momentos mais desafiadores de sua vida. Em 1946, ela passou a trabalhar com o marido na área de sistemática botâ-nica. Pouco tempo depois, Liberato morreu, deixando-a viúva aos 37 anos. Seu filho Manfredo, que era piloto, faleceu em 1960. Cinco dias depois da morte do filho, ela retornou ao jardim, onde encontrou a força de que precisava. A filha Mirtila virou pintora, retratando algumas das paisagens mais adoradas pela mãe, como as de Guaratiba, na zona oeste do Rio, onde a família morou. "Eu faço botânica e ela pinta botâ-nica", revelou Graziela, orgulhosa.

Graziela teve uma carreira acadêmica excepcional e inusitada. A área não exigia título universitário quando ela começou a trabalhar no Jardim Botâ-nico – o concurso, que passou a existir apenas em 1945, não pedia nenhu-

ma especialidade. Para os homens que disputaram com ela as cinco vagas disponíveis nesse concurso, o interesse e a participação de uma mulher era "uma barbaridade", conforme ela comentou. Graziela só entrou na faculdade em 1959, aos 47 anos, para cursar biologia na Universidade do Estado da Guanabara, atual Universidade do Estado do Rio de Janeiro (Uerj). Quando fez doutorado na Universidade Estadual de Campinas (Unicamp), já tinha publicado muitos trabalhos e orientado dezenas de jovens.

Sua ex-aluna Angela Studart da Fonseca Vaz revelou que os candidatos faziam fila quando abriam vagas para seu curso, em um artigo

O JARDIM BOTÂNICO E SUA PRIMEIRA BOTÂNICA

Os jardins botânicos surgiram na Europa no século XVI com o objetivo de estudar plantas medicinais e pesquisar a flora local. Por aqui, nosso primeiro e principal centro de botânica foi fundado em 13 de junho de 1808, no Rio de Janeiro. O então príncipe regente português, d. João VI, instalou na cidade um jardim para a aclimatação de espécies vegetais estrangeiras, motivado por interesses econômicos. Um dos principais exemplos foi o cultivo do chá. Nas décadas de 1820 e 1830, ali colhiam-se anualmente cerca de 340 quilos da *Camellia sinensis*, da qual se produz o chá preto.

Sem perder sua identidade original, pouco a pouco o jardim se transformou e se tornou referência mundial nas áreas de botânica e conservação da biodiversidade, servindo como local de lazer da população e desenvolvendo-se nas áreas pedagógica, museográfica e paisagística, entre outras.

Maria do Carmo Vaughan Bandeira nasceu pouco antes de Graziela Barroso, em 1902, e foi a primeira funcionária da instituição. Um relatório de 1927 enviado pelo Jardim Botânico do Rio de Janeiro (JBRJ) ao Ministério da Agricultura Indústria e Comércio documenta suas atividades na área de pesquisa botânica: "A senhorita Maria do Carmo V. Bandeira fez estudos sistemáticos da flora biológica e micológica do Brasil, cujos herbários foram enriquecidos com mais de quinhentas espécies, efetuando também excursões no Distrito Federal para a coleta de material botânico".

Representando oficialmente a instituição, ela participou da comitiva de recepção ao Rio de Janeiro da química e duas vezes prêmio Nobel Marie Curie, em 1926. Maria Bandeira estudou na Sorbonne, na França, e tudo apontava para uma trajetória de novas descobertas e conquistas na área. Porém, em uma guinada, ela decidiu entrar para a ordem das Carmelitas Descalças e viver enclausurada num convento no bairro de Santa Teresa. "Provavelmente, nunca saberemos os motivos profundos que levaram Maria Bandeira a abandonar a profissão, tampouco conseguiremos entender sua opção religiosa, mas podemos inferir que a mudança pode ter sido ocasionada pelas dificuldades e inseguranças de uma mulher de 29 anos, solteira, que não contava mais com o amparo masculino e, certamente, sentia os preconceitos de gênero, à época", contam Begonha Bediaga, Ariane Luna Peixoto e Tarciso S. Filgueiras no artigo "Maria Bandeira: uma botânica pioneira no Jardim Botânico do Rio de Janeiro", que busca tirá-la do imerecido anonimato.

publicado por Luisa Massarani e Maria Ignez Duque Estrada, no final da década de 1990. "Ela seguia a metodologia da ciência, da morfologia e da taxonomia, mas estimulava o pensamento próprio. Formou profissionais independentes, cientistas vinculados com o mundo. Eram seu maior orgulho", conta Ariane Luna Peixoto, pesquisadora do Jardim Botânico que a teve como orientadora.

O primeiro dos três volumes de sua obra mais influente, *Sistemática de angiospermas do Brasil*, de 1978, é adotado em universidades de todo o Brasil. *Frutos e sementes: Morfologia aplicada à sistemática de dicotiledôneas*, de 1999, é outro livro essencial para a compreensão da flora tropical e para a preservação de muitas espécies.

Eclética, a pesquisadora recebeu diversas homenagens, desde o Millenium Botany Award, no Congresso Internacional de Botânica, realizado em St. Louis, nos Estados Unidos, até o destaque no desfile da Unidos da Tijuca de 1997, com o samba-enredo *Viagem pitoresca pelos cinco continentes num jardim*, que comemorou os 189 anos do Jardim Botânico. Ela estava com 85 anos quando desfilou no topo do carro alegórico. O Herbário da Universidade Federal do Piauí, em Teresina, foi batizado de *Graziela Barroso*, assim como o auditório do Jardim Botânico carioca. Ela também recebeu a Medalha Tiradentes e o título de Cidadã do Estado do Rio de Janeiro, honrarias concedidas pela Assembleia Legislativa do Estado do Rio de Janeiro.

Como diz o influente botânico inglês Simon Mayo, do Jardim Botânico Real (Kew Gardens), que fez pesquisa de campo no Brasil com Graziela na década de 1970: "Por dentro, ela era de aço".

Carolina Maria de Jesus

A mineira Carolina Maria de Jesus morou por muitos anos na favela do Canindé, às margens do rio Tietê, em São Paulo. Em sua imaginação, residia em castelos. Na vida real, era catadora de papel e mãe solteira de três filhos. Uma mulher negra com poucas oportunidades, passou apenas dois anos na escola. Por isso, em 15 de julho de 1955, quando começou a escrever um diário – para, em suas palavras, "esquecer da fome" –, jamais poderia prever que seus escritos, feitos em cadernos recolhidos do lixo, iam fazer com que alcançasse sucesso internacional.

A voz da favela

★ 14/3/1914, Sacramento (MG)
† 13/2/1977, São Paulo (SP)

• Ilustração de Adriana Komura

No final da década de 1950, um repórter do extinto jornal *Folha da Noite*, Audálio Dantas, foi à favela do Canindé com a tarefa de relatar o cotidiano de seus moradores. Ele viu Carolina reclamando do barulho excessivo dos outros moradores, que dificultavam a concentração na escrita de seu diário. A curiosidade do jornalista foi despertada, e ele mergulhou em seus cadernos e passou a defender sua publicação.

Mais de seis editoras já tinham recusado o original datilografado por Dantas quando a Livraria Francisco Alves Editora aceitou lançar *Quarto de despejo: Diário de uma favelada*. Uma frase de Carolina explica bem o título da obra: "A favela é o quarto de despejo da cidade porque lá jogam homens e lixo, que lá se confundem, coisas imprestáveis que a cidade deixa de lado".

O livro saiu em agosto de 1960 com uma tarde de autógrafos de enorme sucesso, na qual foram vendidas seiscentas cópias autografadas, número que superava o de autores como Jorge Amado. Clarice Lispector esteve entre os intelectuais presentes no evento.

Na livraria, fotos expostas nas paredes retratavam o dia a dia de Carolina e faixas traziam trechos do livro escritos em carvão, como uma que dizia: "O Brasil precisa ser dirigido por um homem que já passou fome". Mas a ocasião se tornou inesquecível por outro motivo: foi a primeira vez que Carolina e seus filhos – João José, José Carlos e Vera Eunice – conseguiram, num mesmo dia, almoçar, jantar e vestir roupas novas.

O relato tão pessoal de *Quarto de despejo* continua relevante até hoje. O diário de Carolina traz um ponto de vista com pouco espaço na sociedade e, por consequência, na literatura. Já na ocasião de sua publica-

ção, jornalistas e escritores destacaram a denúncia social expressa em suas páginas a partir de descrições pungentes sobre a miséria e os sonhos dos moradores da favela do Canindé.

LITERATURA MARGINAL

"Nós somos pobres, viemos para as margens do rio. As margens do rio são os lugares do lixo e dos marginais. Gente da favela é considerado marginais", escreveu Carolina Maria de Jesus em *Quarto de despejo*. A autora é fundamental para entender a literatura marginal e periférica no Brasil, até então sequer valorizada como expressão artística. Nos anos 1960 e 1970, o termo "marginal" era usado nas artes para caracterizar movimentos que questionavam os padrões culturais. Essa ideia começou a se expandir com a publicação da escritora e passou por muitas modificações. Hoje se trata de uma corrente cultural ampla, unindo moradores de periferia que resistem à exclusão social e afirmam seu poder de articulação e contestação.

Mesmo sem respeitar a norma culta da língua portuguesa, o livro recebeu repercussão internacional e foi aclamado pelo público e pela crítica. Tornou-se um best-seller traduzido para mais de dez idiomas e vendido em mais de quarenta países. Com tiragens esgotadas em tempo recorde, Carolina logo realizou seu desejo de sair da favela e foi morar em uma casa em Santana com os filhos. Os antigos vizinhos ficaram indignados com sua ida para um bairro de "alvenaria", como ela própria dizia, já que ganhara dinheiro com histórias sobre a comunidade.

Entusiasmada com o sucesso, a escritora se aventurou também na música, lançando um disco no ano seguinte. Em 1963, houve dois novos lançamentos editoriais: *Provérbios* e o romance *Pedaços da fome*, ambos com pouca repercussão. Carolina vendeu a casa em Santana e comprou um sítio em Parelheiros, na periferia de São Paulo, para onde se mudou com os filhos. Já com recursos escassos devido à má administração, gastos em viagens e empréstimos jamais devolvidos, a família voltou a enfrentar uma situação financeira muito difícil.

Sua imagem e sua origem pobre foram exploradas enquanto esteve no auge da popularidade, mas a curiosidade em torno dela acabou esfriando. De todo modo, não deixou de lado a coisa mais fundamental na sua vida. Como ela mesma dizia: "Catei papel, revirei lixo. Do papel também tirei meu alimento: a escrita".

A escritora morreu aos 63 anos em seu sítio, em decorrência de uma crise de asma. Pouco antes, entregou a jornalistas franceses os manuscritos de *Diário de Bitita*, livro lançado quase uma década após sua morte, no qual fala da infância e da luta contra o preconceito social e a miséria. Extremamente produtiva, ela ainda colaborou com diversos jornais e escreveu poemas, contos e cartas. O racismo, a política, a vida nas favelas, o amor e as questões da mulher estão entre as temáticas de destaque em todos os seus textos. Entre as homenagens póstumas recebidas está o nome dado à Biblioteca Carolina Maria de Jesus, localizada no Museu Afro Brasil, no Parque do Ibirapuera, em São Paulo.

Saiba mais

Atualmente, a produção literária de Carolina Maria de Jesus pode ser encontrada em várias reedições, algumas das quais procuraram resgatar o texto original de seus diários, como a coleção lançada pela Companhia das Letras. A autora também foi tema de uma exposição no Instituto Moreira Salles (SP) em 2021, intitulada "Carolina Maria de Jesus: Um Brasil para os brasileiros", que procurou expor a diversidade e a complexidade de sua obra.

Maria Lenk

Se não fosse por um problema de saúde, a natação brasileira não teria tido Maria Lenk, primeira sul-americana a participar de uma Olimpíada, em 1932, e primeira a figurar no International Swimming Hall of Fame, em 1988. Mas seus méritos não se restringem ao passado. Ainda hoje ela inspira uma legião de atletas, seja pela coragem de enfrentar o preconceito no esporte, seja pela resistência, uma vez que nadou até o último dia de seus 92 anos.

Filha dos imigrantes alemães Rosa e Paul, que chegaram ao Brasil em 1912, Maria Emma Hulda Lenk nasceu três anos depois, em 15 de janeiro. Menina franzina e de saúde frágil, começou a nadar aos dez anos, quando teve uma pneumonia grave e seu pai, um ginasta, achou que o exercício seria um bom remédio.

Como naquela época quase não havia piscinas, nem mesmo nos clubes, sua estreia nas águas foi no rio Tietê, em São Paulo. O rio era tão limpo que servia de fonte de recreação e foi palco de competições de nado entre 1924 e 1944. Maria Lenk entrou para a Atlética em 1928, quando as primeiras piscinas de 25 metros estavam sendo construídas. Aos dezessete anos, foi selecionada para participar dos Jogos Olímpicos de Los Angeles, em 1932. Era a única mulher da delegação brasileira, que tinha 124 homens – aliás, era a única mulher de toda a América do Sul –, e foi desacompanhada dos pais, motivo de muitas críticas. Não bastasse o preconceito comum daqueles tempos, teve de enfrentar o menosprezo e usar um uniforme emprestado.

Mas o problema com as roupas não era novo para ela. Tempos antes, Maria Lenk foi a primeira brasileira a competir de maiô em público, o que na época era um escândalo, já que todas usavam trajes mais recatados. Em entrevistas posteriores, ela costumava citar que o episódio "causou uma série de contrariedades". Imagine que, anos mais tarde, quando deu aulas de educação física em Amparo, no interior paulista, e pediu para as meninas usarem maiô, chegou a ser excomungada pela igreja local.

Seu pioneirismo impulsionou outras nadadoras. Quatro anos depois de Los Angeles, os Jogos Olímpicos de Berlim contaram com a presença de mais cinco atletas brasileiras, além de argentinas e chilenas. Maria Lenk

Uma lenda nas águas

✱ 15/1/1915, São Paulo (SP)

† 16/4/2007, Rio de Janeiro (RJ)

• Ilustração de Bruna Assis Brasil

"Havia um pensamento contrário à manifestação da mulher. Não tinha muita noção disso tudo, meus pais sempre me apoiaram. Estudei numa escola católica, onde se achava que as mulheres não deviam se exibir publicamente. Mas eu me conscientizei, deixei esses problemas de lado."
Jornal do Brasil, 7/3/1999

também foi a primeira brasileira a nadar borboleta, estilo que aprendeu em revistas estrangeiras, numa época em que nem havia televisão.

Logo após se formar, em 1938, na primeira turma feminina da Escola Superior de Educação Física, em São Paulo, a nadadora se mudou para o Rio de Janeiro para treinar no Clube de Regatas Guanabara. O ano de 1939 foi bem animador. Ela bateu os recordes mundiais de duzentos metros e quatrocentos metros peito, fato inédito para um atleta sul-americano. Também participou do campeonato sul-americano em Guayaquil, no Equador, com a irmã, Sieglinde, onde venceram todas as provas – menos a de revezamento, de que não puderam participar, porque eram necessárias quatro atletas e elas eram as únicas brasileiras.

Maria Lenk só não teve a chance de obter uma medalha olímpica ou título mundial porque logo eclodiu a Segunda Guerra e as competições foram interrompidas. Uma pena, já que era a favorita para o ouro em 1940. O Brasil só conseguiu um ouro olímpico individual feminino quase setenta anos depois, com Maurren Maggi no salto em distância, nos Jogos de Pequim.

A nadadora, então, dedicou-se a dar aulas e, em 1942, ano em que oficialmente se aposentou das competições de alto rendimento, ajudou a fundar a Escola Nacional de Educação Física na então Universidade do Brasil (atual Universidade Federal do Rio de Janeiro), da qual foi professora e diretora. Casou dois anos depois, teve dois filhos e escreveu dez livros, incluindo a autobiografia *Braçadas & abraços*, de 1982.

Aos 69 anos, o gosto pela disputa voltou a bater forte e ela retomou a carreira internacional de atleta. Seu vigor e espírito competitivo não haviam mudado e ela foi quebrando recordes e ganhando prêmios em todas as categorias máster – acumulou 54 medalhas em onze mundiais, sendo 37 de ouro. Só em 2000, por exemplo, no campeonato mundial, categoria de 85 a noventa anos, conquistou cinco ouros e bateu três recordes. E, mais tarde, bateria ainda mais três.

Em 2000, ela recebeu a Ordem Olímpica, honraria que só os maiores atletas do mundo recebem. Quando morreu, durante um treino na piscina do Flamengo, nadava 1500 metros por dia. Não é por acaso que, em sua homenagem, o Parque Aquático construído para os Jogos Pan-Americanos de 2007 e em que acontecem as principais competições do país leva seu nome.

A EVOLUÇÃO DOS TRAJES DE BANHO

Século XIX: As mulheres iam à praia com um vestido que chegasse ao menos até os joelhos, sem decote, e com ceroula por baixo. O tecido devia ser grosso para não revelar os contornos do corpo, ficando bastante pesado quando molhado! Em 1890, um macacão mais justo de mangas curtas e bermuda longa apareceu na Europa.

1900: A nadadora australiana Annette Kellerman lançou o primeiro maiô (ela também inventou uma versão mais comportada, com calça). Foi presa em 1907 pela ousadia.

1920: Muitos trajes esportivos eram feitos de lã. Para ficarem mais leves, foram encurtados, mostrando mais as pernas.

1930: Apareceram os primeiros maiôs para lazer, que cobriam até o começo das coxas. Aos poucos, surgiram o tomara que caia, a alça de um ombro só e a frente única.

1950: O primeiro biquíni foi criado em 1946, pelo francês Louis Réard, e apenas a stripper Micheline Bernardi topou desfilar com ele. O cinema acabou sendo o grande divulgador do traje.

1960: Cada vez mais comum, o biquíni chegou a ser proibido pelo então presidente Jânio Quadros, em 1961. Em 1964, era lançado o monoquíni, deixando os seios descobertos.

1970: Leila Diniz (p. 140) parou o Brasil ao usar um biquíni durante a gravidez. No Rio de Janeiro, David Azulay criou a tanga, em 1974.

1980: O surgimento da asa-delta e do fio dental deixou o corpo ainda mais exposto.

1990: Os bojos passaram a dar mais sustentação, deixando as mulheres mais livres e possibilitando que praticassem atividades na praia.

2000: A cintura do biquíni foi lá para baixo, na linha do quadril.

Dorina Nowill

Em uma sociedade baseada na imagem, Dorina Nowill lutou para que as pessoas cegas e com baixa visão tivessem autonomia para estudar e trabalhar onde bem quisessem. Sua determinação, inteligência e perseverança fizeram com que se tornasse uma referência internacional.

Dorina de Gouvêa ficou cega após uma hemorragia na retina aos dezessete anos. Contou com os melhores recursos médicos disponíveis para tentar reverter a nova condição, sem sucesso. Talvez essa tenha sido a única luta perdida em sua vida, pois logo depois iniciou uma trajetória de grandes conquistas. "O que muitos chamam de casualidade, eu chamo de providência divina", ela escreveu.

Inteligente, curiosa, sedenta por conhecimento e com uma atitude para lá de positiva, Dorina aprendeu bem rápido o sistema braille, para não ficar longe de uma de suas maiores paixões: a leitura. Isso foi em 1939, ano em que começou a Segunda Guerra Mundial. Como o único material disponível para ela estava em inglês, Dorina também teve que aprender essa língua. Ela se aperfeiçoou no sistema de leitura tátil no Instituto Padre Chico, uma das organizações para cegos mais antigas do Brasil e a primeira do Estado de São Paulo. Lá, leu o primeiro livro codificado, uma tradução francesa de *A história de minha vida*, da norte-americana Helen Keller, que seria uma fonte de inspiração.

A ativista dos olhos da alma

* 28/5/1919, São Paulo (SP)
† 29/8/2010, São Paulo (SP)

• Ilustração de Yara Kono

SISTEMA BRAILLE

O braille é um sistema de leitura para pessoas cegas ou com baixa visão criado pelo francês Louis Braille (1809-52) a partir das ideias do oficial do Exército francês Charles Barbier de la Serre (1767-1841). Originalmente desenvolvido por Serre para que soldados pudessem se comunicar à noite sem usar velas ou falar, Louis, que ficou cego aos cinco anos, aprimorou o método e o concluiu em 1824. Baseado em pontos em relevo, a ponta dos dedos da mão direita é normalmente usada para a leitura, enquanto a esquerda identifica o início da próxima linha. Pode ser aplicado a qualquer língua e à música. Uma versão do alfabeto tátil chamada Nemeth Braille foi inventada para a matemática.

Com o avanço da guerra, produtos como o papel começaram a ser racionados no Brasil, mas seus amigos passaram a guardar para ela uma revista semanal que tinha um papel ótimo para digitar em braille. Embora tivesse uma máquina em casa, Dorina sempre se incomodou com o fato de que a maioria dos cegos no país não tinha o mesmo privilégio.

Em 1943, tornou-se a primeira brasileira cega a frequentar uma escola de formação de professores, no Curso Normal da Escola Caetano de Campos, em São Paulo. Dorina encarou a ausência de profissionais capacitados e de livros em braille como uma oportunidade de crescimento e superação. Começou como ouvinte, ditou as lições para pessoas desconhecidas, transcreveu livros e fez as provas. Formou-se como a melhor aluna da turma, com média final 99.

Nessa fase, percebeu como eram limitadas as possibilidades das pessoas cegas e com baixa visão, já que no Brasil não havia nenhuma imprensa de livros em braille em funcionamento. Por isso, criou a Fundação para o Livro do Cego no Brasil, que iniciou suas atividades em 11 de março de 1946. Regina Pirajá, amiga de Dorina, desenvolveu um sistema para fazer pontos em relevo e a fundação imediatamente capacitou voluntários e membros da Cruz Vermelha para trabalhar. Aos poucos, Dorina ia quebrando, um a um, todos os tabus envolvendo a inclusão de pessoas com deficiência visual na sociedade.

Cada vez mais envolvida em políticas públicas e seguindo sempre sua intuição para enfrentar a falta de recursos e informações, Dorina começou a escrever para organizações internacionais falando da necessidade de o Brasil ter mais conhecimento e uma imprensa braille para integrar a população cega e com baixa visão. Ainda em 1946, ela conseguiu três bolsas de estudos do governo norte-americano, através da American Foundation for the Blind, e partiu para os Estados Unidos na companhia da amiga Regina e de outra colega de trabalho. Ela aprofundou seus estudos na Universidade Columbia, em Nova York, e na Michigan State Normal School, especializando-se na área de reabilitação para pessoas com esse tipo de deficiência. Ficou no país por um ano, período em que conheceu o advogado Edward Hubert Alexander Nowill, com quem se casou em 1950 e teve cinco filhos.

O ano de 1948 marcou mais uma vitória importante. A Kellogg Foundation e a American Foundation for Overseas Blind doaram à sua fundação uma imprensa braille completa, com maquinário e todo o material necessário para produção. Em contrapartida, o governo do Estado de São Paulo teria que garantir sua manutenção. A instituição tornou-se, então, a primeira na América Latina a imprimir e a distribuir livros

─○─○ Saiba mais

E eu venci assim mesmo (1996), livro de Dorina Nowill
Dorina: Olhar para o mundo (2016), documentário de Lina Chamie

nesse sistema de leitura. Em 1964, mais de 10 mil volumes já estavam em circulação e o *Pequeno dicionário da língua portuguesa* havia sido compilado em braille.

Atuando também na área de saúde, a fundação lançou a Campanha de Prevenção à Cegueira, em parceria com a Clínica Oftalmológica da Escola Paulista de Medicina. Na década de 1960, Dorina inaugurou um estabelecimento médico para pessoas com visão subnormal, o problema visual mais comum, tornando-se pioneira em treinamento nesse campo clínico. Atualizada com os avanços científicos, ela elaborou vários trabalhos de prevenção, apresentados internacionalmente.

A cada década, os esforços de Dorina e da fundação foram acumulando resultados incontáveis para a ampliação dos direitos das pessoas com deficiência visual no país. Ela chegou a ser convidada para presidir o Conselho Mundial para o Bem-Estar dos Cegos, em sua VI Assembleia-Geral (1979), e discursou a convite das Nações Unidas em 1981. Além de reivindicar o direito das pessoas com deficiência visual à educação, Dorina batalhava pela inserção delas no mercado de trabalho e lembrava, nas muitas entrevistas que concedeu, da existência da emenda constitucional nº 12, de 1978, que proibia a discriminação das pessoas com deficiência. Ela não se intimidava ao denunciar até mesmo o Serviço Médico do Estado, que impedia o acesso dessas pessoas aos cargos públicos. Articulada, Dorina instruía a própria imprensa sobre as funções que os cegos poderiam desempenhar.

Com sede na Vila Clementino desde 1955, a fundação seguiu não só expandindo suas atividades, mas também modernizando seus recursos. Em 1991, passou a se chamar Fundação Dorina Nowill para Cegos. A homenageada permaneceu no cargo de diretora-presidente até os anos 2000. Cursos de informática, livros digitais acessíveis e em sistema Daisy, uma biblioteca circulante e a *Revista Falada* são alguns dos recursos que difundem a leitura e promovem uma vida independente para as pessoas com deficiência visual. Em 2004, o cartunista Mauricio de Sousa chegou a lançar uma personagem na Turma da Mônica chamada Dorinha em sua homenagem.

"Vencer na vida é manter-se de pé quando tudo parece estar abalado. É lutar quando tudo parece adverso. É aceitar o irrecuperável. É buscar um caminho novo com energia, confiança e fé", Dorina resumiu. Em 2010, aos 91 anos, ela teve uma parada cardíaca e não resistiu. Na época, ainda cumpria uma agenda agitada de compromissos para realizar todos os ideais de sua fundação. Autora da sua própria história, ela nunca permitiu que nada impedisse sua visão.

SISTEMA DAISY

Da sigla em inglês para Sistema de Informação Digital Acessível, o sistema Daisy amplia o acesso ao conhecimento através de narrações sintetizadas e de outros recursos para todos os indivíduos que têm alguma limitação para ler, como pessoas com dislexia, deficiência e idosos. Desenvolvido pela fundação, o aplicativo gratuito Dorina Daisy Reader permite a leitura de qualquer título nesse formato.

Cacilda Becker

A intensa, porém breve, vida da atriz Cacilda Becker é também a história do teatro moderno no Brasil. Ela nasceu em Pirassununga, no interior de São Paulo, filha de Alzira Becker, professora de escolas rurais, e Edmundo Radamés Yáconis. Seu pai causava grande instabilidade financeira à família porque não se dedicava a uma só profissão: ora possuía um armazém de secos e molhados, ora trabalhava como caixeiro-viajante. Eles chegaram a morar em uma casa que havia servido de senzala. "A vida era inteiramente rude", revelou a atriz.

Cacilda ficava alegre com a companhia das irmãs, Dirce e Cleyde Yáconis, que também se tornou uma atriz de sucesso. Quando os pais se separaram, no final da década de 1920, as meninas ficaram com a mãe e se mudaram para Santos. Incentivada pelos avós maternos, Cacilda começou a praticar balé. Uma professora a presenteou com um livro da dançarina Isadora Duncan e, encantada, ela vislumbrou uma carreira.

O físico delicado da garota era perfeito para a dança. Sempre determinada, Cacilda começou a dar aulas de dança para pagar seus estudos. Durante um espetáculo em Santos, chamou a atenção do diretor e crítico de teatro Miroel Silveira com sua postura, flexibilidade e ritmo. "Fiquei instantaneamente deslumbrado. Senti que a quase menina possuía uma irradiação particular, de rara transcendência, que a destinava aos mais altos níveis da realização artística", ele disse. Miroel a convidou para participar de uma peça de teatro, área na qual ainda não tinha experiência.

Sua estreia aconteceu em 1940, no Teatro do Estudante do Brasil, no Rio de Janeiro, em um papel secundário na peça *3200 metros de altitude*, dirigida pela teatróloga carioca Maria Jacinta Campos. Cacilda decidiu apostar na carreira de atriz.

Nas décadas de 1940 e 1950, foi a figura central de quase cinquenta espetáculos, chegando a trabalhar até dezoito horas por dia. Fez uma passagem importante pela companhia de Raul Roulien (que ficou conhecido como o primeiro galã brasileiro em Hollywood). Na época, era comum entregar aos atores apenas suas falas, o que limitava uma compreensão total da peça, mas Cacilda logo arrumou um jeito de mudar isso. Trabalhando em *Na pele do lobo*, de Carlos Arniches, em 1942, ela arranjou a íntegra do texto e o estudou. No primeiro ensaio, Roulien ad-

A atriz de mil vidas

★ 6/4/1921, Pirassununga (SP)
† 14/6/1969, São Paulo (SP)

● Ilustração de Lole

mitiu que ela tinha "dado o estalo". A partir de então, passou a receber sempre o material completo.

Nessa época, o desenvolvimento cultural começava a dar ares de metrópole para São Paulo. Em 1948, Cacilda aceitou o convite do advogado, livreiro e editor Alfredo Mesquita para ser professora da Escola de Arte Dramática, que ele havia acabado de fundar no bairro da Bela Vista, embaixo da qual o italiano Franco Zampari estava construindo um teatro. Um dia, o diretor Abílio Pereira de Almeida interrompeu sua aula para lhe fazer um pedido. Que aceitasse o papel da peça *A mulher do próximo*, que estrearia no Teatro Brasileiro de Comédia (TBC). A atriz que havia sido escolhida, uma moça da alta sociedade, recusou-se a dizer a palavra "amante".

Foi assim que Cacilda pisou pela primeira vez no palco do TBC, e, no começo da década de 1950, já havia garantido seu lugar de atriz principal daquele espaço, que se profissionalizou com a contratação do diretor polonês Zbigniew Ziembinski. Nessa época, recebeu ainda mais aplausos com seu primeiro grande sucesso de público, interpretando um rapaz de cabelo vermelho em *Pega-Fogo*, de Jules Rénard. Considerada uma de suas atuações mais impressionantes, chamou a atenção de Walmor Chagas, com quem se casou algum tempo depois.

Homem ou mulher, jovem ou adulto, a diversidade dos seus personagens foi sempre um motivo de superação. Plural, ela interpretou os grandes textos da dramaturgia universal, abordando a comédia, a tragédia, o teatro clássico e o moderno. Cacilda também deixou sua marca no cinema, apesar de ter participado de apenas três filmes – um deles, *Floradas da serra* (1954), considerado uma das produções mais importantes no Brasil. Em meados da década de 1950, o TBC começou a se desfazer, ao mesmo tempo que novas companhias teatrais surgiam, e nada mais natural do que Cacilda formar sua própria trupe. Seus parceiros na nova empreitada foram Ziembinski, Walmor Chagas e sua irmã, Cleyde Yáconis.

Valorizando a produção nacional, a companhia Teatro Cacilda Becker estreou em 1958, com a peça *O santo e a porca*, de Ariano Suassuna, acumulando muitos outros sucessos. Com a chegada da ditadura militar, Cacilda assumiu mais do que nunca o papel de porta-voz da classe teatral, reivindicando a liberdade de expressão. Solidária, ela abrigava colegas perseguidos em seu apartamento. Chegou a ir ao Departamento de Ordem Política e Social (Dops) antes mesmo de ser chamada para depor, para proteger sua grande família artística.

No curto período em que se viu longe dos palcos, assumiu a presidência da Comissão Estadual de Teatro de São Paulo. Um ano depois,

ATRIZ

A morte emendou a gramática.
Morreram Cacilda Becker.
Não era uma só. Era tantas.
Professorinha pobre de Pirassununga
Cleópatra e Antígona
Maria Stuart
Mary Tyrone
Marta, de Albee
Margarida Gauthier e Alma Winemiller
Hannah Jelkes a solteirona
A velha senhora Clara Zahanassian
adorável Júlia
outras muitas, modernas e futuras
irreveladas.
Era também um garoto descarinhado
     [e astuto: Pinga-Fogo
e um mendigo esperando
     [infinitamente Godot.
Era principalmente a voz de martelo
     [sensível
martelando e doendo e descascando
a casca podre da vida
para mostrar o miolo de sombra
a verdade de cada um nos mitos
     [cênicos.
Era uma pessoa e era um teatro.
Morrem mil Cacildas em Cacilda.

Carlos Drummond de Andrade

em 1968, deparou com um dos maiores desafios de sua carreira: interpretar o personagem Estragon em *Esperando Godot*, de Samuel Beckett, um marco da cultura ocidental no século xx. A estreia aconteceu no dia 8 de abril de 1969. Ao seu lado, no papel de Vladimir, estava Chagas. Críticos garantiram que foi seu momento de maior projeção artística.

No intervalo de uma das sessões da peça, após sentir uma forte dor de cabeça, Cacilda sofreu um derrame. Após 39 dias em coma, faleceu, gerando comoção nacional. Embora não tenha voltado para o segundo ato, as cortinas jamais se fecharam para Cacilda Becker, a primeira-dama do teatro brasileiro.

UM FURACÃO

O trabalho de Cacilda Becker foi celebrado com os prêmios mais importantes do teatro nacional, entre eles o Molière e o Saci. Recebeu medalhas de ouro, prata e bronze da Associação Brasileira de Críticos Teatrais (ABCT). Outras atuações marcantes de sua carreira foram:

Brízida Vaz em *Auto da barca do inferno*, de Gil Vicente, em 1943
Alma Winemiller em *O anjo de pedra*, de Tennessee Williams, em 1950
A Enteada em *Seis personagens à procura de um autor*, de Luigi Pirandello, em 1951
Maria em *Maria Stuart*, de Friedrich Schiller, em 1955
Mary Tyrone em *Jornada de um longo dia para dentro da noite*, de Eugene O'Neill, em 1958
Clara Zahanassian em *A visita da velha senhora*, de Friedrich Durrenmatt, em 1962
Hannah Jelkes em *A noite do iguana*, de Tennessee Williams, em 1964
Martha em *Quem tem medo de Virginia Woolf?*, de Edward Albee, em 1965
Elisabeth Fontanelle em *O preço de um homem*, de Steve Passeur, em 1965

Dona Ivone Lara

Ela abriu caminho para que outras mulheres pudessem participar da roda. Negra, mãe e trabalhadora, abriu passagem para a força do feminino no samba, a grande manifestação cultural brasileira. O ambiente predominantemente machista das escolas na década de 1940 era um obstáculo pequeno demais para dona Ivone Lara e sua determinação. Dona de uma voz e de uma presença inconfundíveis, se tornou a primeira mulher na história do samba a se consagrar como cantora e compositora. Sua jornada de superação e bravura ajudou a ampliar a participação feminina na formação da identidade cultural brasileira.

A majestade do samba

* 13/4/1921, Rio de Janeiro (RJ)
† 16/4/2018, Rio de Janeiro (RJ)

• Ilustração de Bárbara Malagoli

Nascida Yvonne da Silva Lara, um dos seus primeiros contatos com a música foi com Lucília Guimarães Villa-Lobos, a esposa do maestro Heitor Villa-Lobos, que era professora de música no internato do colégio Orsina da Fonseca, onde estudou. Aos treze anos, cantou sob regência de Villa-Lobos no Orfeão dos Apiacás. No ambiente familiar, a mãe, Emerentina, cantava no tradicional rancho carnavalesco Flor do Abacate; o pai, João da Silva Lara, além de mecânico de bicicletas, era violonista e componente do Bloco dos Africanos. "Aprendi a cantar, a dançar e a gostar", diz ela sobre o gênero musical que a acompanhou desde cedo. Nas férias, encontrava-se no meio de sambistas e chorões como seu tio Dionísio, que fazia parte do grupo que reunia Pixinguinha e Donga.

O ritmo dos seus primeiros anos de vida mudou logo cedo. Ainda na infância, Ivone ficou órfã. Quem a acolheu foi o tio Dionísio, com quem aprendeu a tocar cavaquinho. Em meados da década de 1940, mudou-se para o bairro de Madureira, conhecido como o "berço do samba". Foi um período intenso. Ela se formou em enfermagem e assistência social, especializando-se em terapia ocupacional e chegando a trabalhar com a psiquiatra Nise da Silveira (p. 84) no Serviço Nacional de Doenças Mentais. Em 1947, casou-se com Oscar Costa, filho de Alfredo Costa, presidente da escola de samba Prazer da Serrinha.

O comando pouco democrático de Alfredo e sua família gerava insatisfação e discórdia entre os integrantes da agremiação. A desavença acabaria originando a Império Serrano, escola na qual Ivone faria sua fama. Ela já compunha antes disso, mas apresentava seus trabalhos como se fossem de seu primo Fuleiro, que também era compositor, uma vez

que ele teria mais chances de ser aceito. No mesmo ano da fundação da escola, Ivone fez o samba com o qual ela desfilou, "Nasci para sofrer", enquanto ainda trabalhava no hospital, do qual só se aposentou no final da década de 1970.

"Carnaval/ Doce ilusão/ Dê-me um pouco de magia/ De perfume e fantasia/ E também de sedução", começa o clássico samba-enredo "Os cinco bailes tradicionais da história do Rio", de 1965, composto por ela, Silas de Oliveira e Bacalhau, com o qual Ivone estreou na Ala dos Compositores da Império Serrano, formada por ex-integrantes da Prazer da Serrinha. Foi o primeiro samba-enredo de uma escola da elite do carnaval carioca a ser assinado por uma mulher. Em 1970, Adelzon Alves, apresentador e seu produtor, começou a chamá-la pelo nome artístico "dona Ivone Lara", já abrasileirando Yvonne e demonstrando respeito pela entidade do samba. Foi também nesse ano que ela gravou seu primeiro disco, *Sambão 70*, pela gravadora Copacabana, produzido por Osvaldo Sargentelli e Adelzon Alves. Para os palcos, trouxe também os passos do jongo, ritmo afro-brasileiro que deixou um legado de vitalidade para o país.

Além de se apresentar em programas de televisão, como o histórico *Cassino do Chacrinha*, Dona Ivone interpretou Zulmira de Iansã no filme *A força de Xangô*, dirigido por Iberê Cavalcanti e lançado em 1978. Em 1985, quando assistiu pela TV os shows da primeira edição do Rock in Rio, declarou sobre a possibilidade de desmontarem a Cidade do Rock: "Há espaço para todo mundo. Se existe o sambódromo, por que não pode haver o 'rockódromo'?".

"Ivone Lara – eu diria sem medo de errar – foi tão pioneira com esse evento extraordinário quanto Chiquinha Gonzaga o fora menos de cem anos antes ao abraçar e praticar, com fúria e volúpia, a música carioca, também exclusiva dos adões", escreveu o musicólogo Ricardo Cravo Albin sobre a sambista na ocasião do 21º Prêmio da Música Brasileira, que a homenageou. Entre outros, ela também recebeu o 22º Prêmio Shell de Música, em 2002, pelo conjunto de sua obra, o prêmio da Academia Charles Cros, em Paris, pelo álbum *Nasci pra sonhar e cantar*, em 2001, e a Medalha Pedro Ernesto da vereadora Jurema Batista, da Câmara dos Vereadores do Rio de Janeiro, em 1999.

Dona Ivone lançou mais de dez discos e, apesar de nunca ter sido sucesso de vendas, tem canções gravadas por ícones da MPB como Gal Costa, Maria Bethânia, Beth Carvalho, Caetano Veloso e Gilberto Gil. "Sonho meu", um dos seus maiores sucessos, tornou-se um hino pós--anistia na ditadura militar pelo trecho "vai buscar quem mora longe,

DONA IVONE LARA EM DEZ DISCOS

Samba minha verdade, samba minha raiz (1974)
Sorriso de criança (1979)
Sorriso negro (1982)
Alegria, minha gente (1983)
A arte do encontro (1986), com Jovelina Pérola Negra
Bodas de ouro (1997)
Sempre a cantar (2004)
Canto de rainha (2009)
Nasci pra sonhar e cantar (2011)
Baú da dona Ivone (2012)
Sambabook Dona Ivone Lara (2015)

sonho meu". "Não é miragem", de 1981, composto com Délcio Carvalho, um dos seus principais parceiros na música, marcou uma mensagem política no repertório dos dois: "Nosso povo quer mudar/ A voz de quem sofreu/ Não pode mais calar".

Em depoimento para a Ocupação Dona Ivone Lara, que aconteceu em 2015 no Itaú Cultural, Zélia Duncan afirmou: "As mulheres sempre foram mais aceitas para rebolar ou para cantar, mas na hora de decidir mesmo, sempre os homens tomaram a frente, e dona Ivone furou esse cerco". Em 2016, ano em que se comemorou o centenário do samba, dona Ivone recebeu a Ordem do Mérito Cultural.

A Grande Dama do Samba morreu de insuficiência cardiorrespiratória três dias após seu aniversário de 97 anos – ou de 96 anos, como conta o jornalista Lucas Nobile na sua discobiografia. Ele explica que a mãe de Ivone aumentou a idade nos documentos da filha para que ela pudesse frequentar o colégio interno, permitido apenas para crianças a partir dos onze anos. Seu corpo foi velado na quadra da Império Serrano. Até seus últimos dias, dona Ivone estava sempre à procura de caderninhos para escrever suas músicas.

Zuzu Angel

As criações de Zuzu Angel conquistaram o exclusivo mundo da moda quando os nomes de destaque eram de homens como Dener e Clodovil Hernandes, no Brasil, e Yves Saint Laurent, Valentino e Christian Dior, na Europa. Nos anos 1960, como as marcas nacionais se espelhavam nas passarelas estrangeiras, era comum chegarem às lojas roupas pouco criativas e nada libertadoras para o corpo feminino. As ideias de Zuzu iam na contramão disso, apropriando-se de maneira original da diversidade cultural e dos materiais brasileiros. Mas, infelizmente, Zuzu não entraria para a história apenas por seu talento. No auge do sucesso, consagrada como a primeira estilista brasileira com uma carreira internacional, sua vida foi profundamente transformada pelo desaparecimento do filho Stuart Angel Jones, torturado e assassinado pela ditadura militar.

As primeiras "clientes" da pequena Zuleika de Sousa Neto, nascida em uma família de classe média, foram suas bonecas. "Desde criança, eu inventava, costurava umas tiras de pano nas minhas sandálias e nas de minhas amigas, botava lantejoulas nos vestidos, improvisava chapéus e ia me divertindo", ela contou. Naquele momento, talvez só a fértil imaginação infantil fosse capaz de transformar em realidade o sonho de conquistar algumas das maiores estrelas de Hollywood com suas invenções. Ainda jovem, ela conheceu o norte-americano Norman Angel Jones, com quem se casou em 1943. Pouco depois, eles foram morar em Salvador, onde tiveram seu primeiro filho, Stuart, em janeiro de 1946. Na virada para os anos 1950, mudaram-se para o Rio de Janeiro, onde nasceram as duas filhas do casal, Ana Cristina e Hildegard Beatriz. O casamento terminou em 1960, mas Zuzu manteve o sobrenome.

Sempre dando prioridade a criações exclusivas, ela transformou seu apartamento em Ipanema em seu primeiro ateliê. As propostas inovadoras da estilista eram recebidas com interesse e uma dose inevitável de estranhamento, algo que só servia de estímulo para ela. "Nada de botões e fivelas para atrapalhar na hora de sair. Minha roupa é rica como criação, como pesquisa, como trabalho visual. Mas é simples. Destina-se à mulher que trabalha, que batalha no dia a dia", ela explicou.

Não à toa, uma de suas primeiras coleções se chamou "Fashion and Freedom" [Moda e Liberdade]. Em um de seus desfiles, chegou a apre-

---

A estilista em busca de seu anjo

∗ 5/6/1921, Curvelo (MG)
† 14/4/1976, Rio de Janeiro (RJ)

• Ilustração de Joana Lira

"Como não viver o drama das outras mães que não tinham coragem ou, às vezes, nem tinham dinheiro para sair pelo mundo gritando, como eu fazia para procurar o filho desaparecido, isto é, assassinado na tortura? Que todo mundo sabia e fingia que não sabia: torturado e assassinado [...] nessas milhares de masmorras que a ditadura criou por todo o Brasil."

Trecho de *Eu, Zuzu Angel, procuro meu filho*

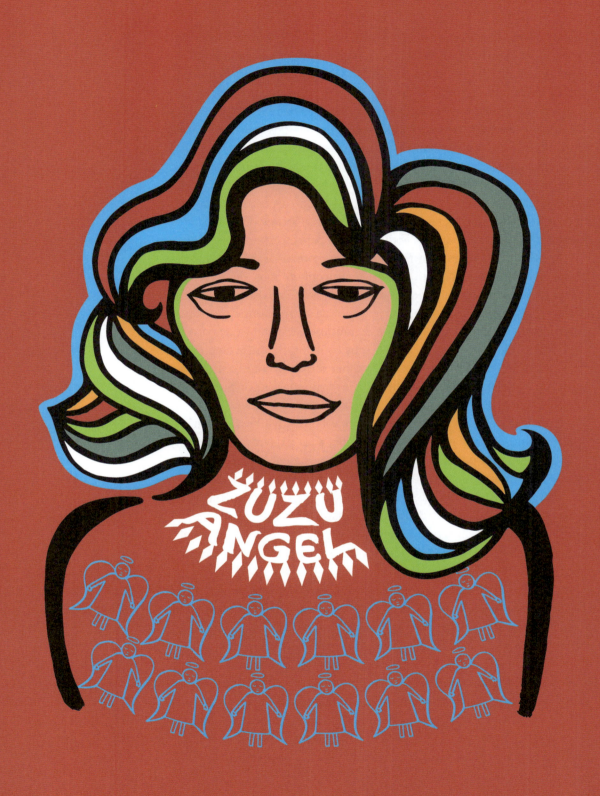

sentar noivas de calça comprida. Antenada e sensível às revoluções do seu tempo, Zuzu criou uma espécie de prêt-à-porter para a alta-costura, dando às mulheres roupas mais funcionais, mas com atendimento especial, de butique. O negócio deu certo e ela conquistou a alta sociedade brasileira, com clientes como a então primeira-dama Sarah Kubitschek.

A mineira sempre quis conquistar os Estados Unidos. Em 1966, a atriz Joan Crawford esteve no Brasil e visitou o ateliê a seu convite. Ficou tão fascinada que se tornou cliente. E, como todo amante do mundo da moda sabe, o sucesso no mercado americano é ditado pelas escolhas que as estrelas de cinema exibem no tapete vermelho. Um ano depois, Zuzu vendeu a coleção "Lampião e Maria Bonita" para a famosa loja de departamentos Bergdorf Goodman. O sucesso abriu caminho para as exportações.

Apesar da fase de grandes realizações profissionais, a vida pessoal de Zuzu ruía. Em 1971, seu filho Stuart, então com 25 anos, desapareceu. Ele participava do MR-8, um dos principais movimentos de luta armada contra a repressão do regime militar. A polícia afirmava que ele estava foragido, mas Zuzu fez uma série de denúncias na esperança de encontrar o filho. Ela usou sua influência e seus contatos, no Brasil e no exterior, atuando como porta-voz das mulheres que tiveram seus filhos presos e assassinados pela ditadura. Ela invadiu quartéis, órgãos de segurança, casas de oficiais do Exército e da Aeronáutica.

Em um desfile na casa do cônsul do Brasil em Nova York, realizado em setembro daquele ano, Zuzu lançou, em suas palavras, "a primeira coleção de moda política do mundo". Nos vestidos, faixas de luto e bordados com traços singelos, quase infantis, de tanques de guerra sobre as cores verde e amarelo, pássaros engaiolados, balas de canhão disparadas contra anjos, figuras de quepes militares e crianças de aparência frágil. A delicadeza da forma sublinhava a força da tragédia. Nascia ali uma imagem que passaria a marcar suas criações: a do anjo, símbolo de pureza e do filho perdido.

Em 1975, Zuzu recebeu uma carta que confirmava e revelava os detalhes envolvendo a morte do filho. O relato tinha sido assinado pelo preso político Alex Polari de Alvarenga três anos antes. Ele conta que testemunhou a prisão de Stuart, em 14 de maio de 1971, e que os dois foram interrogados e torturados naquele mesmo dia numa instalação da Aeronáutica localizada na Base Aérea do Galeão, no Rio de Janeiro. Ele disse que jamais sairia de sua memória a imagem de Stuart amarrado numa viatura, sendo arrastado de um lado para outro e obrigado a aspirar os gases tóxicos da descarga. De madrugada, ouvira frases soltas que, na gíria dos oficiais, confirmavam a morte do companheiro.

> **"Zuzu Angel usou a moda como ferramenta maior, tanto pela questão política como pela valorização da cultura brasileira — o que, é duro admitir, é raro ainda hoje entre grandes marcas e estilistas."**
>
> Lilian Pacce

A estilista não esmoreceu. Em seus esforços diários, recorreu à Anistia Internacional e ao Departamento de Estado americano, valendo-se do fato de que Stuart tinha cidadania norte-americana. Em fevereiro de 1976, num hotel carioca, ela burlou o forte aparato de segurança organizado pelos militares para a visita do secretário de Estado norte-americano Henry Kissinger e lhe entregou o dossiê sobre a morte do filho.

Zuzu Angel morreu às três horas da manhã de 14 de abril de 1976. Ela voltava para casa quando perdeu o controle do carro sobre um viaduto da autoestrada Lagoa–Barra da Tijuca. O fim trágico, classificado pela ditadura como "um acidente automobilístico na saída do túnel Dois Irmãos", foi questionado pela filha, Hildegard, pois Zuzu não costumava voltar tão tarde e estava dirigindo em baixa velocidade. Como vinha recebendo ameaças de morte, ela deixou com pessoas de confiança uma declaração de próprio punho: "Se algo vier a acontecer comigo, se eu aparecer morta, por acidente, assalto ou outro qualquer meio, terá sido obra dos mesmos assassinos do meu amado filho".

A Comissão Especial de Mortos e Desaparecidos Políticos julgou o caso mais de uma década depois e reconheceu o regime militar como responsável pela morte da estilista. De acordo com depoimentos, ela teria sido jogada para fora da pista por um carro pilotado por agentes da repressão. Em sua homenagem, o túnel da via onde ocorreu sua morte passou a levar seu nome.

A amiga Antonina Murat Vasconcelos, mãe da cineasta Lúcia Murat, presa e torturada durante a ditadura militar, escreveu sobre Zuzu:

> Em uma noite, cinco dias antes de sua morte, quando deixamos seu ateliê, a rua estava escura [...] e um homem [...] tentou segurá-la. Ela reagiu aos gritos: "Mataram meu filho, pois agora me matem. Eu não tenho medo. Vocês ainda pagarão por tudo que estão fazendo". Conseguimos tomar o carro. Zuzu ainda me disse: "As ameaças estão aumentando, mas tenho certeza que chegarei ao fim".

∽◯─◯ Saiba mais

Eu, Zuzu Angel, procuro meu filho (1986), livro de Virgínia Valli, irmã de Zuzu
Zuzu Angel (2006), filme de Sérgio Rezende

"Zuzu teve o pioneirismo e a perspicácia de ir contra a maré buscar – dentro de casa e não em Paris – inspiração para ampliar o olhar submisso e colonizado que sempre se teve em relação à moda e enxergar valor e material para suas criações em nossa cultura e em nossas raízes."

Glória Kalil

Josefa Paulino da Silva

Líder nata, Josefa Paulino da Silva levou as mulheres do campo à luta e, junto com o marido José Pureza, tentou reunir trabalhadores rurais e urbanos para reivindicar melhores condições de trabalho e de vida. Afinal, como ela própria disse, "sozinho a gente não é ninguém. A gente só é muita coisa junto com o povo".

A incansável líder camponesa

* 21/8/1924, São Miguel dos Campos (AL)
† dezembro/1999, Niterói (RJ)

• Ilustração de Bárbara Malagoli

Nascida no leste alagoano, Josefa perdeu os pais, lavradores, ainda criança. Em 1933, sua mãe, Maria das Dores, morreu. No ano seguinte, foi a vez do pai, José Paulino. Depois de passar alguns dias na casa de um tio, ela foi entregue a uma família de Maceió, que logo se mudou para o Recife, para trabalhar como empregada. Destratada por todos os membros dessa família, Josefa passou por situações de agressão. Recebia apenas comida e moradia pelo trabalho e não frequentava a escola. Aprendeu a ler e a escrever sozinha, estudando escondida com as cartilhas dos filhos dos patrões.

Aos dezesseis anos, voltou para Maceió, onde começou a namorar José Pureza. Ele mudou para o Rio de Janeiro e o relacionamento continuou por carta até 1942, quando os dois se casaram e foram morar em Xerém, no município de Duque de Caxias (RJ). Ele trabalhava em terras do Estado, animado com a possibilidade de organizar os trabalhadores rurais; ela preferiu o emprego de costureira, pois a roça a fazia lembrar das condições miseráveis em que seus pais tinham vivido.

Em 1949, no entanto, com a falência da confecção na qual trabalhava, Josefa se juntou ao marido no campo. Ela ajudou na criação da Associação dos Lavradores Fluminenses e realizava, com outras mulheres, festas e eventos que arrecadavam recursos para o movimento. Os camponeses da região – a maioria fixada em terras abandonadas da União – passaram a enfrentar problemas com grileiros e posseiros a partir da década de 1950. Esses especuladores se diziam donos das terras ocupadas ou forçavam os lavradores a vender suas propriedades por preços baixos. A delicada questão fundiária do Brasil, que décadas mais tarde marcaria a vida de Dorothy Stang (p. 177), já se fazia presente. Nesse cenário, Josefa e Pureza tornaram-se duas das principais lideranças rurais do Rio de Janeiro.

Era uma luta ingrata. Sem direitos sobre as terras, o casal e muitos outros camponeses foram expulsos do local em 1955, mesmo ano em que o casal se filiou ao Partido Comunista Brasileiro (PCB). A situação no

interior fluminense era semelhante à de Xerém, de modo que os dois continuaram a mobilizar a população do campo em outras cidades, como Casimiro de Abreu e Cachoeiras de Macacu. Ainda nesse ano, ela fez parte do Congresso Nacional das Mães, patrocinado pela Federação de Mulheres do Brasil, e do Congresso Mundial das Mulheres Trabalhadoras, na Hungria, como representante das trabalhadoras rurais brasileiras. Na ocasião, pôde conhecer a União Soviética. Ela acreditava que os operários urbanos podiam ser valiosos aliados dos lavradores na reivindicação da reforma agrária. Ao longo dessa década, Josefa ampliou sua participação em movimentos organizados.

José Pureza e seus colegas foram presos muitas vezes durante os confrontos com grileiros e policiais, mas Josefa não deixava barato. Ela reunia as demais esposas em vigílias na porta da delegacia até que os maridos fossem soltos. Essa e outras ações resultaram na criação dos "departamentos femininos", comissões de mulheres em entidades de classe, como sindicatos e associações, que estiveram presentes em diversas organizações sociais do estado do Rio de Janeiro nos anos seguintes.

Após o golpe de 1964, Josefa e o marido passaram a ser procurados pelos militares. Eles abandonaram o pouco que tinham e voltaram para Alagoas. Ficaram três anos por lá antes de se mudarem para o Recife, onde ingressaram no Movimento Democrático Brasileiro (MDB). Em 1973, o casal foi preso, acusado de tentar reorganizar o PCB. "Nós fomos presos unicamente porque tínhamos organizado os lavradores no estado do Rio de Janeiro", lembrou Josefa. Ela passou 32 dias na cadeia, enquanto o marido ficou dois anos lá, sendo vítima de tortura.

Quando José foi solto, os dois voltaram ao Rio de Janeiro, estabelecendo-se em Niterói. A experiência na prisão diminuiu o entusiasmo do companheiro, mas Josefa seguiu firme na luta. Em 1978, ela ajudou a criar o Centro da Mulher Brasileira de Niterói. Os dois ainda realizaram trabalhos para a Federação dos Trabalhadores Agrícolas e para sindicatos da Região dos Lagos fluminense. Pureza morreu em 1983.

Com o fim da ditadura, Josefa se candidatou a deputada federal pelo PCB, mas não se elegeu. Continuou ativa no Sindicato dos Trabalhadores Rurais de Itaboraí (RJ), sempre lutando pela reforma agrária e chamando a atenção para as condições de vida dos camponeses. "Eu acho que o trabalhador rural deveria ser visto em primeiro lugar. Porque sem alimentação ninguém vive e a alimentação quem dá é o trabalhador rural", resumiu a líder, que morreu em 1999.

⌒○─○ Saiba mais

Josefa: A resistência de uma camponesa brasileira (1997), livro de Elza Maria Gheller
Josefa: Uma mulher na luta camponesa (2002), documentário de Roberto Maxwell e Luiz Claudio Lima

UMA VOZ FEMINISTA

Durante eventos e manifestações, Josefa gostava de entoar cantos que resumiam bem seus ideais. Os versos abaixo falam sobre o feminismo, o poder da sororidade e a reforma agrária:

Desperta-te, mulher/ Pra luta, com força e fé./ Por todos os nossos direitos/ Ganhando os companheiros/ Dentro do campo inteiro/ E exigindo respeito/ Mulher tem luta específica/ Senhoras sindicalistas/ Todas precisam falar/ Dentro do seu sindicato/ Saindo do anonimato/ Tendo direito a votar

Ergamos nossas cabeças./ A luta não é temporária/ Seja ou não sindicalista/ Queremos reforma agrária/ Pra conseguir a vitória/ Estamos todos unidos/ Para construir a história/ Vamos lutar com certeza/ Com toda nossa firmeza/ Pra conseguir/ Nossa glória.

Niède Guidon

"Esta é uma região única no mundo!", diz a arqueóloga Niède Guidon em referência à abundância e à riqueza natural e cultural da serra da Capivara, no Piauí. O local abriga os registros rupestres mais importantes dos primeiros seres humanos a habitarem o Brasil e uma das maiores coleções desse tipo de arte no mundo. A descoberta, feita por ela na década de 1970, promoveu uma mudança profunda na pesquisa sobre a presença do homem no continente americano. O Parque Nacional da Serra da Capivara, considerado Patrimônio Cultural da Humanidade pela Unesco, tem ainda o potencial para fazer da cidade de São Raimundo Nonato (PI) um polo turístico e transformar a economia do Nordeste. Por saber de sua importância, Niède jamais abandonou o local.

Paulista nascida em Jaú, a filha de Cândida Viana de Oliveira Guidon e Ernesto Francisco Guidon chegou a se inscrever no vestibular para medicina, mas passou mal no dia da prova. Resolveu, então, cursar história natural e se apaixonou por botânica, zoologia e genética. Depois de formada, foi trabalhar na sessão de arqueologia do Museu Paulista da Universidade de São Paulo (USP), sem ter nenhum tipo de conhecimento sobre as técnicas e os processos envolvidos. O antropólogo Paulo Duarte, responsável pela criação da Comissão de Pré-História de São Paulo, indicou-lhe cursos disponíveis na França.

A relação de Niède com a França e sua tradição na arqueologia seria duradoura. Ela se especializou em pré-história pela Sorbonne, onde mais tarde fez doutorado e pós-doutorado. Em 1963, de volta ao Brasil, ainda trabalhando no Museu Paulista, montou uma exposição sobre pinturas rupestres, cujos principais sítios, na época, limitavam-se a Minas Gerais. Mas um dos visitantes da mostra revelou para a professora, por meio de uma fotografia, um novo mundo – ou, melhor dizendo, um antiquíssimo mundo. A imagem não saiu da cabeça de Niède, que tentou chegar ao local retratado, no Piauí, no mês de dezembro, mas foi impedida pelo período de chuvas. Com o golpe militar de 1964, muitos professores da USP foram denunciados como comunistas. Para não correr o risco de ser presa e torturada, ela voltou a Paris.

Lá, estabilizou-se como profissional. Em 1970, ela veio ao Brasil para fazer um estudo com indígenas de Goiás e aproveitou a oportunidade

A exploradora da pré-história brasileira

★ 12/3/1933, Jaú (SP)

● Ilustração de Adriana Komura

para chegar ao local da foto: São Raimundo Nonato, a 530 quilômetros de Teresina. Na primeira visita à cidade, registrou cinco sítios arqueológicos. Quando retornou à Europa, montou um projeto de pesquisa científica na região. Em poucos meses, descobriu mais sessenta sítios. A riqueza era incontestável. Tudo apontava para o fato de que o lugar de Nième era mesmo no Brasil. Cinco anos mais tarde, ela conseguiu financiamento do governo francês para uma missão permanente na área, que abriga mais de quatrocentos sítios arqueológicos.

"Nos vales mais úmidos, ainda temos restos de mata atlântica na planície e de floresta amazônica no planalto", conta Nième, com muito entusiasmo, sobre a flora do lugar que, há milhares de anos, foi fronteira entre os dois biomas. Para proteger tudo isso, o governo brasileiro criou, em 1979, o Parque Nacional da Serra da Capivara. Essa iniciativa, no entanto, acabou tendo um efeito contrário, e muitas pessoas passaram a usar as terras públicas para caçar e extrair madeira para construção, atendendo à demanda das cidades ao redor. Junto com outros arqueólogos brasileiros, Nième criou, em 1986, a Fundação Museu do Homem Americano (Fumdham), com o objetivo de garantir a preservação da área. O Instituto Chico Mendes de Conservação da Biodiversidade (ICMBio) divide com a Fumdham as responsabilidades de sua manutenção e conservação.

O sítio da Pedra Furada é o grande protagonista entre as centenas de sítios arqueológicos da região. Com mais de mil figuras pintadas, sua escavação levou dez anos. Nième e sua equipe escavaram 8,5 metros de profundidade até sua base rochosa. Em meio a tantas pesquisas, ela recebeu de um laboratório francês a datação de uma fogueira, que poderia ser de 20 mil anos atrás. Até então, não se tinha registro de nada tão antigo na América do Sul.

Segundo a teoria norte-americana mais aceita, o homem teria chegado à América há 15 mil anos. Mas, para Nième, essa hipótese vem de uma "atitude conservadora" e se deu pelo fato de os profissionais não escavarem tão fundo. Com novas investigações, apareceram datações ainda mais antigas, mostrando que há cerca de 100 mil anos já havia presença humana ali. Mesmo gerando controvérsias, sua teoria é hoje aceita por especialistas renomados ao redor do mundo. Além de seres humanos, lá viveram animais hoje extintos como preguiças de três toneladas e tatus gigantes.

Após a descoberta de Nième, a compreensão da presença dos *Homo sapiens* na América do Sul mudou para sempre. Guerreira, persistente e dona de uma personalidade forte, ela encarou os inúmeros problemas

 Saiba mais

Sítios arqueológicos brasileiros
(2014), livro organizado por Cristiane de Andrade Buco
Nième
(2019), documentário de Tiago Tambelli

orçamentários que o parque enfrentou ao longo dos anos, muitas vezes tendo de demitir levas de funcionários. Nem mesmo as ameaças de empresários gananciosos do agreste a intimidaram. Certa vez, um produtor de cal chegou a marcar data e hora para matá-la. Destemida, ela foi ao encontro. Quem não compareceu foi ele.

Parte desse patrimônio mundial de valor imensurável para a humanidade, que mostra "o alto grau de desenvolvimento cultural e tecnológico das populações que viveram no país antes da ocupação europeia", como ela diz, pode ser visto pelos visitantes no Museu do Homem Americano, na sede da fundação. O Museu da Natureza, ideia que partiu de Niède para mostrar como a história não poderia se limitar à história do homem, foi inaugurado em dezembro de 2018 e abrange desde os primórdios do universo até a contemporaneidade para falar sobre o desenvolvimento da natureza na região e, consequentemente, do nosso planeta.

A CIÊNCIA ENVOLVIDA

A datação da descoberta de Niède foi calculada usando a técnica do carbono 14, que pode dar a idade exata de fósseis, múmias e esqueletos. Desenvolvida por Willard Libby, que recebeu o prêmio Nobel de Química em 1960 por isso, é uma variação da datação radioativa e só é aplicável a matérias que já foram vivas.

Antes da revelação feita no Piauí, a tese mais aceita no mundo científico era de que a ocupação do continente americano tinha ocorrido pelo estreito de Bering, entre Rússia e Estados Unidos, durante a última glaciação, cerca de 20 mil anos atrás. Na versão de Niède, há mais de 100 mil anos a África passou por um período de seca muito grande, que originou os desertos. As pessoas ficaram sem alimentos, saindo para o mar em embarcações para pescar. Ventos e correntes trouxeram algumas delas para a América do Sul, chegando ao litoral nordestino.

Zilda Arns

Foi sem remédios ou grandes investimentos que uma médica nascida no interior de Santa Catarina mudou o retrato da desnutrição infantil no Brasil. A pediatra e sanitarista Zilda Arns empoderou mulheres pobres e líderes comunitárias para replicarem seu conhecimento em saúde, salvando vidas ao acreditar no seu poder transformador. Assim, devolveu dignidade e confiança às voluntárias.

A médica que salvou milhões de crianças

* 25/8/1934, Forquilhinha (SC)
† 12/1/2010, Porto Príncipe, Haiti

• Ilustração de Yara Kono

Ela nasceu em Forquilhinha, a 213 quilômetros de Florianópolis (sc). Sua família, de origem alemã, tinha uma pequena leiteria e queijaria, e sua mãe atendia os vizinhos na comunidade rural voluntariamente, com base nos livros de medicina caseira que recebia da Alemanha. Zilda era a 12ª de treze filhos, dos quais cinco seguiram o caminho religioso, sendo o mais famoso Paulo Evaristo Arns, que foi cardeal e arcebispo de São Paulo.

Ainda criança, Zilda ajudou a fazer tijolos para construir uma biblioteca pública e cuidava de bebês na igreja enquanto os pais assistiam à missa de domingo. Aos dez anos, mudou-se para Curitiba, capital do Paraná, para acompanhar alguns irmãos mais velhos que estudavam na cidade. Seu pai queria que ela fosse professora, mas, aos quinze, Zilda já queria ser médica missionária.

Assim, a menina largou as partidas de vôlei e as visitas às favelas para estudar para o vestibular da Universidade Federal do Paraná. Zilda entrou no curso em 1953, em uma turma com 114 homens e apenas seis mulheres. Formou-se em 1959 e logo criou Clubes de Mães nos postos de saúde em que atuava, para ensinar mulheres pobres a cuidarem de seus bebês.

Seu marido, Aloysio Neumann, participava da criação dos filhos, possibilitando que Zilda se especializasse em saúde pública e amparo materno. Em fevereiro de 1978, ele morreu de enfarte enquanto tentava salvar a filha adotiva, que se afogava no mar. Zilda tinha cinco filhos entre quatro e catorze anos. Começou a trabalhar à noite no consultório para ajudar no sustento, além de permanecer como funcionária da Secretaria de Estado da Saúde do Paraná, e deu aos filhos espaço para participar da definição dos rumos da família. Em uma época em que criança não tinha voz, era algo inovador.

Apesar de sua agenda apertada, Zilda estava sempre disponível. "A qualquer momento, mesmo à noite, de madrugada ou de férias, atendia a qualquer mãe que trouxesse a nossa casa [onde ficava o consultório] uma criança doente", lembra o filho Nelson Arns Neumann. E muitas vezes de graça. A virada para os anos 1980 trouxe ainda mais compromissos à pediatra. Chamada para conter um surto de poliomielite no interior do Paraná, ela elaborou uma campanha de vacinação de tanto sucesso que foi replicada pelo Ministério da Saúde.

O então diretor-executivo do Fundo das Nações Unidas para a Infância (Unicef) sugeriu a Paulo Evaristo Arns que a Igreja católica ajudasse na redução da mortalidade infantil. Zilda era a pessoa perfeita para tocar o projeto. Assim, em 1983, foi fundada a Pastoral da Criança. Florestópolis, que detinha os piores índices de mortalidade infantil no Paraná – a cada mil nascidas vivas, 127 morriam antes de completar um ano –, foi escolhida para o piloto. Zilda treinou vinte voluntários, que espalharam as informações a respeito de cuidados simples sobre soro caseiro, nutrição, cidadania, vacinação, amamentação e violência doméstica para 76 líderes comunitários, de modo que o conhecimento ia se multiplicando. Em dois anos, o índice caiu para vinte mortes por mil. A iniciativa se espalhou pelo Brasil, chegando a locais de difícil acesso.

> **"O legado que minha mãe deixou é que as famílias são capazes de cuidar de suas crianças, e que devemos apoiá-las para que cumpram bem essa missão. No lado da saúde, que o envolvimento de toda a sociedade é necessário para que sejam superados os problemas que eram tidos como exclusivos dos médicos, como desnutrição, desidratação, mortalidade infantil etc."**
>
> Nelson Arns Neumann, filho de Zilda, coordenador nacional adjunto da Pastoral da Criança e coordenador da Pastoral da Criança Internacional.

UMA REVOLUÇÃO COM ARMAS SIMPLES

Com seu trabalho na Pastoral da Criança, Zilda Arns levou à população carente informações de cuidados desde a gestação aos primeiros anos de vida, antes restritas aos médicos. Só para se ter ideia, nos anos 1970, a taxa de mortalidade infantil no Brasil era de 115 crianças para cada mil nascidas vivas. Em 2010, ano da morte da médica, o índice estava em dezessete a cada mil e seguia em queda – e, nas cidades em que a Pastoral atuava, era ainda menor, de onze a cada mil. O programa era extremamente eficiente e barato: o custo despendido com cada criança era de, em média, 2,30 reais por mês em 2017.

Quando a pediatra morreu, em 2010, havia mais de 260 mil voluntários no país, que cuidavam, por mês, de 1,9 milhão de crianças e gestantes, em mais de 4 mil municípios. O programa foi considerado o maior do gênero no mundo e ultrapassou nossos limites geográficos – em 2010, estava presente em dezessete países da América Latina, África e Ásia. Zilda resolveu, em 2004, replicar o modelo com outro público e fundou a Pastoral da Pessoa Idosa.

Disciplinada, didática, sistemática e organizada, a médica conseguiu criar uma rede de solidariedade que mereceu muitos prêmios e até indicações do governo brasileiro ao Nobel da Paz – em nome da Pastoral nos anos de 2001-2, 2009-10 e 2010-1, e em nome da própria Zilda em 2006, como integrante do projeto internacional 1000 Mulheres. Entre as principais honrarias recebidas, estão: Prêmio Unicef (2009), Woodrow Wilson (2007), Opus Prize (2006), Medalha Simón Bolívar (2000 e 2006), Prêmio Rei Juan Carlos (2005), Prêmio Heroína da Saúde Pública das Américas (2002), Prêmio Direitos Humanos da Associação das Nações Unidas–Brasil (2000) e muitos outros. A médica também virou cidadã honorária de onze estados e 37 cidades.

Quando uma parte do teto da igreja a acertou no terremoto que devastou o Haiti, matando 300 mil pessoas em janeiro de 2010, ela havia acabado de discursar para líderes comunitários que implantariam a Pastoral no país. Tinha 75 anos e deixou órfãos muitos brasileiros, especialmente mulheres, que viam na senhora de modos gentis uma aliada no cuidado com os filhos e uma líder pela força com que conduziu o programa que mudou a história da desnutrição no Brasil.

Margarida Maria Alves

Um tiro no rosto, de espingarda de calibre doze, carregada de pregos enferrujados. Para desfigurar, mandar recado, impor medo. Foi assim que acabou a trajetória da rendeira Margarida Maria Alves, que tinha acabado de completar quarenta anos. Ela estava na janela, vendo o filho pequeno brincar. A líder dos trabalhadores rurais de Alagoa Grande, na Paraíba, morreu na frente de toda a vizinhança. Mas sua luta contra a exploração dos camponeses permanece viva, e a Marcha das Margaridas, em defesa da reforma agrária e dos direitos dos trabalhadores rurais, é uma homenagem a ela. Margarida virou também nome da Fundação de Defesa dos Direitos Humanos da capital paraibana, João Pessoa.

Um símbolo de resistência no campo

* 5/8/1943, Alagoa Grande (PB)
† 12/8/1983, Alagoa Grande (PB)

• Ilustração de Laura Athayde

A rendeira era a mais nova de nove irmãos. Filha de Manuel Lourenço Alves e Alexandrina da Conceição, começou a trabalhar na lavoura aos oito anos, de modo que só estudou até a quarta série do ensino fundamental. Ela passou a vida toda em Alagoa Grande, cidade a 120 quilômetros da capital, localizada na região do Brejo Paraibano, uma das mais violentas da Paraíba na época de seu assassinato. Aos 28 anos, casou-se com Severino Casimiro Alves, com quem teve um filho em 1975, José de Arimatéia.

Foi nessa época que Margarida se tornou presidente do Sindicato de Trabalhadores Rurais de Alagoa Grande (PB), sendo a primeira mulher a ocupar um cargo desses no estado. Nos dez anos em que esteve à frente da entidade, criou o Centro de Educação e Cultura do Trabalhador Rural, para fortalecer a agricultura familiar, e moveu mais de seiscentos processos trabalhistas contra usineiros e fazendeiros, pedindo garantias que outras classes de trabalhadores já tinham, como férias, 13º salário, jornada de oito horas diárias e carteira assinada. Quando foi morta, tinha 72 ações na Justiça.

Determinada e destemida, enfrentou o poderoso Grupo da Várzea, que reunia sessenta fazendeiros, com interesses defendidos por três deputados federais, cinco estaduais e cinquenta prefeitos, e do qual saíram muitos nomes para formar a União Democrática Ruralista (UDR), em 1985. Com um deles, em especial, ela teve mais confrontos: o líder do grupo e dono da Usina Tanques, a maior da localidade, Aguinaldo Veloso Borges. O genro dele, o empresário José Buarque de Gusmão Neto,

conhecido como Zito Buarque, foi acusado de ser o mandante da morte dela, executada por um pistoleiro de aluguel.

Margarida falava o que pensava e costumava dizer aos amigos que não fugia da briga. "É melhor morrer na luta do que morrer de fome", disse ela em um de seus discursos mais famosos, em 1º de maio de 1983, ano de sua morte. A sindicalista chegou a mandar, em 1982, uma carta para o programa televisivo *O Povo e o Presidente*, para ser lida por João Batista Figueiredo, na qual denunciava o descumprimento à legislação trabalhista na agricultura, especialmente a canavieira.

Seu ativismo custou sua vida, mas o crime comoveu a comunidade internacional. Duas mil pessoas foram a seu enterro. Na missa de sétimo dia, 5 mil apareceram – em carroças, caminhões, cavalos, a pé. Uma faixa na praça de Alagoa Grande dizia: "Do sangue derramado de Margarida outras Margaridas nascerão!". E nasceram. Não à toa, as campesinas paraibanas costumam usar a expressão "forte como uma margarida" para a garra feminina.

A data de sua morte acabou virando o Dia Nacional de Luta Contra a Violência no Campo e Pela Reforma Agrária. Margarida recebeu em 1988 o prêmio Pax Christi Internacional e, em 2002, a Medalha Chico

MEDALHA CHICO MENDES: HOMENAGEM A QUEM LUTA PELOS DIREITOS HUMANOS

No ano em que Margarida Maria Alves recebeu a Medalha Chico Mendes de Resistência, outra mulher destemida também foi homenageada: Dinaelza Soares Coqueiro, a Maria Dina, morta na Guerrilha do Araguaia em 1974. Desde que a premiação foi criada, em 1989, muitas mulheres foram lembradas por sua luta em defesa dos direitos humanos, da liberdade e de um país sem violência e tortura.

A guerrilheira Dinalva Oliveira Teixeira (p. 144) e a auditora fiscal Marinalva Dantas (p. 148) ganharam a honraria em 2003; a missionária Dorothy Stang (p. 177), em 2005; a estilista Zuzu Angel (p. 120), em 1998; a psiquiatra Nise da Silveira (p. 84), em 1993; e as militantes comunistas no Araguaia Luiza Augusta Garlippe (Tuca), Áurea Eliza Valadão, Maria Célia Corrêa (Rosinha) e Lúcia Maria de Souza (Sônia), respectivamente, em 2009, 2011, 2012 e 2015. Mães que perderam seus filhos por causa da violência policial, como Ana Paula Gomes de Oliveira e Fátima dos Santos, da favela de Manguinhos, também foram premiadas em 2015, entre muitas outras.

A medalha foi instituída pelo grupo Tortura Nunca Mais do Rio de Janeiro e é concedida sempre no dia 1º de abril ou perto disso, em referência ao golpe militar de 1964. Na época de sua criação, foi uma resposta à homenagem que o Exército fez aos torturadores que atuaram durante a ditadura militar, ao dar a eles a Medalha do Pacificador. Desde então, todo ano dez pessoas ou entidades de combate à violência são homenageadas pelo grupo.

Mendes de Resistência. Em vez de acuar os agricultores, o crime os uniu e fortaleceu. Dias depois de sua morte, 7 mil pessoas compareceram ao lançamento da campanha trabalhista dos canavieiros paraibanos. No primeiro aniversário do assassinato, 6 mil pessoas pediram punição aos criminosos e paz no campo. No segundo aniversário, foram 8 mil.

Se o movimento ganhava força, a investigação e o julgamento dos criminosos perdia. Em 2013, quando o homicídio completou trinta anos, nenhum dos acusados pelo Ministério Público tinha sido condenado – alguns haviam sido mortos por queima de arquivo e outros, absolvidos. Em 2016, o nome dela foi incluído pelo Ministério da Justiça na lista de anistiados políticos. No entanto, a resistência permanece, e desde 2000 já foram realizadas cinco Marchas das Margaridas em Brasília, pedindo também pelo fim da fome, da pobreza e da violência de gênero.

DISCURSO EM 1º DE MAIO DE 1983 (trechos)

"Eles [latifundiários] estão com medo da nossa organização, estão com medo da nossa união, porque eles sabem que podem cair oito ou dez pessoas, mas jamais cairão todos diante da luta por aquilo que é de direito devido ao trabalhador rural, que vive marginalizado debaixo dos pés deles."

"Não fugimos da luta, e é mais fácil vocês ficarem sabendo que morremos do que fugimos correndo. Vamos conquistar os nossos direitos."

"Não tememos qualquer ameaça e vamos à luta até o fim por melhores condições de vida dos trabalhadores rurais da Paraíba, doa isto em quem doer, goste quem gostar, porque entendo que é melhor morrer na luta do que morrer de fome."

Leila Diniz

"Você pode amar muito uma pessoa e ir pra cama com outra. Isso já aconteceu comigo." Em fins de 1969, quando a atriz Leila Diniz falou isso para o jornal *O Pasquim* em uma entrevista célebre por conter setenta palavrões (com asteriscos publicados no lugar deles), a sociedade se escandalizou e os censores se ouriçaram. A garota de classe média que tinha um jeito bem despachado e liberal já era vista como um símbolo de rebeldia, alegria e sensualidade. Depois disso, acabou consagrada como ícone de um novo comportamento sexual e da liberdade feminina.

Foram muitas as vezes em que a garota nascida em Niterói e criada no Rio irritou os conservadores. Quando apareceu grávida de biquíni na praia, exibindo a barriga sem pudor, acabou jogando o manto sagrado da maternidade na sarjeta, em uma época em que a gravidez era vista como uma deformação do corpo. Se hoje usamos biquíni na gestação, falamos palavrões livremente e fazemos sexo por prazer, uma das mulheres que abriu o caminho para isso foi Leila, que, mesmo sem se envolver com a política, teve de prestar contas à ditadura militar.

Ela só não teve tempo de causar mais polêmica porque viveu apenas 27 anos. Um acidente de avião da Japan Airlines perto de Nova Delhi, em 14 de junho de 1972, interrompeu uma carreira que já contabilizava catorze filmes. Ela voltava de uma viagem à Austrália, onde tinha participado do Festival de Cinema de Adelaide com a equipe do longa *Mãos vazias*. Por saudades da filha, Janaína, então com sete meses, antecipou a volta.

Criada pelo pai, o bancário e comunista Newton, e a madrasta, a professora Isaura, Leila Roque Diniz era a filha do meio entre cinco. Teve uma educação liberal e não religiosa. Por volta dos dez anos, descobriu que sua mãe biológica era outra mulher, Ernestina. Foi então que começou a fazer terapia e a escrever seus diários – o mais famoso seria resgatado dos escombros do avião, com uma frase incompleta. Até seus quinze anos, trocaria de casa algumas vezes, antes de sair definitivamente da residência do pai, em Copacabana. Morou, inclusive, com a mãe biológica.

A desbocada e sensual Leila, que pregava o amor livre e era contra o casamento, adorava crianças e começou a vida profissional em uma

Uma mulher livre

* 25/3/1945, Niterói (RJ)
† 14/6/1972, Nova Delhi, Índia

• Ilustração de Veridiana Scarpelli

"Sou uma pessoa livre e em paz com o mundo. Conquistei a minha liberdade a duras penas, rompendo com as convenções que tolhiam os meus passos. Por isso, fui muitas vezes censurada, mas nunca vacilei, sempre fui em frente. Tudo o que fiz me garantiu a paz e a tranquilidade que tenho hoje. Sou Leila Diniz."

Trecho de seu diário escrito durante estadia na casa de Flávio Cavalcanti, em 1971

140

escola infantil. Para se sustentar, estudava à noite e dava aulas de dia. Sua postura em sala era fora dos padrões: aboliu a mesa de professora, promovia a troca dos lanches entre as crianças e permitia que falassem "palavrões" – daqueles que fazem sucesso com o público infantil, como cocô. Ela mesma falava assim com eles. "Eu deixei de ser professora por covardia, porque eu tinha de brigar muito com os pais, e com os diretores do colégio. [...] Em minha sala, cada um fazia o que queria", disse em entrevista a *O Pasquim*, em 1969.

Era o tempo da "juventude transviada", e Leila sabia como poucos aproveitar a vida. À noite, ia aos pontos de encontro badalados de Copacabana, frequentados por escritores como Clarice Lispector e Lúcio Cardoso, ou a bares de Ipanema onde os músicos Vinicius de Moraes e Tom Jobim podiam ser encontrados. Aos quinze, chegou a ser levada à delegacia ao ser pega sem sutiã na praia, com um namorado. Foi nesse Rio boêmio que conheceu o cineasta Domingos de Oliveira, com quem foi morar aos dezessete. Leila o ajudou com a produção de sua primeira peça de teatro, *Somos todos do jardim da infância*.

Para ganhar um pouco mais, começou a fazer propaganda de sabonete, creme dental, refrigerante e o que fosse. A atuação surgiu em sua vida por acaso. Em 1964, estreou como atriz na peça infantil *Em busca do tesouro*, interpretando uma onça. Em seguida, participou como vedete do espetáculo *It's Holiday*, de Carlos Machado, e então se lançou no teatro adulto em *O preço de um homem*, contracenando com Cacilda Becker (p. 112), de quem se tornou amiga. A estreia na televisão foi em 1965, com a novela *Ilusões perdidas* – depois dessa, vieram outras doze. Mas o sucesso chegou mesmo no papel de Maria Alice, no longa *Todas as mulheres do mundo* (1966), de Domingos, que ela gravou quando já estavam separados.

Fazia o que gostava, falava o que pensava. Em uma época em que a tristeza estava na moda e cantoras como Maysa reinavam, Leila fazia diferença com sua energia positiva, e virou símbolo do grupo que se reunia em Ipanema, sendo eleita até madrinha da banda carnavalesca que levava o nome do bairro. Tornou-se porta-voz de uma geração que começava a se libertar em termos sexuais.

A famosa entrevista a *O Pasquim* só coroou esse comportamento. Foi revolucionário para a época falar tão abertamente sobre sexo livre, teste do sofá, traição... Tanto que entrou para o livro *A arte da entrevista*, em que Fábio Altman e Cássio Loredano reúnem as entrevistas que consideram mais importantes do mundo. Por resultado, ou coincidência, dois meses depois da publicação, em janeiro de 1970, o então ministro da

"Tornei-me mito e ídolo, mulher-símbolo de uma luta, pregadora-mor de uma alforria, e muita gente não entende o que é isso: eu quero apenas que o amor seja mais simples, honesto, sem os tabus e fantasias que as pessoas lhe dão. Isso aconteceu meio inconscientemente, mas agora estou consciente disso."
Manchete, 12/6/1982

"Casos, mil; casadinha, nenhuma. Na minha caminha, dorme algumas noites, mais nada. Nada de estabilidade."
O Pasquim, 11/1969

> "É mais importante para uma criança aprender a ser livre e respeitar a liberdade alheia do que ser forçada a entender de geografia ou gramática. Quando ela aprende o sentido da vida, então ela escolhe as coisas que gosta."
>
> *Diário de S. Paulo*, 15/3/1970

Justiça, Alfredo Buzaid, baixou o decreto-lei nº 1077, que ficou conhecido como "Decreto Leila Diniz". Nele, era instaurada a censura prévia na imprensa e em filmes, peças, novelas, livros etc.

Com a perseguição de censores e conservadores, os papéis na TV para Leila foram minguando, até que, em janeiro de 1971, policiais compareceram ao programa de Flávio Cavalcanti, na extinta TV Tupi, do qual era jurada, para prendê-la. Mas o apresentador já tinha bolado um esquema de fuga para ela, que foi absolvida com a promessa de não falar mais palavrões em público.

Vivendo desde o ano anterior com o cineasta Ruy Guerra, depois de um romance com o cantor Toquinho, Leila engravidou e, sabendo da moda que corria na Europa, foi de biquíni à praia, sem bata. Ouviu expressões como "vagabunda" e "nojo", e sua foto clássica foi publicada de forma bem acanhada na revista *Claudia*, com 6 cm × 3,5 cm. Janaína nasceu em novembro de 1971. Foi um parto complicado, mas dois meses depois Leila já estava de volta aos palcos, no musical *Vem de ré que eu estou de primeira*, amamentando a filha nos intervalos.

Seu último ato, no entanto, ficou incompleto. No diário resgatado dos escombros do avião, escreveu: "Estamos chegando a Nova Delhi. Segundo anunciam, a temperatura local é quase a do inferno. Quente paca! Agora está acontecendo uma coisa es…".

Estranha? Esquisita? Nenhuma dessas palavras combinava com Leila. Preferimos deixar aqui as que tinham a sua cara: espetacular, estrondosa, estonteante, escandalosa, espontânea, espalhafatosa, especial. Uma persona difícil de esquecer. Afinal, como diz a música de Rita Lee, "toda mulher é meio Leila Diniz".

> "O chato é que as pessoas te enquadram: a partir de uma entrevista que mostra um aspecto parcial, formam uma imagem e exigem que a gente se ajuste a ela. Acham que tenho de ser a toda hora sexy e desbocada. Posso ser, mas também sou outras coisas e nem sempre estou a fim disso."
>
> *Realidade*, 4/1971

Saiba mais

Leila Diniz: Uma história de amor (1983), livro de Cláudia Cavalcanti
Leila para sempre Diniz (1987), livro de Luiz Carlos Lacerda
Leila Diniz (1987), filme de Luiz Carlos Lacerda
Leila Diniz (2008), livro de Joaquim Ferreira Santos, organizado por Elio Gaspari e Lilia M. Schwarcz
Toda mulher é meio Leila Diniz (2008), livro de Mirian Goldenberg

Dinalva Oliveira Teixeira

Dizem que ela virava borboleta e sumia na selva amazônica. Que ficava invisível e cruzava rios sem se molhar. Que levou um tiro no pescoço e evaporou na frente do inimigo. Que cravou uma bala no coração de um traidor e acertou um tenente no ombro. Que sua risada ecoava pela mata. Que não tinha medo de nada, nem da morte, mas impunha medo em todos: camponeses, militares e militantes. Que pediu para ser executada de frente, olhando para seu algoz, sem se dar por rendida. Mais do que uma mulher que conquistou respeito e temor na Guerrilha do Araguaia, ela acabou se tornando um mito.

A guerrilheira do Araguaia

* 16/5/1945, Castro Alves, hoje Rafael Jambeiro (BA)
† julho/1974, região do rio Araguaia, segundo Dossiê Araguaia

• Ilustração de Bruna Assis Brasil

Dinalva Conceição Oliveira nasceu no vilarejo pobre de Argoim, na então Castro Alves, cidade natal do poeta de mesmo nome. Filha dos agricultores Viriato Oliveira e Elza Conceição Bastos, não atirava nem com estilingue na infância e era conhecida como boa doceira. Mudou-se ainda menina para Salvador, onde se formou geóloga na Universidade Federal da Bahia, em 1968.

Na faculdade, envolveu-se com o movimento estudantil, chegando a ser detida, e conheceu Antônio Carlos Teixeira, com quem se casou em 1969. E foi na capital baiana que encontrou o propósito pelo qual daria a vida: construir um país de esquerda, livre da ditadura militar. Ela e Antônio Carlos se filiaram ao Partido Comunista do Brasil (PCdoB) e se mudaram para o Rio de Janeiro, onde trabalharam no Ministério de Minas e Energia, além de integrarem a Sociedade Brasileira pelo Progresso da Ciência.

Quando foram convocados pelo partido, em 1970, abandonaram tudo para participar de uma guerrilha rural, que doutrinaria os camponeses para tentar tomar o poder e instituir um governo nos moldes da China e da Albânia. Ao longo de oito anos, quase todos os guerrilheiros – os dados variam de 58 a 68 – e ao menos dezessete civis tombaram na luta armada. Uma chacina cujas provas se procurou apagar.

O casal desembarcou na região do Bico do Papagaio, uma área inóspita e de difícil acesso, situada entre Goiás (hoje Tocantins), Pará e Maranhão. Como disfarce, eles abriram uma vendinha. Dinalva não só se infiltrou entre os moradores como se tornou muito querida, pois deu aulas para crianças, virou parteira e passou a ajudar o dr. Juca, codinome do médico João Carlos Haas Sobrinho. Em uma região completa-

mente miserável, sem escolas, médicos ou remédios, infestada pela malária e pela leishmaniose, eles foram vistos como salvação e batizados de "paulistas".

Desde 1966, o PCDOB enviava militantes às proximidades do rio Araguaia. Em 1972, quando as tropas das Forças Armadas chegaram para o combate, eles eram 69 e se moviam por um território gigante, de 130 quilômetros de extensão. Cada ativista passava por treinamento de guerrilha, inclusive de sobrevivência e orientação sem bússola na selva, e ganhava uma arma, geralmente obsoleta, que usava para caçar – até, claro, o desembarque do Exército em abril, entre Xambioá (TO) e Marabá (PA), quando precisaram entrar em ação de fato.

Os "paulistas" então se embrenharam na floresta e viraram o "povo da mata". Acordavam às cinco horas, faziam ginástica, tomavam café e recebiam uma tarefa. À noite, ouviam a Rádio Tirana, da Albânia, que dava notícias sobre a guerrilha brasileira. Os militares os chamavam de terroristas, mas os moradores não entendiam qual era o perigo. Dina, que era amada, se tornou temida por sua valentia, especialmente depois que acertou um tiro no ombro do tenente paraquedista Álvaro de Souza Pinheiro, em junho de 1972 – apesar de muitos historiadores e os próprios moradores atribuírem o disparo à Dina, o jornalista Leoncio Nossa, que escreveu um livro sobre a guerrilha chamado *Mata!*, não credita a autoria a ela.

Ao longo dos dois anos de caçada aos comunistas na selva, muitos acontecimentos ficaram envoltos em mistério. Em 1975, um ano depois que o último guerrilheiro foi assassinado, documentos foram incinerados e corpos foram exumados pelo governo, em um esforço para negar e encobrir as atrocidades que feriam a Convenção de Genebra, como tortura, decapitação e execução sumária. Do material e da memória que restou, sobra controvérsia, inclusive em relação à Dina. Como virou lenda, foram atribuídos a ela feitos em lugares onde seria impossível estar ou que provavelmente foram executados por Dinaelza Soares Coqueiro, a Maria Dina.

Mas isso não reduz sua força revolucionária e seus atributos, como coragem, sangue-frio, determinação, temperamento forte, facilidade em se locomover pela mata e boa pontaria. Conta-se que ela podia carregar um saco de arroz de sessenta quilos nas costas e andava com uma arma automática atravessada no peito. Não temia entrar na selva, fosse dia ou noite. Teria sobrevivido a três enfrentamentos, escapado de uma emboscada e levado um tiro de raspão no pescoço – em setembro de 1972, quando seu destacamento foi encurralado e Antônio, nessa altura seu ex-marido, foi preso e assassinado. Foi a única mulher a receber um cargo de liderança, como subcomandante.

UMA OPERAÇÃO DE GUERRA

O combate à guerrilha do Araguaia contou com um total de 5 mil militares e foi a maior mobilização armada no Brasil desde a Segunda Guerra Mundial. Entre 1972 e 1974, houve três ofensivas. Na primeira delas, o Exército, despreparado, foi obrigado a retirar seus recrutas. A segunda também falhou; já a terceira foi uma caçada desumana: 750 homens chegaram com a ordem de não deixar nenhum guerrilheiro vivo. Os documentos oficiais só foram revelados trinta anos depois e a maioria dos corpos nunca foi encontrada.

LUTANDO COMO UMA MULHER

Dina não foi a única mulher com sangue nos olhos do grupo. No combate mais famoso da guerrilha, Sônia, como era conhecida a estudante de medicina Lúcia Maria de Sousa, mostrou que era dura de matar. Descoberta em outubro de 1973, foi alvejada e, mesmo ferida, acertou uma bala no braço do capitão Sebastião Rodrigues de Moura, o major Curió, e outra no rosto do major Lício Augusto Ribeiro Maciel, o dr. Asdrúbal, que perdeu os dentes e ficou surdo de um ouvido. Pouco antes de atirar, haviam perguntado a ela seu nome. "Guerrilheiro não tem nome", teria dito. Foi metralhada em seguida, com apenas 29 anos.

Dina não negava missão, mesmo que fosse contra um companheiro, como aconteceu com Rosalindo Cruz Souza, o Mundico, condenado à morte pelo Tribunal Revolucionário das Forças Guerrilheiras do Araguaia, em agosto de 1973. Conta-se que só Dina teve coragem de executar a sentença (embora essa seja a versão mais corrente, há controvérsias sobre a autoria dessa morte). Não é à toa que os recrutas morriam de medo de enfrentá-la.

Antônio e Dina se separaram antes que os conflitos começassem. Ela tinha se apaixonado por Pedro Gil, alcunha de Gilberto Olímpio Maria, e os dois passaram a viver juntos. Mas ela também ia vê-lo morrer. Na véspera de Natal de 1973, quinze guerrilheiros estavam no morro do Grotão dos Caboclos, onde cearam quatro latas de farinha de mandioca. Eram tempos duros e todos já estavam fracos, desnutridos e em farrapos. Dina tinha febre, em decorrência da malária. Na manhã de 25 de dezembro, uma patrulha de militares paraquedistas chegou ao morro durante a terceira incursão militar. Quatro comunistas morreram, entre eles Pedro. Dina escapou.

No relatório de Desaparecidos Políticos, ela é dada como sumida desde essa data, mas um documento da Marinha mostra que foi presa e executada em 1974. Dina foi apanhada na região de Pau Preto com Tuca (a enfermeira Luiza Augusta Garlipe), após terem sido deduradas por um morador. Elas tentavam sair do Araguaia quando o major Curió (Sebastião Rodrigues de Moura) as capturou. Dina tentou reagir, mas não conseguiu sacar sua arma. Estava tão fraca que fazia seis meses que não menstruava.

Muitos agentes queriam eliminá-la, e o governo sabia que precisava acabar com o mito para vencer a guerrilha. Quem disparou a pistola foi o agente infiltrado Joaquim Artur Lopes de Sousa, de codinome Ivan, depois de Dina ter ficado detida por duas semanas. Levada de helicóptero a uma área de mata perto de Xambioá, com mais dois agentes, ela se manteve firme até o final. Com as mãos amarradas nas costas, perguntou se iam matá-la. Ivan disse que mais para a frente. Então, ela caminhou duzentos metros e perguntou de novo: "Vou morrer agora?". A resposta foi positiva. Ela pediu para morrer de frente e foi atendida. Aos 29 anos, levou um tiro no peito, outro na cabeça e foi enterrada ali mesmo. Seu corpo nunca foi encontrado.

Se Dina morreu, sua lenda continua viva. Há quem jure tê-la visto no Rio na visita do Papa João Paulo II, em 1980, ou que uma suposta filha sua vive na Serra Pelada. Por mais que o governo tenha se esforçado em apagar da história a Guerrilha do Araguaia, fracassou em seu intento.

⌒○─○ Saiba mais

Guerra de guerrilhas no Brasil: A saga do Araguaia (2002), livro de Fernando Portela

O coronel rompe o silêncio (2004), livro de Luiz Maklouf Carvalho

Operação Araguaia: Os arquivos secretos da guerrilha (2005), livro de Taís Morais e Eumano Silva

A lei da selva (2006), livro de Hugo Studart

Mata!: O major Curió e as guerrilhas no Araguaia (2012), livro de Leonencio Nossa

Araguaia: Histórias de amor e de guerra (2014), livro de Carlos Amorim

Marinalva Dantas

Uma força contra a escravidão moderna

* 26/5/1954, Campina Grande (PB)

• Ilustração de Bruna Assis Brasil

Por muito pouco, Marinalva não precisou ser salva por alguém exatamente como ela. Terceira filha da dona de casa Creuza e do motorista de ônibus Joaquim Cardoso, ela teve uma infância pobre na periferia de Campina Grande, na Paraíba. A casa não tinha água encanada nem energia, a comida era sempre pouca e o banheiro ficava fora de casa. Aos três meses de idade, seus pais decidiram embarcar em um daqueles caminhões que prometem levar a uma terra cheia de trabalho, mas, na verdade, só conduzem à escravidão moderna. Uma vespa no ouvido da menina os fez abandonar a viagem, para sorte de todos. Anos depois, Marinalva ficou famosa por ajudar a libertar cerca de 2500 pessoas escravizadas.

Mas foi necessário outro problema de saúde para que o destino dela se cumprisse. Com três anos, a menina ficou tão infestada de vermes que precisou ser levada à casa de uma tia no Rio Grande do Norte para se curar.

Ali, viu água à vontade pela primeira vez. E o que era transitório virou permanente – a mãe a queria de volta, mas sabia que a filha poderia ter uma vida melhor ali. Já aos cuidados de uma segunda tia, ela se mudou para a capital, Natal, onde frequentou bons colégios, cinema, tinha TV em casa, brinquedos etc.

Boa aluna, se formou em direito pela Universidade Federal de Rio Grande do Norte em 1978 e foi trabalhar na antiga Fundação Estadual do Bem-Estar do Menor (Febem). Aos 26 anos, casou com o namorado de infância, Joel, de quem estava grávida. A tia que a criou tinha morrido havia três anos, mas o nascimento dos filhos, Dennis, em 1981, e Aline, em 1983, fez com que se reaproximasse da mãe e dos irmãos.

Quando passou no concurso para auditora fiscal do trabalho, em 1984, sua experiência na Febem a encaminhou para missões com crianças. Sua primeira autuação por trabalho infantil foi durante um momento de lazer com o filho, em uma sorveteria. Dez anos depois, já como chefe de fiscalização, foi convidada a participar de um núcleo recém-criado pelo governo federal para acabar com o trabalho análogo à escravidão. Assim, em 1995, passou a fazer parte do Grupo Especial de Fiscalização Móvel do Ministério do Trabalho, ligado ao Grupo Executivo de Repressão ao Trabalho Forçado (Gertraf) e criado pelo ex-presidente Fernando Henrique Cardoso.

Aos 41 anos, começava a mudar a vida de milhares de brasileiros pobres com seu trabalho. Suas primeiras operações em usinas de cana--de-açúcar em Alagoas foram um choque de realidade: encontrou adultos e crianças trabalhando em situação irregular, das cinco horas até o sol se pôr, com almoço azedo, água suja, sem banheiro, impedidos de fugir, salários atrasados e dívidas se acumulando – não custa lembrar que, na legislação brasileira, o trabalho é proibido para quem ainda não completou dezesseis anos, como regra geral. Sem falar no contato com pistoleiros e criminosos de todo tipo, como Luiz Carlos Machado, o Luiz Bang, então acusado de diversos crimes, com o qual ela mesma foi escalada para falar.

Marinalva acredita que o fato de ser mulher a ajudou a lidar com a brutalidade do meio:

> Foi mais fácil, porque era um ambiente muito violento, selvagem. A gente dizia: "Fiquem tranquilos, viemos aqui para ajudar vocês, a vida vai melhorar". Não sei se um homem faria assim. E tinha situação que um homem não suportaria as provocações e talvez houvesse confrontos.

Ela conta que, quando entrou no Grupo Móvel, quatro das cinco equipes eram chefiadas por mulheres. "Nós tínhamos essa postura de ser dura, falar com firmeza, mas não com brutalidade", conta. Nem mesmo sua síndrome do pânico a impediu de agir.

Apesar de tudo com que já deparou, Marinalva não é de chorar. Ela lembra uma vez, em 2004, no Mato Grosso, quando resgatou trabalhadores e crianças de uma fazenda e soube que o pai de uma delas havia sido expulso sob a mira de uma arma do local. Não se sabia se estava vivo ou morto. Um dia, em outra fazenda, por obra do destino, encontrou – e libertou – o homem. "Eu achei o pai dela! Com o dinheiro da rescisão trabalhista, ele pôde ficar numa função melhor. Vi a parte que não conhecia, o final do filme que eu não sabia. Comecei a chorar. Mas era de felicidade", lembra.

E de felicidade no trabalho ela entende. "A gente achava os trabalhadores no meio do mato, pareciam bicho e, no dia de ir embora, nem reconhecia: estavam de banho tomado, barba feita, felizes da vida, voltando para casa. Isso era sempre muito feliz, era missão cumprida", conta. Por seu trabalho em defesa dos direitos humanos, ganhou a Medalha Chico Mendes de Resistência, em 2003.

No entanto, Marinalva veria sua fama se virar contra ela. Nunca teve problemas em denunciar políticos e autoridades que exploravam essa

25 ANOS DE RESGATE

55 712 pessoas em situação análoga à escravidão foram registradas no Brasil entre 1995 e 2020.

53 378 trabalhadores escravizados foram resgatados.

Entre 2003 e 2020, **58%** se declaram pretos, pardos ou mestiços; **70%** são trabalhadores agropecuários.

TRABALHO INFANTIL NO BRASIL

1,8 MILHÃO de crianças e adolescentes de 5 a 17 anos estavam em situação de trabalho infantil em 2019. Desses, 21% tinham até 13 anos e 66% eram pretos ou pardos. Em 2016, eram **2,125 milhões**.
Com a pandemia do coronavírus, houve um aumento desse tipo de trabalho no mundo todo, pela primeira vez em vinte anos.
Em 2020, foram registrados **30%** a mais de acidentes graves de trabalho com menores de 14 anos.
Entre 2019 e 2020, a área de risco de tráfico de crianças e adolescentes para fins de exploração sexual comercial aumentou **46%**.

mão de obra, o que acabou atrapalhando seu trabalho. Não só suas entrevistas deixaram de ser exibidas, como o trabalho burocrático aumentou, reduzindo suas ações em campo. "É uma frustração muito grande. Tive a coragem de falar, a pessoa soube que falei, mas impediu de divulgar. Eu fiquei na mira dessas pessoas, e ninguém sabe, porque não foi ao ar." Aliado a isso, as últimas operações foram bem perigosas, e ela também foi proibida de autuar em Natal, por ordem de um juiz.

Assim, em 2005, ela voltou ao combate ao trabalho infantil. Até 2017, como chefe da Divisão de Erradicação do Trabalho Infantil, Marinalva retirou dessa situação cerca de 15 mil crianças, segundo suas contas, que puderam voltar a estudar e a brincar. Em 2014, foi homenageada como cidadã honorária do Rio Grande do Norte.

"Eu tive uma causa, acreditei nela e tive condições de lutar por ela. Fiquei no lugar certo, com os instrumentos certos para fazer a coisa certa", ela diz a respeito da sua trajetória. E o mais importante: ela quis fazer e se dedicou muito ao trabalho. Em 2017, o Brasil ainda tinha 2,7 milhões de crianças de cinco a dezessete anos trabalhando, segundo Pesquisa Nacional de Amostra por Domicílio (PNAD). A missão de Marinalva só vai acabar quando essa realidade se extinguir.

TRABALHADORES ESCRAVIZADOS DO SÉCULO XXI

A escravidão moderna, ou servidão por dívidas, tem um método perverso de tornar um homem cativo. Um aliciador, chamado de "gato", vai a povoados pobres prometendo trabalho, coloca os interessados na caçamba de um caminhão e começa a cobrar dívidas desde a viagem, que nenhum trabalhador sabe que terá de pagar. Já nas fazendas, os salários atrasam meses, não há registro em carteira de trabalho, a comida custa três vezes mais, muitos são trancados à noite para não fugir ou vivem em barracos de lona improvisados. A refeição vem estragada, a água é barrenta e a jornada de trabalho é de até quinze horas por dia. Repletos de dívidas e cercados por capatazes, eles não podem ir embora.

Segundo relatório da ONG internacional Walk Free Foundation, em 2018 cerca de 40,3 milhões de pessoas eram vítimas de escravidão moderna no mundo, sendo 71% mulheres.

Indianarae Siqueira

Ela é ativiste de direitos humanos, coordenador da ONG carioca Trans-Revolução e idealizador de projetos como a Casa Nem e o Prepara Nem, dedicados a pessoas em situação de vulnerabilidade. Líder da comunidade transvestigeneres, que resulta da união das palavras transexual, travesti e transgênero, a paranaense Indianarae Siqueira enveredou na carreira política para lutar pelo que acredita. Sua história de vida poderia ter sido marcada pela exclusão social, mas se tornou sinônimo de educação e transformação. "Sororidade, solidariedade, amor e respeito são as fórmulas para uma revolução", ela conta.

A infância no litoral do Paraná foi marcada pelos problemas financeiros da família. Desde cedo, não se identificava com as características restritas ao sexo masculino, associado ao seu nascimento. Por não fazer parte da cis-heteronorma, sofreu com a LGBTQIAPNfobia. Aos doze anos, começou a tomar um anticoncepcional com altas doses de hormônios femininos e foi rapidamente alertade sobre os graves riscos de saúde envolvidos.

Aos dezesseis anos, saiu de casa. Era a década de 1980 e a expectativa de vida de uma transvestigenere era de 25 anos. Ela viu e viveu um pouco de tudo: dormiu na rua, fez novas amizades, alimentou-se do que caía dos caminhões do mercado, trabalhou como pizzaiole, ajudante de pedreiro, babá e prostitute, e foi torturade por policiais. No começo dos anos 1990, ainda no auge da epidemia de HIV/aids, começou a militar publicamente pela prevenção da síndrome e de doenças sexualmente transmissíveis (DSTs). Para isso, fundou o Grupo Filadélfia de Travestis, em Santos (SP), e participou de inúmeras iniciativas em prol da saúde.

"A causa transvestigenere é uma das pautas mais inclusivas, pois envolve as pessoas mais excluídas e sem direitos. Integrá-las na luta, garantindo o acesso aos serviços básicos a que toda pessoa tem direito, significa tornar a sociedade mais inclusiva, justa e igualitária", ela reforça.

Um dos momentos mais inesquecíveis de seu trabalho ocorreu em 1996, quando o Grupo Filadélfia colocou em pauta, durante a IV Conferência Municipal da Saúde de Santos, o reconhecimento do nome social para transvestigeneres. Foi a primeira vez que isso aconteceu oficialmente no Brasil. Foi reivindicado ainda que casais homoafetivos (formados por indivíduos do mesmo gênero) e transvestigeneres fossem

Ativiste transformadore

★ 18/5/1971, Paranaguá (PR)

● Ilustração de Adriana Komura

"Passamos um recado: estamos e ficaremos em todos os espaços que nos foram negados."

Depoimento pessoal publicado em rede social em outubro de 2016

considerados cônjuges no prontuário médico e que as transvestigeneres pudessem ser internadas na ala feminina dos hospitais. As três demandas foram aprovadas. Os esforços de Indianarae ganharam a atenção da mídia, oportunidade que ela usou para denunciar, mesmo que sem muitos resultados, policiais que agrediram e humilharam sua comunidade.

NOME SOCIAL

É o nome pelo qual a pessoa travesti ou transexual se identifica e é socialmente reconhecida. Ou seja, tem a ver com o direito básico de não sofrer preconceito na fila do banco, na sala de aula, no consultório do dentista etc., ao ser chamada por um nome que não condiz com sua identidade de gênero. Em 28 de abril de 2016, o decreto nº 8727 reconheceu o direito de pessoas travestis e transexuais de usarem nome social e serem reconhecidas por ele por todos os órgãos da administração federal, inclusive em documentos oficiais.

O segundo divisor de águas foi sua candidatura a vereadore nas eleições municipais de 2016, no Rio de Janeiro, onde concorreu pelo PSOL. O nome que aparecia na urna eletrônica era Indianara Siqueira, seu nome social, um capítulo importante na sua luta por uma sociedade "verdadeiramente livre, libertária e solidária para todos, construída pelo afeto". Indianarae recebeu 6166 votos e tornou-se vereadore suplente.

Um dos maiores símbolos de sua atuação é a organização independente Casa Nem, que funciona como lar, centro educacional e cultural para a população LGBTQIAPN+. O local oferece serviço terapêutico, assistência social, comida, roupas e atendimentos jurídico e médico por meio de parcerias com voluntários, além de cursos de modelagem, corte e costura, alfabetização e fotografia, em uma programação que proporciona independência e autoestima. "Quando sobram alimentos, oferecemos para os moradores de rua", conta Indianarae, que fundou o espaço, localizado na Lapa, em 2015. Foi lá que nasceu também o Prepara Nem, um cursinho preparatório para o Exame Nacional do Ensino Médio (Enem).

O *Dossiê dos assassinatos e violência contra travestis e transexuais brasileiras em 2020*, elaborado pela Associação Nacional de Travestis e Transexuais do Brasil (Antra) em parceria com o Instituto Brasileiro Trans de Educação (IBTE), mostra que o país segue liderando o ranking mundial de assassinatos dessa população. Indianarae não se intimida com as estatísticas e permanece na luta pelos direitos humanos:

"A nossa luta contra a transfobia não se resume a um único dia de visibilidade."

Portal Brasil de Fato, 2015

Essa minha suplência é uma vitória de todos os corpos de transvestigeneres que tombaram por mim. Que sobreviveram por mim. Que tombaram ao meu lado. Pelos corpos que poderão dizer: sim, podemos porque elas e eles puderam. Sou resistência. Sou resiliência. Porque em mim vivem vários e de mim sairão vários e já saíram muitos.

⟜○─○ Saiba mais

SEXO DESIGNADO AO NASCER: atribuição e classificação do sexo das pessoas com base em uma combinação de anatomia, hormônios e cromossomos, que estabelece uma diferenciação dos seres humanos dentro de um sistema binário polarizado — masculino e feminino.

IDENTIDADE DE GÊNERO: gênero com o qual uma pessoa se identifica e ao qual pertence, que pode ou não concordar com o sexo que lhe foi designado ao nascer.

CISGÊNERO: pessoa que tem sua identidade de gênero compatível com o gênero que lhe foi designado ao nascer.

TRANSGÊNERO: pessoa que tem sua identidade de gênero diferente da que lhe designaram ao nascer e cuja identidade de gênero transcende as definições convencionais de sexualidade.

TRANSEXUAL: categoria que surgiu de uma classificação médica para pessoas trans. Fruto da luta da comunidade T pela despatologização da ideia do que é ser trans, a OMS retirou a transexualidade da categoria de transtornos mentais, passando a integrar a de "condições relacionadas à saúde sexual" a partir de 2022.

TRAVESTI: identidade de gênero bastante ligada ao contexto social latino-americano. É uma pessoa que adota uma identidade de gênero feminina. Enquanto muitas se consideram mulheres, outras não se reconhecem nem como homens nem como mulheres, entendendo-se simplesmente como travestis.

LGBTQIAPN+: sigla para lésbicas, gays, bissexuais, transexuais, queers, intersexuais, assexuais, pansexuais, não binárias e mais.

NÃO BINARIEDADE: se refere a uma série de identidades que não são parte do sistema de gênero binário (masculino e feminino). Algumas pessoas não binárias optam por pronomes específicos como "ile" ou "elu", e substituem os marcadores de gênero "a" e "o" por "e", parte da linguagem inclusiva.

CIS-HETERONORMATIVIDADE: padrão de comportamento imposto à sociedade, segundo o qual as pessoas devem atender às expectativas sociais ligadas ao sexo designado ao nascer e se relacionar afetiva e sexualmente apenas com pessoas do gênero oposto, levando à marginalização e perseguição das pessoas cuja identidade de gênero difere da cis e/ou cuja orientação sexual difere da heterossexual.

Sônia Guajajara

"Não posso, não devo, não quero desistir. Preciso mostrar para todos que vou vencer. Sou uma guerreira." Com esse mantra, Sônia enfrentou as saudades da família durante os três anos em que estudou em Esmeraldas (MG), dos quinze aos dezoito. Estava muito distante de seus pais e de seu povo, os guajajara-tenetehara, que estão espalhados por nove terras indígenas no interior do Maranhão. Acostumada desde pequena a ver sua comunidade lutar para manter sua identidade e seu espaço, ela escolheu a educação como o caminho para entrar nessa briga. Só não imaginava que isso ia levá-la muito mais longe, para mais de 25 países, uma conferência na Organização das Nações Unidas (ONU), uma audiência com representantes de outras nações e uma representatividade que ultrapassa os 27 mil guajajaras.

A articuladora dos povos indígenas brasileiros

⋆ 6/3/1974, Terra Indígena Arariboia, Maranhão (MA)

● Ilustração de Laura Athayde

Sônia Bone Guajajara é uma das líderes mais expressivas do movimento indígena brasileiro no século XXI, dando continuidade a mais de quinhentos anos de resistência. Onde vai denuncia os ataques, as violências e as violações sofridas por todos os povos da Amazônia. Foi assim em 2008, no Fórum Permanente da ONU sobre as Questões Indígenas, em Nova York. Foi assim também no encontro com a assessoria do ex-presidente norte-americano Barack Obama, para tratar da importância dos indígenas para o equilíbrio do clima mundial. E ainda no encontro com a ativista ambiental Greta Thunberg para pressionar os governos em defesa da Amazônia em 2020. Tem sido assim em todos os eventos nacionais ou internacionais para os quais é chamada, bem como ocupações.

Filha de pais analfabetos, ela não deixou que a falta de condições financeiras a impedisse de estudar. Determinada, tornou-se uma acadêmica mais do que exemplar. Foi trabalhadora doméstica e babá para pagar o ensino fundamental, que cursou dos dez aos catorze anos, no Maranhão. Aluna dedicada, foi convidada pela Fundação Nacional dos Povos Indígenas (Funai) para fazer o magistério em Minas. Sabia que os pais seriam contra ir morar sozinha e longe, mas desafiou os dois e garantiu que voltaria para ajudá-los. De fato, em 1992, voltou para trabalhar nas aldeias com educação e saúde, alertando para os perigos de doenças sexualmente transmissíveis, drogas e álcool, além de dar aula no povoado vizinho. Estagiou em medicina alternativa no Instituto Paulista de Promoção Humana (IPPH), em Lins (SP), e completou um

"Qualquer luta é vitoriosa quando se luta por educação."

curso de auxiliar de enfermagem, pagando o ensino com o trabalho de professora, o que a levou a ser admitida pela Funai.

OS GUAJAJARAS

Um dos povos indígenas mais numerosos do Brasil, os guajajaras estão espalhados por nove terras indígenas demarcadas. A Arariboia, maior delas, ocupa 413 mil hectares no centro do Maranhão. Não se sabe ao certo quando se deu seu primeiro contato com os brancos, mas se acredita que pode ter sido no início do século XVII, com uma expedição francesa. Com as missões jesuíticas, eles ganharam certa proteção contra a escravidão, mas perderam sua independência, que seria reconquistada com a expulsão dos religiosos pela Coroa. Historicamente, o maior conflito aconteceu em 1901, quando várias aldeias guajajaras se uniram para expulsar todos os brancos — especialmente os missionários capuchinhos — entre as cidades de Barra do Corda e Grajaú. Os indígenas acabaram derrotados pela milícia meses depois e foram perseguidos por muitos anos. Nas décadas de 1960 e 1970, os conflitos com posseiros e madeireiros começaram a se desenhar.

A ativista também se graduou em letras e fez pós-graduação em educação especial pela Universidade Estadual do Maranhão, conciliando os estudos com as caravanas que seu povo fazia para Brasília reivindicando melhores condições. Os mais velhos a chamavam de "grande pequenina", mas sua fama começou a ficar realmente grande em 2001, quando participou de seu primeiro evento nacional indígena, para discutir o Estatuto dos Povos Indígenas em Luziânia (GO).

Um dos principais esforços de Sônia é mostrar que ideias preconcebidas têm implicações negativas. Fruto de uma cultura que respeita a diversidade, nunca viu sentido em ideias como a de que "o índio é um bicho violento, que não pensa, que deve ficar isolado na mata ou que tem muita terra para poucos membros", como ela própria diz. Quando estudante, sentiu na pele a curiosidade de amigos que se aproximavam por causa dos estereótipos, e aproveitou para compartilhar sua experiência, combatendo a ignorância. Ainda na escola, usou as apresentações teatrais para retratar a realidade de seu povo, muito diferente da que aparece na mídia ou nos livros escolares.

Sônia acredita que conhecer a identidade e reafirmar a cultura continuam sendo o melhor caminho para dar mais visibilidade aos povos indígenas. "Para não correr o risco de querer ajudar e cair na reprodução do exótico, do índio do passado", ela explica. Preservar a linguagem, os cantos e as festas é uma forma de manter essa identidade. "E nos motiva

> **"Ignorância não é não saber distinguir entre uma letra e outra, ignorância é não ter a capacidade de amar, e isso na minha casa nunca faltou."**
>
> Em depoimento para o Programa Liderar do Instituto Internacional de Educação do Brasil (IEB)

a permanecer na luta", diz. Segundo o estudo mais detalhado já feito pelo IBGE sobre os povos indígenas brasileiros, com base no censo de 2010, são faladas ao menos 274 línguas no país. "Em meio a tanta turbulência", ela explica, "ainda existe uma estimativa de mais ou menos oitenta grupos de povos isolados, e isso já coloca o Brasil na posição de um dos países com a maior diversidade étnica e cultural."

Saúde e proteção territorial são outros direitos básicos pelos quais batalha. Conferências, marchas, encontros, assembleias, viagens e muito trabalho levaram Sônia a cargos de liderança ou destaque em diferentes e importantes organizações, como a Articulação dos Povos Indígenas do Brasil (Apib) e a Coordenação das Organizações Indígenas da Amazônia Brasileira (Coiab).

> Somos uma imensidão de 305 povos, com culturas, tradições e costumes próprios. Somos o país com a maior floresta tropical, que abriga a maior biodiversidade do mundo, mantida pelo modo de vida dos povos indígenas. Somos os povos originários desse país.

Apesar de haver muitas terras demarcadas, os indígenas são constantemente ameaçados, perseguidos e assassinados por pessoas ligadas à indústria madeireira e a fazendas da região.

Romper com as convenções do patriarcado também faz parte de sua missão. O fato de ser uma líder mulher implica propagar as vozes de outras companheiras de luta, espalhadas pelas cinco regiões do país, que também enfrentam desafios políticos e falta de oportunidades, "impostos, muitas vezes, por suas próprias raízes", como ela diz.

Sônia é mãe de três filhos – Luiz Mahkai, Yaponã e Y'wara – e cumpre uma agenda profissional intensa. Já viajou para mais de 25 países da Europa, América do Sul, América do Norte, Oceania e África levando suas denúncias, mas a distância física não faz com que deixe de ser uma mãe presente. Cheia de orgulho, conta que os filhos sempre ganham medalhas de melhores alunos pelas notas e pelo comportamento, além de serem reconhecidos pelo ativismo.

De fato, é preciso preparar as novas gerações para os desafios do futuro. O principal deles continua sendo a aceitação dos indígenas dentro do próprio país, de modo a garantir o respeito a seus direitos e culturas. Os esforços para combater a globalização, que pretende integrá-los ao mercado e ao consumo a qualquer custo, precisam ser redobrados. Unindo os conhecimentos da escola formal com suas experiências de vida, Sônia segue na luta pelo seu povo. Em 2022, foi eleita deputada federal pelo estado de São Paulo e desde 2023 ocupa o cargo de ministra dos Povos Indígenas.

Marielle Franco

Algumas ausências são cheias de presença. Ocupam o vazio com um legado simbólico de luta, resistência, representatividade. De todos os vazios deixados por pessoas que lutaram contra a violência e a desigualdade no Brasil, o de Marielle Franco é talvez o mais presente. Está em placas de ruas, grafites, camisetas, nomes de bibliotecas e escolas, no Brasil e no mundo. Mas sua presença é sentida principalmente na pulsão de transformação. "Marielle, presente!" não é apenas uma frase de efeito. Ela continua presente, entre nós, dentro de nós.

Mulher negra, feminista e LGBTQIAPN+, Marielle nasceu e foi criada no Complexo da Maré, na zona norte do Rio. Foi uma das principais vozes de denúncia dos abusos cometidos pela polícia do Rio de Janeiro contra a população negra, feminina, LGBTQIAPN+ e favelada. Foi vereadora, presidente da Comissão de Defesa da Mulher, idealizadora do Espaço Coruja (de creches noturnas para que mães trabalhadoras pudessem estudar), e é hoje um símbolo internacional da defesa dos direitos humanos.

"Eu digo que 'legado não é o que se deixa, é o que se leva adiante'", comenta Monica Benicio, arquiteta e ativista, com quem Marielle teve um relacionamento de catorze anos. "Marielle, em vida, era uma mulher extraordinária. Só que ela, primeiro, entrou para a estatística, porque era uma mulher negra, favelada, mãe jovem, que trabalhou desde cedo e parou de estudar para ter a filha. Mais tarde terminou a faculdade, fez mestrado e virou vereadora. Ela conseguiu, depois de morta, o que não conseguiu em vida: despertar esse senso de reivindicação", conta Monica, que também enveredou para a política institucional e foi eleita vereadora em 2020.

Marielle Francisco da Silva tinha 1,75 metro de altura, mas quem a via falando, imponente, poderia jurar que era maior. Ela adorava uma boa discussão, sem jamais partir para a agressividade. Era uma mulher de presença. "A Mari era muito firme, era líder. Não guardava desaforo, não tinha medo de falar o que tinha vontade, ela lutava pelo que queria", relata a irmã Anielle Franco, professora, jornalista e diretora do Instituto Marielle Franco e desde 2023 ministra de Igualdade Racial.

Mas quando não estava falando firme com os vereadores no plenário, estava rindo, transformando pequenos acontecimentos em grandes

A voz dos direitos humanos

* 27/7/1979, Rio de Janeiro (RJ)
† 14/3/2018, Rio de Janeiro (RJ)

• Ilustração de Vitória Ribeiro

"A última mensagem que ela me mandou [...] era uma matéria sobre cuidados com o cabelo. A mensagem era assim: 'Para a gente nunca esquecer de cuidar da nossa coroa'. Esse é o legado dela."

Luyara Franco, no livro
Mataram Marielle

"O legado dela é para que a humanidade se humanize."

Renata Souza, no livro
Mataram Marielle

eventos. "Ela era muito parceira, carinhosa, muito mãezona da Luyara, muito madrinha, muito tia, muito irmã, muito tudo. Onde ela chegava, era espalhafatosa, brincava muito, amava funk", lembra a irmã.

Era uma leonina que transbordava vida e tomava as dores do outro como se fossem suas. "O que fez muita diferença na construção da Marielle como indivíduo era um poder de escuta ativa que ela tinha e que refletia no fazer político", Monica conta, e cita como exemplo o trabalho da companheira na Comissão de Defesa dos Direitos Humanos na Assembleia Legislativa do Rio de Janeiro (Alerj), quando assessorou Marcelo Freixo. Lá, ela atendia tanto mães que perderam os filhos para o tráfico e para a violência policial como mães de policiais mortos em confronto com o tráfico, além disso teve contato com várias histórias de abusos milicianos.

Nasceu em 1979, e Anielle, de quem sempre ajudou a cuidar, cinco anos depois. Aos onze, Marielle conseguiu seu primeiro emprego, um estágio de auxiliar no colégio Luso-Carioca, garantindo bolsa de estudos para ela e a irmã no ensino fundamental. Também foi catequista. Porém, sua vida não se resumia a responsabilidades: as duas se divertiam muito em bailes funk e Marielle chegou a ser eleita Garota Furacão 2000.

Em 1998, entrou na primeira turma do curso pré-vestibular comunitário do Centro de Estudos e Ações Solidárias da Maré (CEASM). "O pré-vestibular tinha cara de movimento social", conta o historiador Edson Diniz, morador da Maré por quarenta anos. Uma das propostas do cursinho era repensar o espaço da favela e criticar o próprio sistema do vestibular. A participação de Marielle era muito ativa, e o cursinho contribuiu para a construção da sua consciência crítica. "Desde o começo, ela se posicionava à frente. Tinha uma liderança natural que foi sendo aprimorada", diz Edson.

Foi nessa época, aos dezoito anos, que engravidou. Casou com o jovem Glauco dos Santos, parou com o cursinho – ao qual voltaria dois anos depois – e foi trabalhar em uma creche como educadora. Luyara nasceu na véspera de Natal, em 24 de dezembro. Mas o casamento durou pouco, e mãe e bebê foram morar com Marinete e Antônio, pais de Marielle.

Quando ela voltou a estudar, a violência urbana ajudou a selar seu futuro militante: uma amiga do pré-vestibular morreu vítima de bala perdida. Em 2002, então, Marielle entrou para ciências sociais na Pontifícia Universidade Católica (PUC-Rio). Depois fez mestrado em administração pública pela Universidade Federal Fluminense (UFF), com uma dissertação sobre as Unidades de Polícia Pacificadora (UPPS), em 2014.

Em meados dos anos 2000, se aproximou do então deputado Marcelo Freixo, de quem se tornou amiga e assessora. Em 2016, se elegeu

MULHERES NEGRAS NA POLÍTICA

Apesar de serem 28% da população (IBGE), o maior grupo demográfico do Brasil, as mulheres negras representam apenas 6% dos vereadores e 4% dos prefeitos eleitos no pleito de 2020 (Gênero e Número; TSE).

Em 2021, uma emenda à Constituição (EC nº 111/2021) estabeleceu que os votos dados a candidatas mulheres e a pessoas negras serão contados em dobro para efeito da distribuição dos recursos do Fundo Partidário e do Fundo Eleitoral.

A primeira mulher negra a ser eleita para um cargo legislativo foi Antonieta de Barros (p. 72), em 1934.

"Então você vê um pouco de beleza no caos. Vê que, através da morte, a Marielle conseguiu realizar uma coisa que tinha como objetivo de vida, que era essa pulsão de transformação social."
Monica Benicio

"Não serei interrompida."
Marielle Franco, em discurso na Câmara dos Vereadores em 8 de março de 2018

> **"Quanto mais a gente puder inspirar outras meninas, seja na Maré ou em qualquer outra favela, seria incrível, para que elas entendam que elas podem ser tudo, inclusive o que a Mari foi, e o que ela é."**
> Anielle Franco

> **"A Marielle comprava todas as brigas que tinha de comprar. Ela representava aquilo que muito brasileiro quer na política."**
> Marcelo Freixo

> **"Vou continuar sim como mãe, como mulher negra, e não vou parar porque era isso que Marielle fazia."**
> Marinete Silva

> **"Marielle vive, e continua a ser um farol de esperança para pessoas de todo o mundo que acreditam profundamente, como ela, na possibilidade iminente de uma transformação radical no Brasil, nas Américas e em todo o planeta."**
> Angela Davis

vereadora pelo PSOL com uma votação inesperada e muito comemorada. Apresentou dezesseis projetos de lei e outras 102 proposições, contemplando temas como o combate ao assédio às mulheres no transporte público, o programa de desenvolvimento cultural do funk, o direito ao aborto nos casos previstos por lei e a assistência técnica gratuita para construção de moradias populares. "Favela não é problema. Favela é cidade. Favela é solução", disse ao programa *Cidade Partida*, do Canal Brasil. Em fevereiro de 2018, virou relatora de uma comissão que fiscalizaria a intervenção federal na segurança pública do Rio. Em 10 de março, fez uma de suas últimas denúncias nas redes sociais: a violência da Polícia Militar contra moradores da favela do Acari. Só não fez mais porque seu tempo foi abreviado.

Era a noite de 14 de março de 2018, Marielle tinha acabado de discursar na Casa das Pretas, no Rio, e foi embora com o motorista Anderson Gomes e a assessora Fernanda Gonçalves Chaves. Na reunião do PSOL no dia seguinte, provavelmente seria confirmada como candidata a vice-governadora de Tarcísio Motta. Seu nome também figurou por meses como possível candidata ao Senado.

Por volta de 21h30, a cerca de trezentos metros do prédio da Prefeitura, um carro emparelhou com o seu. Ao menos nove tiros de metralhadora foram disparados. Ela e Anderson morreram no local, enquanto a assessora teve ferimentos leves. O crime chocou o mundo, e o efeito Marielle se fez sentir já no pleito de 2018, quando um número maior de mulheres negras se candidatou a um cargo eletivo.

Muitas iniciativas inspiradas em Marielle continuam a florescer. O Instituto Marielle Franco tem realizado diversas ações de destaque na área de violência de gênero, raça e educação. Seu nome também marca presença em logradouros públicos, como um jardim em Paris, uma rua no Rio, uma praça em São Paulo, outra em Brasília…

Seu legado segue adiante nos corações que tocou e inspirando mulheres do mundo todo. "Marcada na minha memória, no meu coração, na minha vida e agora na minha pele!", escreveu Luyara Franco em sua rede social mostrando a tatuagem que fez em homenagem à mãe. Marielle está presente. Ela não foi, ela continua sendo.

Djamila Ribeiro

Ela costuma dizer que se sente estrangeira. Seu nome é inspirado na palavra que designa beleza em suaíli, língua africana. Mas Djamila Taís Ribeiro dos Santos é bem brasileira, nascida no litoral paulista. Sendo negra, como mais da metade da população, seu ativismo não poderia deixar de passar por essa questão. É um dos nomes mais conhecidos do feminismo atualmente, com atuação focada no feminismo negro. E sua principal plataforma é das mais democráticas: a internet. Ao dar voz a uma parcela de mulheres que ainda precisa lutar por direitos que outras já possuem, Djamila, filósofa de formação, virou uma espécie de guia da nova geração.

Como a maior parte das meninas negras, ela sofreu com o racismo, teve sua autoestima abalada, ficou mais introspectiva e chegou a alisar os cabelos na adolescência. Mas, filha de um ativista e de uma mulher batalhadora, aprendeu a lutar cedo. Seu pai, Joaquim Ribeiro dos Santos, era estivador e militante comunista em Santos. Embora não tivesse concluído o ensino médio, sabia que a educação poderia dar outra vida aos filhos. Por isso, lia histórias à noite para eles, dava livros de presente e tinha em casa uma biblioteca com centenas de títulos. Um deles, a biografia de Malcolm X, um dos maiores defensores dos direitos das pessoas negras nos Estados Unidos, chamou a atenção de Djamila quando adolescente. "Mudou muito minha percepção de mundo."

Ela e os irmãos costumavam frequentar espaços culturais. "No teatro, ele fazia a gente levantar e perguntava: 'Quantos negros tem aqui? Só a gente. É por isso que eu quero que vocês estudem, para ter as oportunidades que não tive, porque esse país é racista'. Hoje vejo o quanto isso foi importante." A mãe dela, Erani, sofreu assédio sexual quando trabalhava como empregada em uma casa. Ela inspirou na filha um senso de justiça e a ensinou a não levar desaforo para casa.

Joaquim tirou o nome das filhas de uma edição de 1978 do *Jornegro*, importante jornal da militância negra, que incentivava os leitores a dar nomes africanos aos bebês. Foi dessa mesma publicação que Djamila retirou o nome da filha, Thulane (que significa paz), e da sobrinha, Aisha (vida). Embora em casa tenha sido ensinada a ter orgulho de sua cor, ao entrar na escola tudo mudou. Os colegas a chamavam de "neguinha". Os meninos não queriam dançar com ela na festa junina e as meninas faziam roda para xingá-la.

A força do feminismo negro

* 1/8/1980, Santos (SP)

• Ilustração de Laura Athayde

"Não acredito em pós-feminismo, acho que ainda está no momento de estruturar o que o feminismo é. Sou crítica a essa questão da divisão em ondas, porque, quando a gente divide, e isso é dito por várias autoras feministas, acaba priorizando uma voz que estruturou essa história, e a voz acaba sendo das mulheres brancas, que é a voz dominante."

Além disso, deparou-se com o racismo estrutural: não havia professores negros, a escola não combatia o preconceito, os personagens das histórias eram todos brancos – ou, quando eram negros, estavam associados à escravidão –, assim como as meninas das capas de revistas. Djamila se retraiu, tentou modificar suas características e mergulhou na leitura. "Eu alisava o cabelo porque ele era visto como ruim, e a gente queria se adequar ao padrão. Demorou alguns anos para ressignificar o que era ser negra e me sentir bem na minha própria pele."

Isso só aconteceu aos dezoito anos, quando ela foi trabalhar na biblioteca da ONG Casa de Cultura da Mulher Negra, e depois na revista da entidade. Ali, teve contato com livros, artigos e pensadoras negras, e adquiriu uma nova perspectiva do próprio futuro. "Foi muito importante descobrir o trabalho de mulheres que eram acadêmicas, doutoras, coordenadoras de organizações, ver que havia outras possibilidades de ser uma mulher negra, além daquela construída pela sociedade racista." Nesse trabalho, teve a oportunidade de participar das edições do Fórum Mundial Social de 2003 e 2004. Aos 24 anos, engravidou e largou o curso de jornalismo. Só retornou à faculdade aos 27, dessa vez para cursar filosofia na Unifesp, onde também fez mestrado em filosofia política, estudando autoras negras do feminismo.

Para ela, é preciso lutar pelos direitos de quem está na base da pirâmide social, ou seja, a mulher negra, pois assim se consegue eliminar as desigualdades dentro do próprio gênero e beneficiar todas. "Se a gente continuar falando em mulheres no plural, sem nomear nossas diferenças, aí sim segmentamos uma divisão que já está posta na sociedade."

Aos poucos, Djamila passou a escrever suas ideias em posts nas redes sociais, até que, em 2013, foi convidada a escrever para o Blogueiras Negras. Seus textos sem "filosofês" foram se espalhando rapidamente. "As redes são importantes sobretudo para as mulheres negras, no sentido de ser um lugar em que podemos existir, já que a mídia hegemônica nos ignora." O sucesso no espaço digital acabou pautando a imprensa tradicional. No ano seguinte, a filósofa foi convidada a escrever para a revista *Carta Capital* e a participar de uma edição do programa de TV *Na Moral*.

Essa projeção deu uma dimensão enorme a seus pensamentos. Djamila começou a lotar salas de palestras e a chamar tanta atenção a ponto de levar 1,5 mil pessoas para o lançamento de seu livro *O que é lugar de fala?*, em 2017 – depois, ela publicou também *Quem tem medo do feminismo negro?*, *Pequeno manual antirracista* e *Cartas para minha avó*. Obviamente Djamila não acredita que se combate racismo com hashtag, mas ela tem conseguido passar do debate virtual para a vida real ao dar aulas para

"Não existe uma segmentação dentro do movimento [feminista], a segmentação é dada pela sociedade, que já é dividida pelo racismo, assim como pelo machismo. E, aliados, eles colocam a mulher negra na base da pirâmide social e o homem branco no topo."

"Se não nomeamos as 'feministas negras', como vamos pensar na solução para elas? E vamos continuar falando 'as mulheres' sem entender que somos diferentes e partimos de pontos diferentes. Assumir isso é uma constatação da realidade. Existem mulheres negras, brancas, indígenas, lésbicas... E [precisamos] entender essas categorias como intersecção, e não segmentação."

> "Criam uma secretaria para as mulheres e para a igualdade racial e acham que o problema está resolvido. Deveríamos considerar raça e gênero quando discutimos saúde, finanças, transporte, habitação. Qual é o grupo que tem menos direito à cidade? A questão é pensar raça e gênero de maneira transversal, perpassando todas as políticas, e não de modo localizado."

figuras influentes da cultura popular e televisiva, levando as discussões para quem não tem acesso a esse conteúdo.

Em 2016, foi convidada pelo então prefeito Fernando Haddad a ser secretária-adjunta de Direitos Humanos e Cidadania de São Paulo. Apesar de ficar apenas oito meses na pasta, até a troca de gestores, Djamila ressalta a importância de ter ocupado esse espaço: "Para que a gente deixe de ser só beneficiário de políticas públicas e seja quem as pensa, pois sabemos onde dói mais". A ocupação desse espaço por uma mulher negra ainda causa estranheza, tanto que ela chegou a ser barrada em algumas recepções enquanto secretária-adjunta. "A gente passa por situações de racismo todo dia."

Djamila menciona atendentes de loja que avisavam que um produto era caro, colegas de faculdade que perguntavam por que não ia ser passista, e o excesso de olhares, que faz qualquer um se sentir excluído, sem lugar em sua própria terra. Com pesar, admite que costuma ser tratada melhor fora do país. Viver no Brasil, um lugar onde se liga a TV em pleno século XXI e quase não se vê negros, é ser estrangeira no próprio país, como costuma repetir nas entrevistas. Pelo menos por enquanto.

ALGUMAS FEMINISTAS NEGRAS DO BRASIL

Lélia Gonzalez (1935-94): Filha de um ferroviário negro e uma faxineira indígena, a historiadora, filósofa, antropóloga, ativista, política e professora universitária foi uma das fundadoras do Movimento Negro Unificado, do Olodum e do coletivo de mulheres negras N'Zinga. Por seu trabalho em defesa da mulher negra, fez parte do Conselho Nacional dos Direitos da Mulher (1985-9). Para conhecer sua produção, leia *Por um feminismo afro-latino-americano*.

Beatriz Nascimento (1942-95): Historiadora, pesquisadora, poeta e roteirista. Formou núcleos de estudo sobre o movimento negro no Rio de Janeiro. Autora do documentário *Orí*, de 1989, que trata da relação Brasil-África, também levantou a questão de que os principais trabalhos acadêmicos sobre negros são feitos por brancos e abordou o lugar da mulher negra na sociedade. Saiba mais na coletânea *Uma história feita por mãos negras*.

Sueli Carneiro (1950): Filósofa e escritora, tem doutorado em educação, é fundadora do Geledés Instituto da Mulher Negra e participou do Conselho Nacional da Condição Feminina, em Brasília, nos anos 1980. Criou um programa de orientação na área da saúde da mulher negra e o Projeto Rappers para a juventude negra. Escreveu *Racismo, sexismo e desigualdade no Brasil*, entre muitas outras obras fundamentais para a história do país.

Marta Vieira

Esqueça Ronaldo e Ronaldinho Gaúcho. Quem ganhou mais vezes o prêmio de Melhor do Mundo da Fifa, a entidade mais alta do futebol, foi Marta, premiada nas edições de 2006 a 2010, e em 2018. Ela é a melhor jogadora da história do futebol feminino e a maior artilheira da Copa do Mundo de futebol feminino, além de maior artilheira da seleção brasileira, superando até mesmo Pelé. E na Copa do Mundo de 2019, ao marcar o décimo sétimo gol em sua quinta Copa, consagrou-se como a pessoa que mais fez gols na história dos mundiais.

Marta é a caçula de seis filhos e nasceu em Dois Riachos (AL), um município com pouco menos de 11 mil habitantes, a 155 quilômetros da capital, Maceió, bem na fronteira com Pernambuco. O pai abandonou a família quando ela ainda era pequena e o peso da criação dos filhos recaiu sobre a mãe, Tereza. Marta só foi para a escola com nove anos, porque não havia dinheiro nem para o material. Mas, aos seis, já jogava bola com os primos, na casa da avó, que cuidava dela enquanto Tereza trabalhava.

Na terra seca do sertão de Alagoas, ainda menina, seus pés criaram intimidade com a bola em um campo improvisado debaixo da ponte. Foi a única garota que se atreveu a jogar no meio de um bando de meninos. Apesar de a família ter tradição futebolística no município – seus primos jogavam e tinham até um time –, a ousadia não passou despercebida ao conservadorismo da cidade sertaneja.

Se hoje o portal na entrada de Dois Riachos se vangloria do município como "terra da jogadora Marta", a repercussão na época não foi nem um pouco positiva. Ela era chamada de "mulher-macho" pelas ruas e tinha de se esconder até dos irmãos, que não gostavam de vê-la no meio dos garotos. No colégio, era a única menina do time. Precisava se trocar em um quartinho, já que o único vestiário era masculino, e, certa vez, um professor até ameaçou tirar seu time de campo caso Marta jogasse em um campeonato local. Mas isso não mudou em nada o amor dela por sua terra natal: ela já declarou muitas vezes que é em Dois Riachos que pretende morar depois de se aposentar.

Em 2000, com apenas catorze anos, Marta foi para o Rio de Janeiro sozinha, contra a vontade da mãe, para tentar uma vaga em um time profissional. Foram três longos dias de viagem. Mas valeu arriscar. Ela conse-

A rainha do futebol

★ 19/2/1986, Dois Riachos (AL)

● Ilustração de Lole

"Me chamavam de mulher-macho. Muito preconceito. Cidade do interior, todo mundo te conhece. E naquela época meninas nunca jogavam bola. Jogavam handebol, vôlei, qualquer outra coisa. Eu era a única na cidade que gostava de jogar futebol. Aquilo era absurdo para os moradores. Muita gente falava mal de mim, perguntava: 'Como a mãe dela deixa? Como os irmãos deixam?'."

Revista *Trip*,
16 de julho de 2014

guiu uma vaga no Vasco da Gama, onde jogou de 2000 a 2002, e disputou o campeonato brasileiro. O time levantou a taça e ela foi eleita revelação. O clube acabou com o time feminino em seguida, mas, graças à ajuda de uma coordenadora da equipe, ela continuou morando na concentração.

Em 2003, jogou o Mundial pela seleção adulta, nos Estados Unidos, mas o Brasil perdeu para a finalista Suécia nas quartas por 2 a 1. De volta ao Brasil, foi chamada pelo time mineiro de Santa Cruz, onde ficou até 2004, quando surgiu a oportunidade de jogar no Umeå IK, da Suécia. Apesar das dificuldades com a língua e do baque de trocar o calor brasileiro pelo frio nórdico, os quatro anos que passou por lá foram prósperos. Mesmo longe e ganhando um salário muito aquém dos masculinos, ela foi capaz de dar à mãe uma casa própria.

Em 2009, Marta fez sua estreia na liga de futebol feminino dos Estados Unidos, jogando pelo Los Angeles Sol, e já nesse primeiro ano foi artilheira da liga e levou o time para a final. Então conquistou pelo Santos a Taça Libertadores e a Copa do Brasil. Depois disso, vieram outras participações no campeonato americano, primeiro pelo Golden Price, depois pelo Western New York Flash, somando duas vitórias na liga, outra vez como artilheira.

Marta voltou para a Suécia – um dos países que mais valoriza o futebol feminino – em 2012, quando conquistou seu primeiro título pelo Tyresö FF. Depois de dois anos, assinou com o Rosengård, vencendo mais dois campeonatos da liga e uma Supercopa, em 2015. Em 2017, passou a jogar pelo Orlando Pride, no qual conheceu a zagueira norte--americana Toni Deion Pressley. Em 2021, Marta anunciou que elas estavam oficialmente comprometidas.

Nesse meio-tempo, conquistou pela seleção brasileira a medalha de ouro nos Jogos Pan-Americanos de 2003 e 2007 e a medalha de prata nas Olimpíadas de 2004 e 2008, além do segundo lugar no Mundial de 2007.

Mas seu papel não se limita ao de atleta sem precedentes. Em 2010, foi nomeada embaixadora da Boa Vontade pela ONU, ao lado da modelo Gisele Bündchen e da rainha Rania, da Jordânia, se comprometendo a atuar no combate à pobreza e, em especial, dar força à emancipação feminina.

No entanto, se a trajetória de Marta lembra a de tantos outros fenômenos do futebol, saindo da pobreza para o estrelato, há ainda um abismo que a separa de Messi (que, como ela, tinha seis prêmios da Fifa até 2019) e Cristiano Ronaldo (que tinha cinco): a falta de prestígio e profissionalização do futebol feminino e os salários incomparáveis aos masculinos.

CARTA PARA EU MESMA QUANDO JOVEM

Em agosto de 2017, Marta escreveu uma carta para si mesma aos catorze anos, idade em que entrou num ônibus para sair de Dois Riachos e não ter mais de disputar espaço com os meninos para jogar futebol. Suas palavras foram publicadas pela plataforma de mídia *The Players Tribune* [A Tribuna dos Jogadores], fundada pelo ex-jogador de beisebol Derek Jeter, que divulga relatos intimistas de atletas. Confira abaixo alguns destaques.

"Lute contra o preconceito. Lute contra a falta de apoio. Lute contra tudo isso – os meninos, as pessoas que dizem que você não pode."

"O idioma será sempre uma barreira em tantos clubes que você fará parte. Mas ao jogar ao lado e contra atletas como Mia Hamm, Abby Wambach, Christine Sinclair... você vai ver. Você não vai precisar das palavras. Você vai ver a mesma motivação, a mesma determinação nos gramados."

"[...] isso será apenas o começo, porque você vai ser parte de algo maior. Você vai ser parte da mudança do futebol feminino. De mostrar para outras meninas que sentiram que não pertenciam, que elas, sim, pertencem."

"É impressionante o quanto o jogo mudou para as mulheres. Mas, em muitas maneiras, você vai descobrir que sempre será um pouco mais difícil para as garotas. Os campeonatos e os clubes vão começar e vão acabar."

"Então, lembre-se de quão sozinha você se sente agora e ouça quando eu te digo o seguinte: no mundo inteiro, existem meninas que se sentem do mesmo jeito. Meninas que recebem olhares, meninas que são questionadas sobre estar ali, meninas que são expulsas de campeonatos e que recebem apelidos nada elogiosos."

"Você não será mais rejeitada. As mesmas pessoas que diziam que você era estranha, que você não podia jogar – que você não devia jogar – estarão te aplaudindo enquanto você passa."

ABRASILEIRADAS

Ilustrações de Helena Cintra

Felipa de Souza

Um símbolo da luta LGBTQIAPN+

* Século XVI, Portugal
† [Data e local desconhecidos]

Denunciada, condenada e castigada por lesbianismo pela Inquisição no Brasil colonial, Felipa de Souza foi a primeira mulher das Américas a reconhecer publicamente sua homossexualidade. São poucos os detalhes documentados sobre a vida dessa portuguesa. Uma mulher letrada, algo extremamente raro para a época (saiba mais lendo a história de Madalena Caramuru, na p. 12), Felipa viveu em Salvador trabalhando como costureira.

Em 20 de agosto de 1591, Paula de Siqueira a denunciou ao visitador da Inquisição, uma espécie de investigador. Ela disse que nos últimos dois anos vinha recebendo cartas de amor de Felipa, com a qual tinha trocado contatos íntimos. E, ainda, que "antes de ir para sua casa, lhe contou a dita Felipa de Souza que tinha pecado no dito modo com Paula Antunes, Maria de Peralto e com outras muitas mulheres e moças, altas e baixas, e também dentro de um mosteiro". Após a primeira delação, outras mulheres se apresentaram, esperançosas de serem perdoadas por se confessarem voluntariamente.

Em vez de negar as denúncias, Felipa foi bastante corajosa e reconheceu as relações. Na época, práticas homossexuais eram penalizadas até com a morte. Paula passou seis dias na cadeia, enquanto Felipa, sentenciada em 24 de janeiro de 1592, foi condenada ao açoite público. Na ocasião, segurava uma vela acesa e estava vestida apenas com uma túnica. Expulsa da Bahia, teve de pagar 992 réis pelos custos de seu processo, o equivalente ao salário mensal de um marinheiro ou a três meses de trabalho de um operário. Durante a Inquisição, mais de uma dezena de mulheres foram denunciadas e castigadas por serem homossexuais na Bahia e em Pernambuco.

A coragem de Felipa inspirou a criação, em 1994, do Felipa de Souza Award. O prêmio é concedido pela ONG OutRight Action International, baseada em San Francisco (EUA), a ativistas que se dedicam a um futuro que garanta direitos fundamentais para todas as pessoas.

Vale lembrar que o primeiro ato político realizado por essa população no Brasil, segundo a pesquisa de Luiz Mott "História da homossexualidade no Brasil: cronologia dos principais destaques", aconteceu apenas em 1977, quando o advogado gaúcho João Antônio Mascarenhas convidou o editor da publicação norte-americana *Gay Sunshine* para conferências no Brasil. Um nome muitas vezes esquecido na história do país, Felipa foi a primeira na luta pelos direitos da população LGBTQIAPN+, séculos antes.

Olga Benario Prestes
A insurgente comunista

* 12/2/1908, Munique, Alemanha
† abril/1942, campo de extermínio de Bernburg, Alemanha

"Lutei pelo justo, pelo bom e pelo melhor do mundo", escreveu a revolucionária comunista Olga Benario Prestes na carta de despedida para sua filha e para o marido Luís Carlos Prestes. Militante precoce, Olga se uniu ao partido comunista aos quinze anos, através da Liga Juvenil Comunista da Alemanha, sensibilizada pelos graves problemas sociais e econômicos do período entreguerras e da ascensão do fascismo. Uma das insurgentes mais notórias e destacadas do século XX, com enorme sagacidade política, Olga não se dobrou aos horrores do Terceiro Reich e tornou-se símbolo de solidariedade e resiliência.

Olga Gutmann Benario, de origem judaica, era filha de Eugénie Benario e do advogado Leo Benario, membro ativo do Partido Social-Democrata alemão. O pai se dedicava às causas trabalhistas e a influenciou em sua militância, apesar das diferenças ideológicas entre eles a terem levado a sair de casa cedo. Olga era presença de destaque nas ações de rua contra a extrema-direita e acabou sendo marcada como "agitadora comunista" pela República de Weimar. Ainda na adolescência, foi morar em Berlim com o namorado Otto Braun. Acusados de "alta traição à pátria", ambos foram enviados para a prisão. Depois de soltos, fugiram para a União Soviética, onde Olga trabalhou na Internacional Comunista.

Em 1934, ela recebeu da Internacional a tarefa de cuidar da segurança particular do brasileiro Luís Carlos Prestes, organizador da Coluna Prestes e notório revolucionário, que regressava ao Brasil por iniciativa própria, para participar da luta antifascista em curso no país. Os dois vieram clandestinamente de navio e se apaixonaram. Em 1935, Prestes foi escolhido como presidente de honra da Aliança Nacional Libertadora (ANL), uma ampla frente política que reunia os descontentes com o governo de Getúlio Vargas. Uma primeira insurreição armada aconteceu em Natal e, pouco depois, em Recife e no Rio de Janeiro, sendo brutalmente contida pelo governo e chamada pejorativamente pela direita de Intentona Comunista. Em março de 1936, Olga e Prestes foram presos e separados.

Na prisão, descobriu que estava grávida. Foi extraditada para a Alemanha e uma campanha internacional teve início pela libertação dos presos políticos no Brasil e do casal. Ela foi levada para o presídio feminino de Barnimstrasse, em Berlim, onde deu à luz Anita Leocádia, que foi entregue a d. Leocádia, mãe de Luís Carlos Prestes, catorze meses depois. Em abril de 1942, com apenas 34 anos, Olga foi morta na câmara de gás do campo de extermínio de Bernburg. Por sua vida, sua coragem e sua vontade de mudar o mundo, ela dá nome a inúmeras escolas, creches e praças em diversas cidades do Brasil.

Carmen Miranda

A cantora que levou o Brasil para o mundo

✶ 9/2/1909, Marco de Canaveses, Portugal
✝ 5/8/1955, Los Angeles, Estados Unidos

Maria do Carmo Miranda da Cunha esteve entre as maiores estrelas de Hollywood durante a década de 1940 e sua figura ainda está profundamente ligada à identidade cultural brasileira no mundo. Ela tinha apenas um ano e meio quando saiu de Portugal com a família para viver no Rio de Janeiro. Ali, ficou conhecida como Carmen, em homenagem à ópera do compositor francês Georges Bizet. Seu pai era barbeiro e sua mãe dirigia uma pensão, onde a garota cantava com as irmãs Olinda e Cecília. Tinha dezenove anos quando o deputado baiano Aníbal Duarte, frequentador do local, apresentou-a ao músico Josué de Barros, que se encantou com seu talento.

No ano seguinte, ela gravou sua primeira música, o samba "Não vá simbora", de Josué. A marchinha "Pra você gostar de mim (Taí)", composta por Joubert de Carvalho e lançada em 1930, a transformou em uma estrela. Nos anos que se seguiram, consolidou-se como a principal cantora das rádios brasileiras. Sua presença de palco era considerada fascinante e arrebatadora. Entre tantas grandes colaborações, ela se tornou a principal intérprete de Assis Valente e Ary Barroso.

Mas Carmen, que foi carinhosamente apelidada de "Pequena Notável", devido a sua baixa estatura e grande talento, ainda não era essa persona que conhecemos hoje, dançando com frutas na cabeça. Isso só aconteceu em 1939, quando ela apareceu vestida de baiana na comédia musical *Banana da terra*, enquanto interpretava "O que é que a baiana tem?", de Dorival Caymmi. No mesmo ano, o influente empresário norte-americano Lee Shubert, após ter visto uma apresentação no Cassino da Urca, decidiu levá-la para a Broadway.

Com sucesso estrondoso, Carmen chegou a receber um dos maiores salários pagos na época para uma mulher nos Estados Unidos. Atuou em dezenove filmes ao longo de sua carreira, lançados por estúdios de grande prestígio. Mas o romance com David Sebastian, com quem se casou em 1947, potencializou sua inclinação ao álcool, aos soníferos e aos estimulantes, que acompanhavam sua agenda frenética.

Ela morreu em 1955, aos 46 anos, vítima de um ataque cardíaco fulminante. Seu corpo chegou ao Rio de Janeiro em 12 de agosto, e o cortejo foi seguido com comoção por milhares de pessoas até o cemitério São João Batista, onde o caixão, envolto na bandeira do Brasil, foi enterrado. A despedida foi embalada por alguns de seus sucessos, cantados pelo povo nas ruas.

Lina Bo Bardi

Uma arquiteta cidadã

✱ 5/12/1914, Roma, Itália
† 20/3/1992, São Paulo (SP)

A italiana Lina Bo Bardi é um dos maiores nomes da arquitetura mundial da segunda metade do século XX. Nascida Achilina di Enrico Bo, mostrou talento para a pintura e o desenho desde a infância. Formou-se pela Faculdade de Arquitetura da Universidade de Roma e trabalhou com o marchand, crítico de arte e jornalista Pietro Maria Bardi no Studio d'Arte Palma.

Em 1946, já casados, mudaram-se para o Brasil, logo após Pietro receber um convite do empresário Assis Chateaubriand para fundar e dirigir um museu de arte em São Paulo. Ela se naturalizou brasileira em 1951 e, no mesmo ano, realizou seu primeiro projeto arquitetônico, a Casa de Vidro, onde o casal ia morar.

Mais tarde, a arquiteta criou laços com a cultura baiana. Em 1958, viajou para Salvador para dar conferências e foi convidada a dirigir o Museu de Arte Moderna local. Revitalizou o Solar do Unhão para servir de sede da instituição, a qual transformou em um espaço de aprendizado popular. Participou da restauração do centro histórico da cidade, reconhecido pela Unesco como Patrimônio da Humanidade. Também revitalizou a Casa do Benin, a Casa do Olodum, a Ladeira da Misericórdia e o Belvedere da Sé.

A atual sede do Masp, em São Paulo, que Lina começou a projetar em meados da década de 1950, foi inaugurada em 1968. Atualmente, o museu abriga o acervo mais importante de arte ocidental do hemisfério Sul. Seu vão livre, criado para servir de ponto de encontro, é símbolo das manifestações populares que acontecem no país. Durante a ditadura militar, Lina manifestou sua oposição ao regime e teve sua prisão preventiva decretada. Sua resistência ganhava forma e força por meio da arte. Em 1968, desenhou os cavaletes de vidro temperado, suportes transparentes que permitem um contato mais direto e pessoal com as obras do acervo. No ano seguinte, realizou a mostra *A mão do povo brasileiro*, que inovou ao trazer a arte popular pela primeira vez ao museu.

Outro marco de sua trajetória, o Sesc Pompeia, foi inaugurado em 1982. A antiga fábrica de tambores foi transformada em um centro de convivência, esportes e arte e se tornou uma referência de democracia cultural. Na mesma década, concebeu o Teatro Oficina, com um formato inovador, que funciona como uma rua que une atores e espectadores.

Apaixonada pelo Brasil, para o qual olhou como um "país inimaginável, onde tudo era possível", ela morreu em 1992, na Casa de Vidro. Deixou para o país um legado sem precedentes, que continua sendo semeado por meio do Instituto Lina Bo e P. M. Bardi. Em 2021, recebeu da Bienal de Arquitetura de Veneza um Leão de Ouro Especial pelo conjunto da obra.

Dorothy Stang

Anjo da Amazônia

✱ 7/7/1931, Dayton, Estados Unidos
✝ 12/2/2005, Anapu (PA)

Conhecida como irmã Dorothy, a missionária americana dedicou quarenta anos de sua vida à defesa do desenvolvimento sustentável da Amazônia e aos direitos dos camponeses. Ela chegou ao Brasil em 1966, como membro da congregação católica Irmãs de Nossa Senhora de Namur, que realiza trabalho pastoral nos cinco continentes. Morou em Coroatá, no Maranhão, e logo seguiu o fluxo de nordestinos que migravam para o Pará, no início dos anos 1970, para ocupar as margens da rodovia Transamazônica, que estava sendo construída. Naturalizou-se brasileira e virou uma das principais vozes dos movimentos sociais na região, palco de disputas violentas por espaço e exploração de recursos naturais.

Nos seus anos de atuação, incentivou pequenos agricultores a conhecerem seus direitos e apresentou a eles órgãos oficiais como o Instituto Nacional de Colonização e Reforma Agrária (Incra) e o Instituto Brasileiro do Meio Ambiente e dos Recursos Naturais Renováveis (Ibama), além de fundar escolas e promover a alfabetização. Sempre lutou para que conseguissem seus direitos de forma independente e ética, mas sua atuação desagradou fazendeiros e madeireiros que mantinham atividades exploratórias no Pará.

Na virada do século, seu discurso a favor de uma distribuição e uma exploração da terra mais justa e responsável ganhou força e muitos passaram a temer pela vida da freira, constantemente ameaçada. Dorothy seguiu desafiando os poderosos e pagou por isso: foi assassinada aos 73 anos com seis tiros em Anapu, região de disputa pela posse de mais de 120 mil hectares de terras públicas.

Sua morte gerou grande comoção aqui e no exterior e seu enterro reuniu milhares de pessoas. Quatro dias após o assassinato, em fevereiro de 2005, a Comissão Pastoral da Terra (CPT) divulgou uma lista com 161 pessoas marcadas para morrer, a maioria delas envolvida na luta fundiária. Outras 1200 já haviam sido exterminadas em todo o Brasil nas duas décadas anteriores devido a conflitos similares. Mesmo com o julgamento e a condenação dos cinco responsáveis pelo assassinato (entre mandantes e executores) – algo raro em crimes desse tipo –, a vulnerabilidade da população em relação a fazendeiros e grileiros ficou evidente.

Em vida, Dorothy recebeu diversos prêmios e reconhecimentos, entre eles o título de cidadã honorária do Pará em 2004. Em 2008, ganhou, postumamente, o prêmio de Direitos Humanos das Nações Unidas, que já foi concedido a personalidades como o ex-presidente sul-africano Nelson Mandela e o líder dos direitos civis americano Martin Luther King. "A Terra tem que ser para sempre", dizia ela, que foi carinhosamente apelidada de "anjo da Amazônia".

Linha do tempo
A vida das mulheres no Brasil

Século XVI

Quase não há casamentos convencionais no Brasil: os casais vivem em concubinato, amasiados ou em uma variação dessas formas. As mulheres trocam de companheiro e têm filhos quando e com quem querem. As crianças não são criadas apenas pelas mães: a rede materna envolve tias, avós, vizinhas, amigas etc.

1726

É instituída a primeira Roda dos Expostos brasileira, em Salvador (BA). Em um cilindro de madeira giratório, que conecta o interior e o exterior da Santa Casa de Misericórdia, bebês rejeitados são entregues para doação, geralmente por mães solteiras e mulheres que tinham gestações indesejadas ou filhos ilegítimos, para evitar escândalos e exclusão social, e também por aquelas que não tinham condições de criá-los ou queriam livrá-los de serem escravizados.

1808

A chegada da Corte portuguesa ao Rio de Janeiro muda os costumes: as mulheres passam a ser mais vistas nos teatros, nas ruas e em eventos sociais. As da elite precisam ser mais refinadas e começam a receber alguma educação para recepcionar melhor os convidados – conversando, cantando ou tocando um instrumento.

1827

Uma lei imperial autoriza as meninas a frequentar as escolas.

Século XVII

A virgindade não é obrigatória. Pelo contrário: muitas vezes, a mulher precisa provar que pode gerar filhos para que o compromisso seja assumido.

Século XIX

As meninas se casam por volta dos treze anos.

1822

D. Pedro I proclama a Independência do Brasil, em 7 de setembro.

1830

Os códigos penais de 1830 e 1890 e a consolidação das leis penais de 1932 punem a mulher adúltera com um a três anos de prisão, enquanto o marido só é punido se sustentar uma concubina.

1850

Aprovação da Lei Eusébio de Queirós, em 4 de setembro, proibindo o tráfico atlântico de pessoas escravizadas – sua manutenção colocava o Brasil entre as nações "não civilizadas".

1871

A Lei do Ventre Livre, de 28 de setembro, determina que filhos de mulheres escravizadas nascidos a partir dessa data seriam livres.

1879

A legislação brasileira autoriza as mulheres a frequentar a universidade. Antes, elas só podiam se graduar fora do país.

1885

Chiquinha Gonzaga se torna a primeira maestrina do Brasil.

1888

Princesa Isabel assina a Lei Áurea, fruto da luta e mobilização popular promovida por ativistas negros e movimentos abolicionistas, além da pressão de outros países.

Meados do século

Começam a surgir diversos jornais editados por mulheres e para mulheres, como o *Jornal das Senhoras* (1852), que seria seguido por *Bello Sexo* (1862), *O Sexo Feminino* (1873), *O Domingo* (1874) e *Echo das Damas* (1879).

1872

Primeiro recenseamento geral do Brasil, indicando que as mulheres representam 76% dos operários nas fábricas. Em 1950, seriam apenas 20% – reflexo de um novo modelo de família, em que elas passaram a ser relegadas ao lar e aos cuidados com os filhos.

Anos 1880

O movimento abolicionista ganha força. Algumas brasileiras, como Chiquinha Gonzaga, arrecadam fundos para pessoas escravizadas libertas, e outras fundam sociedades pelo fim da escravidão.

1887

Rita Lobato Velho é a primeira mulher a se graduar médica no Brasil.

1916

★ O Código Civil considera a mulher casada "civilmente incapaz", a exemplo de "crianças, índios e alienados". Ela não pode trabalhar fora sem autorização do marido, aceitar heranças, administrar bens, votar ou se envolver em política. O homem pode anular o casamento se ela não for virgem e as filhas podem ser deserdadas caso sejam "desonestas". Ele também institui o desquite, semelhante à separação, mas proibindo novo casamento.

★ Fim do Código Filipino (1603), de Portugal. De acordo com ele, a mulher só vira chefe de família com a morte do marido, quando pode comercializar imóveis e administrar bens. O Código não culpa o marido que mata a mulher adúltera e permite que enclausure esposa e filhas se assim quiser.

1889

Em 15 de novembro, no Rio de Janeiro, é proclamada a República no Brasil. Uma série de reformas tem início, mas a Constituição que se segue, de 1891, não traz avanços para as mulheres.

1922

A bióloga feminista Bertha Lutz funda a Federação Brasileira pelo Progresso Feminino, que tem como principal bandeira a luta pelo sufrágio feminino.

1928

Alzira Soriano é eleita a primeira prefeita do país, assumindo o município de Lajes (RN).

1910

A professora Leolinda Daltro funda o Partido Republicano Feminino.

1921

Primeira partida de futebol só com mulheres no país, na capital paulista.

1927

O Rio Grande do Norte permite a candidatura e o voto femininos pela primeira vez. Celina Guimarães Viana é a primeira eleitora do país e da América Latina.

1932

As brasileiras finalmente podem votar, antes de francesas e italianas.

1942

* Durante a Segunda Guerra Mundial, surge a Organização Feminina Auxiliar de Guerra, com telefonistas, secretárias, enfermeiras, datiloscopistas etc. São enviadas 73 enfermeiras para a Europa.

* As estudantes devem assistir a aulas de economia doméstica, conforme a Lei Orgânica do Ensino Secundário.

1962

* O Estatuto da Mulher Casada dá a elas o mesmo poder na educação dos filhos – mas, se houver divergência, vale a opinião do marido.

* O Brasil passa a vender a pílula anticoncepcional, que revoluciona a vida sexual feminina.

1934

* Carlota Pereira de Queirós é a primeira mulher eleita deputada federal.

* A Constituição prevê licença--maternidade de um mês antes e um depois de o bebê nascer e proíbe a demissão de grávidas.

1955

Surge a primeira corporação de polícia feminina, em São Paulo.

1941

Um decreto de Getúlio Vargas proíbe que as mulheres pratiquem "desportos incompatíveis com as condições de sua natureza", vigorando até 1970. Isso incluía qualquer tipo de luta, futebol, polo aquático, halterofilismo e beisebol.

1943

* A mulher casada pode trabalhar fora de casa sem pedir autorização do marido, segundo a Consolidação das Leis Trabalhistas (CLT). Mas, se ele achar que isso prejudica a família ou as "condições peculiares da mulher", o contrato pode ser rescindido.

* A Constituição proíbe as diferenças salariais por discriminação de sexo, idade, nacionalidade e estado civil.

1961

A Lei de Diretrizes e Bases da Educação Nacional (LDB) iguala os cursos de grau médio. Assim, as mulheres que fazem magistério podem disputar vagas no ensino superior.

Anos 1970

* Adotar o sobrenome do marido não é mais obrigatório pela Lei dos Registros Públicos.

* O rosa começa a ser associado às meninas e o azul aos meninos. Nos Estados Unidos, isso aconteceu nos anos 1940.

1976

O assassinato de Ângela Diniz pelo empresário Doca Street muda a forma como os crimes passionais contra as mulheres são encarados e desencadeia a campanha nacional "Quem ama não mata", no início dos anos 1980.

1980

* As mulheres passam a ser aceitas nas Forças Armadas: Marinha (1980), Força Aérea (1982) e Exército (1992).

* O programa *TV Mulher* abre espaço para o debate sobre sexualidade com o quadro de Marta Suplicy.

1988

A Constituição retira da definição de família a obrigatoriedade do casamento e reconhece a igualdade de homens e mulheres na união – mas essa mudança só seria incorporada catorze anos depois, com o Código Civil. Ela também institui a licença-maternidade de 120 dias e reconhece a união estável entre homem e mulher.

1996

* Nélida Piñon é a primeira mulher a assumir a presidência da Academia Brasileira de Letras.

* A Lei do Planejamento Familiar permite a laqueadura como forma de esterilização.

* A pílula do dia seguinte é regulamentada pelo sus.

1977

* O divórcio é permitido por lei.

* A escritora Rachel de Queiroz é a primeira mulher a ocupar uma cadeira na Academia Brasileira de Letras.

1985

* É criado o Conselho Nacional dos Direitos da Mulher (CNDM), ligado ao Ministério da Justiça, para combater a discriminação de gênero.

* Começa a funcionar a primeira Delegacia de Atendimento Especializado à Mulher, em São Paulo.

1995

É instituído o sistema de cotas na legislação eleitoral, obrigando os partidos a terem 20% de mulheres nas chapas. Em 2009, o índice passa a 30%.

2000

Ellen Gracie Northfleet é a primeira mulher a ingressar no Supremo Tribunal Federal (STF).

2002

O Código Civil retira a perda da virgindade como justificativa para anulação do casamento e a perda da herança para as filhas. Também abre a possibilidade de o marido adotar o sobrenome da mulher.

2005

O adultério deixa de ser crime no Brasil.

2008

O programa Empresa Cidadã permite prorrogar a licença--maternidade para 180 dias.

2011

O Supremo Tribunal Federal autoriza a união civil entre casais do mesmo sexo.

2015

É aprovada a Lei do Feminicídio, incluindo esse tipo de morte como homicídio qualificado (pena de doze a trinta anos) e crime hediondo.

2003

É criada a Secretaria Especial de Políticas para as Mulheres, que elabora os Planos Nacionais de Políticas para as Mulheres em 2004 e 2008.

2006

A Lei Maria da Penha cria mecanismos para aumentar o rigor na punição da violência doméstica.

2010

★ O Brasil elege sua primeira presidenta, Dilma Rousseff.

★ A média de filhos por brasileira é de 1,9. Esse número fica abaixo da média de 2,1, considerada mínima para repor a população. Nas décadas de 1960 e 1970, o padrão era de cinco a seis filhos.

2012

É permitido o aborto de fetos anencéfalos (sem cérebro) pelo Supremo Tribunal Federal (STF).

2016

O decreto nº 8727, de 28 de abril, reconhece o direito de pessoas travestis e transexuais usarem nome social e serem reconhecidas por ele por todos os órgãos da administração federal, inclusive em documentos oficiais.

2018

* A vereadora Marielle Franco é executada no Rio de Janeiro, em 14 de março. O crime gera uma campanha global da Anistia Internacional em defesa dos direitos humanos em 2021.

* Com discurso contra "ideologia de gênero" e campanha baseada em fake news, Jair Bolsonaro é eleito presidente.

2020

* O governo Bolsonaro, que já havia votado contra a inclusão do termo "educação sexual" em uma resolução na ONU contra a discriminação de mulheres e meninas, também pede a exclusão de qualquer referência ao acesso das mulheres à "saúde sexual e reprodutiva".

* A pandemia gerou um retrocesso de dez anos na participação feminina no mercado de trabalho. De 52% em 2019, foi para 46% (Cepal).

2019

* O Supremo Tribunal Federal (STF) aprovou em junho a criminalização da homofobia e da transfobia. Atos preconceituosos contra homossexuais e transexuais passaram a ser enquadrados no crime de racismo até que o Congresso Nacional aprove uma lei sobre o tema.

* A primeira Marcha das Mulheres Indígenas leva 2500 representantes de 130 povos a Brasília, em agosto, para pedir respeito a seus territórios e corpos. Os casos de violência contra indígenas haviam dobrado, e a invasão de terras cresceu 135% (CIMI).

2021

O número de denúncias de violência contra a mulher no estado de São Paulo cresceu 555% em um ano, fazendo a PM adotar a Patrulha Maria da Penha.

Glossário

ACADEMIA BRASILEIRA DE LETRAS: inaugurada em 20 de julho de 1897 e sediada no Rio de Janeiro, a ABL é uma instituição cultural cujo objetivo é o cultivo da língua e da literatura nacionais. Seu primeiro presidente foi Machado de Assis. É composta de quarenta membros efetivos e perpétuos, e vinte sócios correspondentes estrangeiros.

AÇOITE PÚBLICO: punição pública feita com chicote de couro.

ALFERES: patente de oficial abaixo de tenente.

ARTICULAÇÃO DOS POVOS INDÍGENAS DO BRASIL (APIB): criada em 2005, reúne os povos e organizações indígenas do país com a missão de promover e defender seus direitos.

ASSIS CHATEAUBRIAND: conhecido como Chatô, foi um dos homens mais influentes do Brasil nas décadas de 1940 e 1950. Dono do conglomerado jornalístico Diários Associados, que chegou a reunir dezenas de jornais, revistas e estações de rádio, foi também pioneiro da televisão no Brasil, criando a TV Tupi em 1950.

AUTUAÇÃO: elaborar um auto (ou seja, um registro) de infração.

BAUHAUS: fundada em 1919 pelo arquiteto Walter Adolf Gropius (1883-1969), na Alemanha, foi uma escola vanguardista de design, arquitetura e artes plásticas. Embora tenha sido fechada pelos nazistas em 1933, teve um impacto fundamental no desenvolvimento dessas áreas no Ocidente.

BELLE ÉPOQUE: expressão francesa que significa "bela época". Foi um momento marcado por transformações culturais, que se traduziram em novas maneiras de pensar e viver. Teve início no final do século XIX, na França, e se estendeu pelo mundo. No Brasil, por exemplo, chegou em 1889, com a Proclamação da República, e foi até 1922, quando eclodiu o movimento modernista.

BIOMA: o termo provém do grego *bio* (vida) e *oma* (grupo ou massa) e se refere aos diferentes ecossistemas de fauna e flora nos variados espaços geográficos. Não existe consenso sobre quantos existem no mundo, mas em geral são citados onze, que costumam variar de acordo com a faixa climática. Exemplos: florestas tropicais úmidas, bioma mediterrâneo e desertos quentes.

BREVÊ: documento que dá ao seu titular o direito de pilotar aeronaves.

BURLE MARX (1909-94): artista plástico e arquiteto modernista. Fez mais de 3 mil projetos paisagísticos em vinte países, além de pinturas, esculturas e joias.

CANSANÇÃO: planta venenosa que provoca queimaduras na pele, com bolhas e inchaço.

CAPATAZ: chefe de um grupo de trabalhadores braçais que atua como braço direito do proprietário rural.

CARLOTA PEREIRA DE QUEIRÓS (1892--1982): médica e primeira deputada federal no Brasil, sendo eleita pelo estado de São Paulo em 1934.

CASSINO DO CHACRINHA: programa de auditório apresentado por Abelardo Barbosa, o Chacrinha, na Globo, de 1982 a 1988.

CENSOR: pessoa encarregada pelo governo de examinar o conteúdo de publicações, peças teatrais e outras formas de mídia e cultura e determinar o que pode ser exibido ou publicado.

CONJUNTO HABITACIONAL PEDREGULHO: o Conjunto Residencial Prefeito Mendes de Moraes, conhecido como Pedregulho, foi projetado pelo arquiteto Affonso Eduardo Reidy, em parceria com a engenheira Carmen Portinho, em 1947, para abrigar funcionários públicos no bairro de São Cristóvão no Rio de Janeiro, então Distrito Federal.

CONVENÇÃO DE GENEBRA: envolve tratados internacionais assinados entre 1864 e 1949 para reduzir os efeitos das guerras e definir o que é aceitável e proibido nos conflitos. Entre as proibições estão assassinato ou maus-tratos da população e de prisioneiros, roubo, destruição desnecessária, perseguição por motivos políticos, de raça ou religião.

COORDENAÇÃO DAS ORGANIZAÇÕES INDÍGENAS DA AMAZÔNIA BRASILEIRA (COIAB): criada em 1989, é a maior organização indígena regional do Brasil (com cerca de 180 povos, que ocupam aproximadamente 110 milhões de hectares). Atua nos nove estados da Amazônia brasileira (Amazonas, Acre, Amapá, Maranhão, Mato Grosso, Pará, Rondônia, Roraima e Tocantins).

CUBISMO: movimento artístico que surgiu na primeira década do século XX com os artistas Paul Cézanne, Georges Braque, Pablo Picasso e Henri Rousseau. Valorizou a geometrização das formas e abandonou as perspectivas tradicionais.

DATILOSCOPISTA: especialista na identificação de pessoas por meio das impressões digitais.

DEPARTAMENTO DE ORDEM POLÍTICA E SOCIAL (DOPS): criado em 1924, foi o órgão de repressão aos movimentos sociais e populares, além de um centro de tortura durante a ditadura do Estado Novo, retomando essa prática no regime militar. Foi extinto em 1983.

DESENVOLVIMENTO SUSTENTÁVEL: aquele que não esgota os recursos para o futuro.

DILMA ROUSSEFF (1947): primeira mulher a ser eleita presidenta do Brasil, exerceu o mandato de 2010 a 2014 e foi reeleita, mas sofreu impeachment em 2016 e foi afastada do cargo. Durante a ditadura militar, atuou em grupos de luta armada, tendo sido presa em 1970 e torturada. No final da década de 1970, ajudou a fundar o PDT, de Leonel Brizola, dando início à sua carreira na política institucional, e em 2001 entrou para o PT. Ingressou no governo Lula em 2003, como ministra de Minas e Energia e, depois, da Casa Civil.

DITADURA MILITAR: em 31 de março de 1964 militares contrários ao governo de João Goulart (1919-76) o tiraram do poder e iniciaram em seguida um governo comandado pelas Forças Armadas. O regime ditatorial que durou até 15 de março de 1985 restringiu o direito ao voto e a participação popular na política, coibiu de forma violenta os movimentos de oposição e instaurou a censura nos meios de comunicação.

DOSSIÊ ARAGUAIA: relatório reunido por um grupo de militares, ex-integrantes de órgãos de inteligência, ao longo de quatro anos, com documentos recolhidos nos quartéis e na casa de colegas, além de entrevistas e depoimentos com 27 militares que combateram no Araguaia.

ELISE SABOROVSKY EWERT (1907-40): conhecida pelo apelido Sabo, militou com Olga Benario Prestes no Partido Comunista e contra o fascismo. Casada com o dirigente comunista Arthur Ewert, foi executada em um campo de concentração.

ELLEN GRACIE NORTHFLEET (1948): primeira mulher a ser ministra do Supremo Tribunal Federal (STF). Nomeada em 2000, foi presidente do órgão de 2006 a 2008. Aposentou-se em 2011.

ESPARTILHO: peça de roupa fechada por cordões e firmada por barbatanas. Servia para contrair a cintura feminina e diminuir seu tamanho. Usado por cima da roupa íntima durante a época vitoriana.

ESTADO NOVO: ditadura imposta pelo governo de Getúlio Vargas de 1937 a 1945. Após um golpe de Estado, o presidente fechou o Congresso Nacional, suspendeu os direitos políticos, aprovou nova Constituição (de inspiração fascista) e impôs a censura.

EXPRESSIONISMO: movimento artístico de vanguarda surgido na Alemanha no início do século XX. Priorizava retratar as emoções, e não a realidade objetiva. Na pintura, caracterizava-se pela simplificação das formas, pelo uso de cores intensas e pelas pinceladas bem marcadas.

FAUVISMO: movimento artístico que surgiu na França no início do século XX, quando o impressionismo era o movimento dominante, e que pregava o uso de cores fortes e puras, temas leves e simplificação das formas.

FUNDAÇÃO NACIONAL DOS POVOS INDÍGENAS (FUNAI): órgão oficial do Estado brasileiro criado por meio da lei nº 5371, de 1967, que tem como principal missão proteger os povos indígenas e promover seus direitos.

GOLPE MILITAR DE 1964: ver ditadura militar.

GRILEIRO: pessoa que se apropria ilegalmente de terras de terceiros e falsifica documentos para legalizar a invasão.

GUERRA DA INDEPENDÊNCIA: liderados por um sentimento emancipador, o povo baiano iniciou a Independência da Bahia, um movimento contra o domínio português no Brasil que começou em 19 de fevereiro de 1822 e teve desfecho em 2 de julho de 1823, com a vitória dos revoltosos.

GUERRA DOS FARRAPOS: ver Revolução Farroupilha.

HEITOR VILLA-LOBOS (1887-1959): maestro e compositor reconhecido internacionalmente que rompeu com a música acadêmica e trouxe a brasilidade para suas obras. Entre as mais conhecidas estão as *Bachianas brasileiras*.

HELEN KELLER (1880-1968): escritora e uma das principais ativistas de causas humanitárias do século XX. Foi a primeira pessoa surda e cega a conquistar um diploma, e sua história de superação a tornou mundialmente conhecida. Esteve no Brasil em 1953, como convidada oficial do governo. Seu livro *A história de minha vida* (1903) foi o primeiro que Dorina Nowill leu em braille, e as duas ficaram amigas.

HIATO DE GÊNERO: a desigualdade que existe entre homens e mulheres em diferentes áreas da sociedade. A reversão do hiato de gênero na educação é considerada uma das maiores conquistas das mulheres no século xx.

HOMO SAPIENS: espécie da ordem primata à qual pertencemos, que, estima-se, surgiu há mais de 300 mil anos.

HOSPITAL-DIA: assistência médica intermediária entre a internação e o atendimento ambulatorial, na qual pacientes permanecem por, no máximo, doze horas.

"IDEOLOGIA DE GÊNERO": termo usado incorretamente para se referir a ações, no âmbito escolar, que promovem o diálogo e a conscientização sobre questões de gênero, orientação, diversidade e educação sexual. Oriundos de diversas culturas, os estudos de gênero analisam, por exemplo, as origens e consequências de predefinições impostas até mesmo antes do nascimento, ao passo que "ideologia de gênero" é um termo inexistente. Vale lembrar que iniciativas que visam ampliar essas questões são fundamentais para combater a exploração sexual infantil, a gravidez precoce, e promover uma sociedade mais inclusiva e plural, livre de preconceitos.

INQUISIÇÃO: também conhecida como Santo Ofício, foi um movimento da Igreja católica que perseguia, julgava e punia pessoas acusadas de não cumprir suas normas de conduta. Teve duas versões: a medieval, nos séculos XIII e XIV, e a moderna, concentrada em Portugal e Espanha, que durou do século XV ao XIX.

INTENTONA COMUNISTA: denominação pejorativa dos levantes antifascistas de novembro de 1935, criada pela direita no Brasil.

JEAN DUBUFFET (1901-85): pintor, escultor e gravador, criou a expressão "arte bruta" em 1945, para nomear a arte produzida por autodidatas (em especial crianças, pessoas com doenças mentais e detentos de prisões), livre de qualquer influência e estilos dominantes, em sua forma mais pura e inicial, a partir de imagens do inconsciente.

JONGO: dança de origem africana marcada pelo ritmo dos tambores que teve forte influência no samba.

"JUVENTUDE TRANSVIADA": termo oriundo do famoso filme *Rebel Without a Cause* (1955), estrelado por James Dean e traduzido como *Juventude transviada* no Brasil. Expressão comum nos anos 1950, refere-se aos jovens rebeldes que não obedeciam aos pais e às regras sociais.

LAQUEADURA: também conhecido como ligadura das trompas, é um método cirúrgico de esterilização da mulher.

LEI ANTIMANICOMIAL: a lei nº 10216, de 2001 oferece proteção às pessoas com transtornos mentais e defende o direito ao tratamento humanizado sem discriminação. Considera as internações voluntárias, involuntárias e compulsórias, determinadas pela Justiça.

LEI MARIA DA PENHA: a lei nº 11340, de 2006, estabeleceu a violência doméstica como crime que deve ser apurado por inquérito policial e encaminhado ao Ministério Público, para ser julgado pelo Juizado Especializado de Violência Doméstica contra a Mulher. Ela determina as formas de violência – física, psicológica, sexual, moral e patrimonial –, acaba com a pena de cesta básica ou multa, e estipula o encaminhamento da vítima a serviços de proteção. É chamada assim em homenagem à farmacêutica Maria da Penha Maia Fernandes, que sofreu duas tentativas de assassi-

nato pelo marido, em 1983, numa delas ficando paraplégica. Apesar de condenado, o ex-marido ficou em liberdade. Isso a motivou a denunciar o caso para a Comissão Interamericana de Direitos Humanos da Organização dos Estados Americanos (OEA), que condenou o Brasil por não ter uma legislação eficiente para casos de violência doméstica e pediu a prisão do agressor, em 2001. Ele foi preso em 2002, quase vinte anos depois do crime.

LEISHMANIOSE: é a segunda doença parasitária que mais mata no mundo, causada pelo protozoário *Leishmania* e transmitida por um mosquito infectado. Está associada a desnutrição, condições precárias de habitação, imunidade baixa, pobreza e mudanças ambientais.

LEOLINDA DALTRO (1859-1935): fundou o Partido Republicano Feminino em 1910, para lutar pelo voto, e a Linha de Tiro Feminino, para que as mulheres pudessem treinar com armas de fogo. Também foi defensora da educação dos indígenas sem conotações religiosas. Ficou conhecida como "a mulher do diabo".

LIVRO DOS HERÓIS E HEROÍNAS DA PÁTRIA: livro de aço com os nomes de heróis e heroínas que se destacaram na luta pelo país. Fica guardado no Panteão Tancredo Neves, na praça dos Três Poderes, em Brasília. Veja mais no box da p. 20.

LOBOTOMIA: em termos simples, uma intervenção cirúrgica no cérebro, que visava modificar comportamentos. O método, realizado pela primeira vez em 1935, foi um dos mais controversos no tratamento de pacientes psiquiátricos.

LOVIS CORINTH (1858-1925): um dos principais representantes do impressio-

187

nismo alemão, conhecido por paisagens, retratos e figuras dramáticas.

LUÍS CARLOS PRESTES (1898-1990): influente militar e político brasileiro que comandou a Coluna Prestes, uma espécie de marcha de longa duração que defendia mudanças políticas e sociais. Foi realizada por militares e elementos civis entre 1924 e 1927 e combateu as forças do governo de Arthur Bernardes e Washington Luís.

LUNDU: dança de origem africana.

LUTA FUNDIÁRIA: luta pela posse da terra.

MARGARET MEE (1909-88): ilustradora botânica que viveu 36 anos no Brasil, especializou-se em desenhar plantas da Amazônia e militou pela preservação do meio ambiente. Suas obras estão em coleções renomadas nos Estados Unidos, na Inglaterra, na França e no Brasil.

MARTA SUPLICY (1945): psicanalista especializada em sexualidade, fundou o Instituto de Políticas Públicas Florestan Fernandes, na capital paulista, e ficou famosa como sexóloga em um quadro do programa *TV Mulher*, na década de 1980. Filiou-se ao PT nos anos 1980, tendo sido deputada federal (1995-8), prefeita de São Paulo (2000-4), ministra do Turismo (2007-8), senadora (2010-8) e ministra da Cultura (2012-4). Filiou-se ao PMDB em 2015.

MATRIARCA: figura materna que exerce a função e a autoridade de chefe sobre sua família e seus descendentes.

MODERNISMO BRASILEIRO: amplo movimento cultural inspirado pelas vanguardas europeias que propunha uma renovação estética, rompendo com a

arte tradicional. Havia também um forte elemento nacionalista.

MORFOLOGIA: uma das bases da botânica, que tem como meta estudar e documentar as formas e as estruturas das plantas, otimizando o processo de classificação.

MOVIMENTO ANTIPSIQUIÁTRICO: David Cooper (1931-86) cunhou esse termo contestando métodos e medidas extremas como forma de neutralizar pacientes portadores de transtornos mentais e procurando métodos alternativos. O movimento acabou por negar tudo o que a psiquiatria tradicional afirmava sobre doença mental, pregando o fim dos manicômios.

MOVIMENTO ANTROPOFÁGICO: originado do manifesto escrito por Oswald de Andrade em 1928, propunha que era preciso devorar as culturas europeia e norte-americana, absorvendo suas qualidades, mas as reelaborando para criar uma versão genuinamente brasileira.

MOVIMENTO DEMOCRÁTICO BRASILEIRO (MDB): partido político criado em 1966, durante a ditadura militar, que fazia oposição ao governo federal. Era um dos dois partidos existentes na época.

NÉLIDA PIÑON (1937): a romancista, contista e jornalista foi eleita para a Academia Brasileira de Letras em 1989 e se tornou a primeira mulher a presidir a entidade, entre 1996 e 1997.

ORFEÃO DOS APIACÁS: grupo musical da Rádio Tupi regido pelo maestro Heitor Villa-Lobos.

OSWALD DE ANDRADE (1890-1954): influente escritor e um dos fundadores do movimento modernista brasileiro e

organizadores da Semana de Arte Moderna. Autor do "Manifesto antropófago" e do "Manifesto da Poesia Pau-Brasil", defendia uma construção de texto menos formal e fomentava a identidade e a cultura nacional.

PATRIARCADO: modelo que se caracteriza por ter como figura central o patriarca (o pai), chefe das funções sociais e econômicas. Nesse sistema social, presente em diferentes culturas, o homem ocupa a posição de poder, liderança e autoridade, resultando em privilégios.

"PAULISTAS": referência aos empresários e fazendeiros de São Paulo que receberam títulos do governo Getúlio Vargas e chegaram à região do rio Araguaia antes dos guerrilheiros.

PEIXEIRA: faca bem comprida e afiada para cortar peixes que é usada como arma.

PÓS-FEMINISMO (OU QUARTA ONDA DO FEMINISMO): o feminismo é um conjunto de ideais que pedem a ampliação dos direitos das mulheres, para que se equiparem aos dos homens. Dividido em quatro fases, esta quarta onda se caracteriza pela ampliação da interseccionalidade e da transversalidade, múltiplos feminismos, aprofundamento das questões de corpo e identidade, ciberativismo e representação midiática, especialmente nas redes sociais, com pautas como violência, assédio e cultura do estupro. Não há consenso se esta é a quarta onda ou a continuação da terceira, e há críticas sobre o termo "pós", que pode levar ao entendimento de que as reivindicações feministas foram contempladas. Há também críticas sobre a divisão em ondas, o que privilegiaria determinadas pautas feministas em detrimento de outras.

POSITIVISMO: corrente filosófica que surgiu na França e tem como um dos principais pensadores o francês Auguste Comte (1798-1857). Defende a ciência como único conhecimento capaz de chegar à verdade.

POSSEIRO: o trabalhador rural que trabalha na terra e retira seu sustento dela, mas não possui o documento legal de sua propriedade ou registro em cartório.

PRÊT-À-PORTER: expressão francesa que significa "pronto para vestir". Roupa feita em série, industrialmente, com boa qualidade.

PRINCESA ISABEL (1846-1921): primeira mulher a exercer, como regente do Império, o cargo de chefe de Estado na América Latina. Sua primeira regência foi entre 1871 e 1872, período em que assinou a Lei do Ventre Livre. Em 1888, novamente como regente, assinou a Lei Áurea. Porém, seu papel nesses eventos tem sido apontado por historiadores como pouco expressivo dentro de uma perspectiva inevitável, uma vez que a abolição resultou da pressão da sociedade e dos movimentos abolicionista e negro (entre os quais muitas mulheres tinham papel de destaque), além da internacional, uma vez que a escravidão já havia sido extinta nos países ocidentais.

PSICOLOGIA JUNGUIANA: também conhecida como psicologia analítica, nasceu a partir das ideias e experiências pessoais do psiquiatra suíço Carl Gustav Jung (1875-1961), com conceitos que influenciaram toda a cultura ocidental, tais como arquétipos (ou modelos), inconsciente e processo de individuação, que leva ao autoconhecimento. Nela, são utilizadas técnicas que envolvem o universo simbólico, como os sonhos.

QUILOMBO: termo de origem angolana para designar comunidades de pessoas com a mesma identidade social e étnica que compartilham um território, organizado em sistema de coletividade camponesa (embora tenha havido quilombos urbanos). Eram formados por pessoas escravizadas que fugiam das fazendas e ocupavam terras isoladas, assim como por pessoas negras que recebiam heranças, doações, compravam terras ou as recebiam por serviços prestados ao Estado. Alguns autores chamam de "território negro". Havia ainda o quilombo abolicionista, que abrigava cidadãos politizados e ativos na sociedade, como o que deu origem ao bairro carioca do Leblon. Seu líder, o português José de Seixas Magalhães, possuía uma chácara onde cultivava flores com a ajuda de pessoas escravizadas que haviam fugido. Assim, a camélia tornou-se o símbolo do movimento abolicionista. As comunidades quilombolas existem ainda hoje e lutam para manter sua cultura, identidade e território.

QUILOMBO DOS PALMARES: o mais famoso dos quilombos durante o período colonial, que chegou a resistir por mais de um século. Localizado na serra da Barriga, onde hoje fica a cidade de União dos Palmares (AL), começou a ser formado com um grupo de pessoas escravizadas fugidas de engenhos no final do século XVI e cresceu significativamente de 1630 a 1650, resultando em doze povoações na região.

RACHEL DE QUEIROZ (1910-2003): romancista, cronista, jornalista e tradutora. Foi a primeira mulher a entrar para a Academia Brasileira de Letras, em 4 de agosto de 1977, ocupando a cadeira de número cinco. Suas obras mais famosas são *O quinze* (1930) e *Memorial de Maria Moura* (1992).

RECENSEAMENTO: censo (pesquisa, levantamento) que determina o número de moradores de determinada região.

RECÔNCAVO BAIANO: área formada por vinte municípios na região da baía de Todos os Santos. O nome vem do formato côncavo e também da parte côncava do litoral do Estado.

REFORMA AGRÁRIA: conjunto de propostas e medidas que visa promover a distribuição de terras no país. Não se trata somente de destinar propriedades rurais a quem não possui, mas também de garantir condições de sustentação.

REPÚBLICA JULIANA: fundada pelos farroupilhas em 1839, já unidos às forças revolucionárias comandas por Giuseppe Garibaldi e as tropas de Davi Canabarro, no atual estado de Santa Catarina. Foi extinta em 15 de novembro de 1839.

REVOLUÇÃO DE 1930: movimento político-militar que determinou o fim da Primeira República (1889-1930). Os revolucionários tinham como objetivo impedir a posse de Júlio Prestes e derrubar o governo de Washington Luís. O movimento tornou-se vitorioso em 24 de outubro, e Getúlio Vargas assumiu o cargo de presidente provisório em 3 de novembro de 1930.

REVOLUÇÃO FARROUPILHA: extenso movimento de revolta civil no país. Iniciado no Rio Grande do Sul, durou uma década (1835-45) e teve como principal objetivo a separação política do restante do Brasil. Foi protagonizado por estancieiros e pela classe dominante gaúcha que, insatisfeita com a política centralizadora da monarquia e a concorrência que sofria com os fazendeiros uruguaios produtores de charque, se uniu ao Partido Exaltado, também chamado Farroupilha. Defendia uma autonomia administrativa das províncias e um regime republicano.

RITA LOBATO VELHO (1866-1954): primeira mulher a se formar médica no Brasil e segunda na América do Sul. Fez faculdade no Rio de Janeiro e na Bahia, graduando-se em 1887, e se especializou em ginecologia. Foi vereadora em Rio Pardo (RS).

RUPESTRE: relativo a rocha. A arte rupestre consiste em um amplo conjunto de desenhos, pinturas e inscrições realizadas pelo homem pré-histórico.

SÍNDROME DO PÂNICO: transtorno de ansiedade que causa crises inesperadas de medo e mal-estar. Desencadeia reações físicas graves quando não há nenhum perigo real ou motivo aparente.

SINHAZINHA: diminutivo de "sinhá". Tratamento que pessoas escravizadas davam à filha do senhor.

SISTEMÁTICA VEGETAL: organizar, compreender e classificar os seres vivos. Seu objetivo é mostrar a diversidade dentro do gênero de uma espécie de planta, com base nas variações morfológicas e nas relações evolutivas, construindo um sistema de classificação.

SORORIDADE: integração e aliança entre mulheres baseada em empatia e companheirismo. Do ponto de vista do feminismo, consiste no não julgamento prévio e no apoio entre mulheres de diferentes etnias, classes sociais etc. Vem do latim *soror*, que significa "irmã".

SUPLENTE: candidato que disputou a eleição mas não conseguiu votos suficientes para se eleger. Caso o político eleito tenha de se ausentar do cargo, assume a cadeira o primeiro suplente.

SURREALISMO: movimento artístico e literário que surgiu na década de 1920 na França e tinha como objetivo ultrapassar os limites da imaginação e da lógica.

TARSILA DO AMARAL (1886-1973): uma das mais relevantes pintoras do movimento modernista brasileiro. Autora da obra *Abaporu* (1928), tela que iniciou o movimento antropofágico.

TAXONOMIA: técnica de classificação que distribui elementos em categorias de forma sistemática.

TIRADENTES: Joaquim José da Silva Xavier (1746-92) entrou para a história como um dos líderes da Inconfidência Mineira, tendo sido o único condenado à forca. Recebeu seu apelido por ter desempenhado a profissão de dentista, embora também tenha sido alferes, tropeiro e mascate.

TRADIÇÃO ORAL: cultura e tradição transmitida através da palavra falada, com a função de preservar histórias, conhecimento e identidade.

TRIBUNAL ECLESIÁSTICO: segundo o Código de Direito Canônico da Igreja Católica, é um tribunal da Igreja que realiza a justiça canônica (de acordo com as normas dos livros sagrados), além de orientar os católicos em situações diversas.

TROTSKISMO: uma das vertentes do comunismo, baseada nas ideias de Leon Trótski (1879-1940), político e revolucionário ucraniano que foi um dos líderes da Revolução Russa de 1917. Pregava a "revolução permanente", visando expandir o comunismo a outros países.

TUPINAMBÁS: povo indígena que pertence ao tronco linguístico tupi e que ocupava o litoral brasileiro, do norte de São Paulo ao rio Amazonas. Eram guerreiros e praticavam o canibalismo.

TV TUPI: primeira emissora de televisão da América do Sul e quarta do mundo. Inaugurada em 1950, integrava o conglomerado jornalístico Diários e Emissoras Associados, comandado por Assis Chateaubriand.

UNIÃO DEMOCRÁTICA RURALISTA (UDR): fundada em 1985, a entidade reunia grandes fazendeiros e defendia o direito de propriedade, posicionando-se contra a reforma agrária. Foi acusada de incentivar a violência contra os trabalhadores rurais, especialmente os que lutavam pela terra. A organização se desfez nos anos 1990, mas ressurgiu em 1996, com o aumento das ocupações de terra. O grupo hoje compõe a bancada ruralista.

VEDETA: guarita de vigilância em local alto.

ZUMBI DOS PALMARES (ALAGOAS, 1655-95): último chefe do Quilombo dos Palmares, tendo assumido sua liderança em 1678, que até então era de seu tio Ganga Zumba. Símbolo da resistência contra a escravidão, talvez nunca tenha chegado a ser escravizado. Acredita-se que era filho da princesa africana Aqualtune e ainda novo foi raptado de Palmares por portugueses e criado por um padre – voltou ao quilombo em definitivo aos quinze anos. Após a queda de Palmares, foi traído por companheiros, capturado e morto.

Referências

ITAÚ CULTURAL. *Enciclopédia Itaú Cultural*. Disponível em: <enciclopedia.itaucultural.org.br>. [Todos os acessos foram feitos em out. 2022.]

PINSKY, Carla B.; PEDRO, Joana M. (Orgs.). *Nova história das mulheres no Brasil*. São Paulo: Contexto, 2016.

PRIORE, Mary del (Org.). *História das mulheres no Brasil*. 10. ed. Coord. de textos de Carla B. Pinsky. São Paulo: Contexto; Editora Unesp, 2013.

SCHUMAHER, Schuma; BRAZIL, Érico V. *Dicionário mulheres do Brasil: De 1500 até a atualidade*. Rio de Janeiro: Zahar, 2000.

SCHMITT, Alessandra; TURATTI, Maria Cecília Manzoli; CARVALHO, Maria Celina Pereira de. "A atualização do conceito de quilombo: identidade e território nas definições teóricas". *Revista Ambiente & Sociedade*, v. 10, jun. 2002. Disponível em: <bit.ly/3OGtiBn>.

MADALENA CARAMURU

BELTRÃO, Kaizô Iwakami; ALVES, José Eustáquio Diniz. "A reversão do hiato de gênero na educação brasileira no século XX". *Cadernos de Pesquisa*, v. 39, n. 136, São Paulo, pp. 125-56, jan./abr. 2009. Disponível em: <bit.ly/2x2cTRR>.

CALÓ, Adriana. "Primórdios da literatura de escrita feminina no Brasil". Obvious, 2016.

CARVALHO, Rosely Fialho de. Entrevista concedida às autoras em setembro de 2017.

_____. *Subsídios para a compreensão da educação escolar indígena Terena do Mato Grosso do Sul*. Santa Maria: UFSM, 1995. (Dissertação de mestrado).

COSTA, Hebe Canuto da Boa-viagem Andrade. *Elas, as pioneiras do Brasil*. São Paulo: Scortecci, 2005.

"DIRETÓRIO dos índios". Disponível em: <bit.ly/2wRu316>.

HENRIQUES, Ricardo; GESTEIRA, Kleber; GRILLO, Susana; CHAMUSCA, Adelaide (Orgs.). *Educação escolar indígena: Diversidade sociocultural indígena ressignificando a escola*. Cadernos Secad 3, Secretaria de Educação Continuada, Alfabetização e Diversidade. Brasília: Ministério da Educação, abr. 2007. Disponível em: <bit.ly/2htOhbP>.

INSTITUTO BRASILEIRO DE GEOGRAFIA E ESTATÍSTICA. *Pesquisa Nacional por Amostra de Domicílios (Pnad)*. Rio de Janeiro, nov. 2016.

INSTITUTO NACIONAL DE ESTUDOS E PESQUISAS EDUCACIONAIS ANÍSIO TEIXEIRA (Inep). *Censo Escolar da Educação Básica 2016: Notas estatísticas*. Brasília, fev. 2017. Disponível em: <bit.ly/2htCeLr>.

_____. *Estatísticas sobre educação escolar indígena no Brasil*. Brasília, 2007. Disponível em: <bit.ly/2xvJRsu>.

OLIVEIRA, Luiz A; NASCIMENTO, Rita G. do. "Roteiro para uma história da educação escolar indígena: notas sobre a relação entre política indigenista e educacional". *Educação & Sociedade*, v. 33, n. 120, Campinas, pp. 765-81, jul./set. 2012. Disponível em: <bit.ly/2y2O4qV>.

RIBEIRO, Arilda Inês Miranda. "Textos referentes à formação educacional brasileira e didática: publicados em revistas, apresentados em congressos científicos", 2007. Disponível em: <bit.ly/3TWoM3g>.

RIBEIRO, Arilda Inês Miranda. "Mulheres educadas na Colônia". In: LOPES, Eliane Marta Teixeira; FARIA FILHO, Luciano Mendes de; VEIGA, Cynthia Greive (Orgs.). *500 anos de educação no Brasil*. Belo Horizonte: Autêntica, 2003, pp. 94-133.

TASSINARI, Antonella M. I. "A educação escolar indígena no contexto da antropologia brasileira". *ILHA – Revista de Antropologia*, UFSC, Florianópolis, v. 10, n.1, pp. 217-44, 2008. Disponível em: <bit.ly/2xG5OHC>.

TREECE, David. "Caramuru, o mito: Conquista e conciliação". Trad. de Marcos César de Paula Soares. *Teresa*, São Paulo, n. 12-13, pp. 307-44, dez. 2013. Disponível em: <bit.ly/2w8GjPs>.

DANDARA

ALVES, Rael Lopes. "Os arquétipos dos mitos históricos negros no cinema nacional: uma análise na filmografia de Cacá Diegues". Monografia de graduação em Comunicação Social. Universidade Federal do Rio Grande do Sul, Porto Alegre, 2009. Disponível em: <bit.ly/2xZTvCS>.

ARRAES, Jarid. *As lendas de Dandara*. São Paulo: edição independente, 2015. Il. de Aline Valek.

FESTIVAL DE CANNES. "Rétrospective 1984". Disponível em: <bit.ly/2jq8zHf>.

LEI ESTADUAL DO RIO DE JANEIRO nº 7270, de 2 de maio de 2016.

LEI nº 12519, de 10 de novembro de 2011.

LINS, Larissa. "Dandara, símbolo de força da mulher negra, tem a vida narrada em livro crítico ao racismo e machismo". *Diário de Pernambuco*, Recife, 20 nov. 2015. Disponível em: <bit.ly/2h3J3U2>.

PARQUE MEMORIAL QUILOMBO DOS PALMARES. Site. Disponível em: <serradabarriga.palmares.gov.br>.

PORTAL IPHAN. "Serra da Barriga é Patrimônio Cultural do Mercosul". 27 out. 2017. Disponível em: <bit.ly/3D5X4dJ>.

ROCHA, Newton "Nitro". *Dandara, a rainha guerreira de Palmares*. Belo Horizonte: edição independente, 2015.

TINOCO, Dandara. "Descrita como heroína, Dandara, mulher de Zumbi, tem biografia cercada de incertezas". *O Globo*, Rio de Janeiro, 15 nov. 2014.

BÁRBARA DE ALENCAR

BRITO, José Domingos. "Pernambucanas ilustres XVIII – Bárbara de Alencar".

INSTITUTO BARBARA DE ALENCAR. Site. Disponível em: <barbaradealencar.org.br>.

MONTENEGRO, José Alfredo de S. "Bárbara de Alencar". *Revista do Instituto do Ceará*, v. 109, pp. 139-52, 1995. Disponível em: <bit.ly/2xyfmVK>.

TV BRASIL. "Bárbara de Alencar". *De Lá Pra Cá*, Rio de Janeiro, 29 ago. 2010. Programa de TV. Disponível em: <youtu.be/Q0Ai1yLHeQQ> (parte 1) e <youtu.be/T5DVAT0ecKg> (parte 2).

HIPÓLITA JACINTA TEIXEIRA DE MELO

COELHO, Ronaldo Simões. *Hipólita: A mulher inconfidente*. Belo Horizonte: Armazém de Ideias, 2000.

LOPES, Marcus. "A inconfidente de saias: A história da única mulher que participou da Inconfidência Mineira", Aventuras na História. Portal Guia do Estudante, 9 abr. 2014.

RODRIGUES, André Figueiredo. "A mulher na Inconfidência Mineira". *Revista da Academia*

Guarulhense de Letras, Guarulhos, v. 14, 2012, pp. 29–46, 2012.

_____. "Bravas inconfidentes". *Revista de História da Biblioteca Nacional*, Rio de Janeiro, v. 6, n. 64, jan. 2011.

_____. "Hipólita, mulher inconfidente". *Carta Educação*, 14 ago. 2015. Disponível em: <bit.ly/3TQK1ng>.

SACRAMENTO, José Antônio de Ávila. "Hipólita Jacinta Teixeira de Mello, a conjurada de Prados".

MARIA QUITÉRIA

AGRA, Alexandrino. "A mulher-soldado". *A Noite*, Rio de Janeiro, 28 jul. 1953.

CORREIA NETO, Jonas. "Maria Quitéria e Caxias – A Independência". *Jornal do Commercio*, Rio de Janeiro, 12 jul. 1953.

FILHO, M. Paulo. "Heroínas cachoeiranas". *Correio da Manhã*, Rio de Janeiro, 7 jul. 1957.

GRAHAM, Maria. *Diário de uma viagem ao Brasil e de uma estada nesse país durante parte dos anos de 1821, 1822 e 1823*. São Paulo: Companhia Editora Nacional, 1956.

MENDONÇA, Hugolino de. "O centenario de Maria Quiteria de Jesus". *A Noite*, Rio de Janeiro, 26 jan. 1953.

"MULHERES de ontem e de hoje – Maria Quitéria de Jesus Medeiros". *Diario de Noticias*, Rio de Janeiro, 31 jan. 1954.

PALHA, Americo. "As grandes figuras de nossa historia – Maria Quitéria de Jesus". *Diario Carioca*, Rio de Janeiro, 13 jan. 1946.

MARIA FELIPA DE OLIVEIRA

FARIAS, Eny Kleyde Vasconcelos. "Maria Felipa de Oliveira no Dois de Julho". 20 mar. 2015. Disponível em: <youtu.be/Tb0GAnjJREo>.

FRANÇA, Gerson. "Maria Ortiz: A lenda, a verdade e a tradição". 31 out. 2016. Disponível em: <bit.ly/2yFa0VZ>.

FREYRE, Francisco de Brito. *Nova Lusitânia, história da Guerra Brasílica*. Lisboa: Officina de Joam Galram, 1675.

MAGALHÃES, Aline Montenegro; RAINHO, Maria do Carmo. "A mulher negra de turbante, de Alberto Henschel". Brasiliana Fotográfica, 13 maio 2020. Disponível em: <bit.ly/3Ku4ZDy>.

"MARIA Felipa e a mulher de turbante". Projeto Detecta. Clio: História e Literatura, 28 mar. 2021. Disponível em: <bit.ly/3vlYbDn>.

PACHECO, Clarissa. "Quase um século depois, moradores incluem nome de Maria Felipa entre os heróis". *Correio*, Salvador, 1 jul. 2017. Disponível em: <glo.bo/2xkZEwr>.

PEIXINHO, Liliana. "A guerra que orgulha a Bahia". *Desafios do desenvolvimento*, ano 12, ed. 85, 2015. Disponível em: <bit.ly/2y7dZJ>.

SACRAMENTO, Tati. "Nossas mulheres negras – Maria Felipa". 8 mar. 2016. Disponível em: <youtu.be/-Ti36Y_YiSw>.

SANTANA, Andreia. "Maria Felipa: Guerreira de Itaparica". *Correio*, Salvador, 20 fev. 2005. Disponível em: <bit.ly/2f5nzZS>.

VASCONCELLOS, José M. P. *Ensaio sobre a história e estatística da província do Espírito Santo*. Vitória: Typographia de P. A. d'Azeredo, 1858. Disponível em: <bit.ly/2fOOQwI>.

WEB TV UNEB. "Especial Consciência Negra – Maria Felipa". Universidade do Estado da Bahia, Salvador, 30 nov. 2010. Disponível em: <bit.ly/2fje85W>.

NÍSIA FLORESTA

"BRASILEIRA Augusta". *Jornal do Brasil*, Rio de Janeiro, 10 maio 1980.

BURKE, Maria Lúcia P. "Pela liberdade das mulheres". *Folha de S.Paulo*, São Paulo, 10 set. 1995.

CASTRO, Amanda M. A.; ALBERTON, Mirele; EGGERT, Edla. "Nísia Floresta, a mulher que ousou desafiar sua época: Feminismo e educação". In: VIII Congresso Ibero-americano de Ciência, Tecnologia e Gênero, Curitiba, 5-9 abr. de 2010.

CIRIBELLI, Marilda Corrêa. *Mulheres singulares e plurais (sofrimento e criatividade)*. Rio de Janeiro: 7Letras, 2006.

DUARTE, Constância Lima. *Nísia Floresta*. Recife: Fundação Joaquim Nabuco, Editora Massangana, 2010. Disponível em: <bit.ly/3sr4Mdt>.

"EXALTADA, na Câmara dos Deputados, a memória de Nísia Floresta". *Diario de Noticias*, Rio de Janeiro, 13 maio 1954.

FLORESTA, Nísia. *Conselhos à minha filha*. Rio de Janeiro: Typographia de J. E. S. Cabral, 1842.

_____. *Direitos das mulheres e injustiças dos homens*. Recife: Typographia Fidedigna, 1832.

_____. *Opúsculo humanitário*. Rio de Janeiro: Typographia de M. A. da Silva Lima, 1853.

FUNDAÇÃO BANCO DO BRASIL. "Nísia Floresta". Projeto Memória 2006.

"MULHERES de ontem e de hoje – Nísia Floresta Brasileira Augusta". *Diario de Noticias*, 1 maio 1954.

"NÍSIA Floresta, uma figura romântica". *Correio da Manhã*, Rio de Janeiro, 4 set. 1954.

"NÍSIA Floresta". *Correio da Manhã*, Rio de Janeiro, 17 maio 1949.

SCHMIDT, Afonso. "Nísia Floresta". *O Estado de S. Paulo*, São Paulo, 15 out. 1944.

SERRA NEGRA, Condessa de. "Uma brasileira notável". *O Estado de S. Paulo*, São Paulo, 19 ago. 1954.

TEIXEIRA, Diogo. "Mulheres célebres – Nísia Floresta". *Diario de Noticias*, Rio de Janeiro, 9 jul. 1950.

ANA NÉRI

AMADO, Agnaldo. "Figuras da história: Ana Neri, a 'Mãe dos Brasileiros'". *Vamos Lêr!*, Rio de Janeiro, 1 ago. 1940.

"ANA Néri". *A Provincia de São Paulo*, São Paulo, 25 maio 1880.

"ANA Néri". *A Manhã*, Rio de Janeiro, 12 maio 1942.

CÁRDENAS, Rui de. [Sem título]. *Folha da Noite*, São Paulo, 26 maio 1948.

CARDOSO, Maria Manuela V. N.; MIRANDA, Cristina M. L. "Anna Justina Ferreira Nery: um marco na história da enfermagem brasileira". *Revista Brasileira de Enfermagem*, Brasília, v. 52, n. 3, pp. 339-48, jul./set. 1999. Disponível em: <bit.ly/2xncie5>.

LACAZ, Carlos da Silva. "Lembrando Ana Néri". *Folha de S.Paulo*, São Paulo, 18 maio 1980.

MARTON, Fabio. "Guerra do Paraguai: o plano secreto de Solano López". Aventuras na História.

OLIVEIRA, Jota. "Brasileiros ilustres: A 'mãe dos brasileiros'". *A Prudência em Revista*, maio/jun. 1952.

ORICCHIO, Luiz Zanin. "'Guerra do Paraguai', que o canal History exibe sábado, esclarece dúvidas sobre batalha". *O Estado de S. Paulo*, São Paulo, 7 jul. 2015. Disponível em: <bit.ly/2xmEfTl>.

SILVEIRA, Enzo. "A vida gloriosa de Ana Néri, a dedicada e heroica enfermeira baiana de Cachoeira de Paraguaçu". *Diário Popular*, Porto Alegre, 23 jun. 1974.

STOCHERO, Tahiane. "Após 150 anos, estopim da Guerra do Paraguai ainda gera controvérsia". G1, 13 dez. 2014. Disponível em: <glo.bo/2fl9G6W>.

TEIXEIRA, Diogo. "Mulheres célebres: Ana Néri". *Diario de Noticias*, Rio de Janeiro, 25 jun. 1950.

VIDAL, Barros. "Ana Néri (I)". *Jornal do Commercio*, Rio de Janeiro, 16 maio 1963.

VIDAL, Barros. "Ana Néri (IV)". *Jornal do Commercio*, Rio de Janeiro, 19 maio 1963.

ANITA GARIBALDI

CUSTÓDIO. *Anita Garibaldi*. Disponível em: <anitagaribaldi.com>.

GARIBALDI, Anita. *Anita Garibaldi: A mulher do general*. São Paulo: Martins Fontes, 1989.

MARKUN, Paulo. "A reconstrução de Anita". *Superinteressante*, São Paulo, 31 jul. 1999. Disponível em: <abr.ai/2x4knUH>.

MODELLI, Lais. "A guerreira que abriu caminho para as mulheres brasileiras nos livros de História". BBC Brasil, 6 ago. 2016. Disponível em: <bbc.in/2y8kLQp>.

PREFEITURA DE LAGUNA. "Museu Casa de Anita". Disponível em: <bit.ly/3SvozmF>.

RAU, Wolfgang L. "Anita Garibaldi: A heroína de dois mundos". In: SANT'ANA, Elma. *A cavalo, Anita Garibaldi!* Porto Alegre: AGE, 1993, pp. 13-5.

SOUSA, Rainer. "Anita Garibaldi". Brasil Escola. Disponível em: <bit.ly/2xBd9Jb>.

MARIA FIRMINA DOS REIS

MENDES, Algemira de Macêdo. *Maria Firmina dos Reis e Amélia Beviláqua na história da literatura brasileira: Representação, imagens e memórias nos séculos XIX e XX*. Porto Alegre: PUC-RS, 2006. Tese (Doutorado em Teoria da Literatura).

NEIVA, Leonardo. "Com rosto ainda desconhecido, primeira escritora negra do Brasil é redescoberta após décadas de anonimato". BBC Brasil, 25 jul. 2020. Disponível em: <bbc.in/3EXonro>.

REIS, Maria Firmina. *Úrsula*. 3. ed. Rio de Janeiro: Presença; Brasília: INL, 1998.

ZIN, Rafael Balseiro. *Maria Firmina dos Reis: a trajetória intelectual de uma escritora afrodescenden-*

te no Brasil oitocentista. São Paulo: PUC-SP, 2016. Dissertação (Mestrado em Ciências Sociais).

CHIQUINHA GONZAGA

BRAGA, Wandrei (Org.). Site Chiquinha Gonzaga. Disponível em: <chiquinhagonzaga.com>.

BUTCHER, Pedro. "Chiquinha Gonzaga revivida". *Jornal do Brasil*, Rio de Janeiro, 10 ago. 1998.

CALÓ, Beth. "Chiquinha Gonzaga: o reconhecimento quarenta e cinco anos depois". *Folha da Tarde*, São Paulo, 19 nov. 1979.

CESAR, Rafael do Nascimento. "O amante adotado: Chiquinha e Joãozinho, composição além da música". *Cadernos Pagu*, n. 45, Campinas, dez. 2015. Disponível em: <bit.ly/2x1EyAH>.

"CHIQUINHA Gonzaga biografada: marginalização como mulher, preço do sucesso de uma compositora audaciosa". *O Globo*, Rio de Janeiro, 1 out. 1982.

"CHIQUINHA, além de artista, uma líder feminista cem anos atrás". *Diario de Noticias*, Rio de Janeiro, 8 set. 1974.

COELHO, João M. "Chiquinha Gonzaga – Uma mulher que abriu alas". *Visão*, São Paulo, 18 fev. 1985.

DINIZ, Edinha. "A bastarda da Rua do Príncipe". *Jornal do Brasil*, Rio de Janeiro, 17 out. 1997.

_____. *Chiquinha Gonzaga: Uma história de vida*. Rio de Janeiro: Jorge Zahar, 2009.

FRIAS, Lena. "Chiquinha Gonzaga, a flor da lira". *Jornal do Brasil*, Rio de Janeiro, 17 out. 1997.

"HÁ meio século, morria Chiquinha". *Folha de S.Paulo*, São Paulo, 28 fev. 1985.

HAAG, Carlos. "Chiquinha Gonzaga, a número 1 do carnaval". *O Estado de S. Paulo*, São Paulo, 28 fev. 1995.

LIRA, Mariza. "Brasil sonoro – A cadeira n. 22 da Academia Brasileira de Música Popular". *Diario de Noticias*, Rio de Janeiro, 1 fev. 1959.

LOPES, Maria Amélia R. "A harmonia de Chiquinha, no ritmo das valsas, choros e maxixes". *Jornal da Tarde*, São Paulo, 30 out. 1979.

MACEDO, Sergio D. T. "O centenário da primeira maestrina brasileira – Chiquinha Gonzaga, intérprete admirável da nossa alma popular". *O Globo*, Rio de Janeiro, 17 out. 1947.

MAGYAR, Vera. "Chiquinha Gonzaga – Uma festa, para lançar sua biografia". *Jornal da Tarde*, São Paulo, 23 ago. 1984.

MARIZ, Vasco. "Literatura – Chiquinha Gonzaga". *Correio da Manhã*, Rio de Janeiro, 11 fev. 1956.

MÁXIMO, João. "Chiquinha Gonzaga – O reencontro com a mulher e seu tempo". *Jornal do Brasil*, Rio de Janeiro, 27 maio 1984.

MIRANDA, Gracita de. "Carnet: Francisca Gonzaga – a primeira maestrina do Brasil" (1) e (2). *Diario de S.Paulo*, São Paulo, 2-3 fev. 1952.

OLIVEIRA, Maria Therezinha C. L. de. "Chiquinha Gonzaga e nossa música". *Jornal do Commercio*, Rio de Janeiro, 10 nov. 1963.

PAIVA, Fernando. "Chiquinha Gonzaga, uma feminista de outros carnavais". *Mulher de Hoje*, Rio de Janeiro, 6 fev. 1983.

SOUSA, Jehovanira. "Ô abre alas para Chiquinha Gonzaga". *Jornal do Brasil*, Rio de Janeiro, 28 fev. 1965.

GEORGINA DE ALBUQUERQUE

CHAIMOVICH, Felipe. "O impressionismo e o Brasil". Disponível em: <bit.ly/2y1ENuW>.

COSTA, Angyone. *A inquietação das abelhas*. Rio de Janeiro: Pimenta de Mello & Cia., 1927, pp. 90-1.

NOGUEIRA, Manuela Henrique. *Georgina de Albuquerque: Trabalho, gênero e raça em representação*. São Paulo: IEB-USP, 2016. Dissertação (Mestrado em Estudos Brasileiros). Disponível em: <bit.ly/2eXMVFq>.

SIMIONI, Ana Paula Cavalcanti. "Entre convenções e discretas ousadias: Georgina de Albuquerque e a pintura histórica feminina no Brasil". *Revista Brasileira de Ciências Sociais*, v. 17, n. 50, pp. 143-59, 2002. Disponível em: <bit.ly/2wYyStZ>.

NAIR DE TEFFÉ

ENTINI, Carlos Eduardo. "O casamento do presidente com a cartunista". *O Estado de S. Paulo*, São Paulo, 8 dez. 2013.

LEAL, José. "A história de Nair de Teffé: 'Sinceramente, casei por amor'". *Folha da Manhã*, São Paulo, 10 abr. 1955.

"MIS ouviu Nair Teffé". *O Estado de S. Paulo*, São Paulo, 24 abr. 1969.

SARMENTO, Luiz Carlos. "NAIR de Teffé, aos 90 anos". *O Globo*, Rio de Janeiro, 2 jun. 1976.

RODRIGUES, Antonio Edmilson Martins. *Nair de Teffé: Vidas cruzadas*. Rio de Janeiro: FGV, 2002.

ANITA MALFATTI

"ANITA Malfatti: Iniciadora do movimento modernista brasileiro". *O Estado de S. Paulo*, São Paulo, 7 nov. 1964.

COURI, Norma. "Cartas revelam amor de Anita Malfatti por Mário de Andrade". *O Estado de S. Paulo*, São Paulo, 12 ago. 1997.

DAGEN, Philippe. "Sonderbund show recreated 100 years after galvanising Europe's art world". *The Guardian*, Londres, 2 out. 2012. Disponível em: <bit.ly/2x1MQsz>.

LOBATO, Monteiro. "A propósito da exposição Malfatti". *O Estado de S. Paulo*, São Paulo, 20 dez. 1917.

"TOMEI a liberdade de pintar a meu modo". *A Gazeta*, São Paulo, 16 abr. 1955.

TV BRASIL. "Anita Malfatti". Rio de Janeiro: *De Lá Pra Cá*, 26 out. 2009. Programa de TV. Disponível em: <youtu.be/Jim_rWPlsn0> (parte 1), <youtu.be/t6ySGFQaBrU> (parte 2), <youtu.be/xeM5oru2mQw> (parte 3) e <youtu.be/VTR9upslmnI> (parte 4).

BERTHA LUTZ

COSTA, Cida. "Bertha Lutz, uma história de luta e conquistas de direitos da mulher no Brasil". *O Globo*, Rio de Janeiro, 13 set. 2016. Disponível em: <glo.bo/2y17Sqt>.

"EVENTO lembra brasileira Bertha Luz e outras mulheres pioneiras na criação da Carta da ONU". ONU News, 22 maio 2018. Disponível em: <bit.ly/3kjnuQs>.

LÔBO, Yolanda. *Bertha Lutz*. Recife: Fundação Joaquim Nabuco, Editora Massangana, 2010.

MUSEU BERTHA LUTZ. Site. Disponível em: <lhs.unb.br/bertha>.

"PIONEIRAS da ciência no Brasil". Site CNPq. Disponível em: <bit.ly/3TAIfac>.

PORTAL BRASIL. "Bertha Lutz". 5 abr. 2012.

SOUSA, Lia G. P. de; SOMBRIO, Mariana M. O.; LOPES, Maria M. "Para ler Bertha Lutz". *Cadernos Pagu*, Campinas, n. 24, pp. 315-25, jan./jun. 2005. Disponível em: <bit.ly/2ws74cP>.

ANTONIETA DE BARROS

"ANTONIETA". Magnolia Produções Culturais.

BÄR, Claudia. "Mulheres com sotaque: Flávia Person", 10 mar. 2017. Disponível em: <bit.ly/3DuEAoA>.

CANOFRE, Fernanda. "Você conhece a história da primeira deputada negra do Brasil?". GlobalVoices, 14 dez. 2015. Disponível em: <bit.ly/2wDhwTW>.

ESCÓSSIA, Fernanda da. "A filha de ex-escrava que virou deputada e inspira o movimento negro no Brasil". BBC Brasil, 28 fev. 2016. Disponível em: <bbc.in/2wJWD4M>.

ESPÍNDOLA, Elizabete Maria. "Antonieta de Barros: Educação, cidadania e gênero pelas páginas dos jornais *República* e *O Estado* em Florianópolis na primeira metade do século XIX". Anais do VI Encontro Escravidão e Liberdade no Brasil Meridional. Florianópolis: UFSC, 2013. Disponível em: <bit.ly/2wcdRMs>.

FALCARI, Gisele. "Antonieta de Barros: protagonista de uma mudança". Geledés, 23 set. 2015. Disponível em: <bit.ly/2hmvXRK>.

FONTÃO, Luciene. *Nos passos de Antonieta: Escrever uma vida*. Florianópolis: UFSC, 2010. Tese (Doutorado em Literatura). Disponível em: <bit.ly/2xnfQgj>.

ILHA, Maria da. *Farrapos de ideias*. 2. ed. Florianópolis: Imprensa Oficial do Estado de Santa Catarina, 1971. Notas biográficas de Leonor de Barros.

NUNES, Karla Leonora Dahse. "Antonieta de Barros: A novidade do voto feminino em Santa Catarina na década de trinta". *Esboços*, Florianópolis, v. 8, n. 8, pp. 115-32, jan. 2000. Disponível em: <bit.ly/2f8mO2p>.

_____. *Antonieta de Barros: Uma história*. Florianópolis: UFSC, 2001. Dissertação (Mestrado em História). Disponível em: <bit.ly/2y9drnG>.

"PROGRAMA Antonieta de Barros". Assembleia Legislativa do Estado de Santa Catarina. Disponível em: <bit.ly/2yuPhnw>.

CARMEN PORTINHO

ARQUITETURA E URBANISMO PARA TODOS. "Conjunto Habitacional do Pedregulho". CAU/BR.

COSTA, Vera Rita da. "Carmen Portinho". Canal Ciência, Portal de Divulgação Cien-

tífica e Tecnológica, nov. 1995. Disponível em: <bit.ly/3Fbg5OE>.

CPDOC FGV. "Carmen Portinho".

FEDERAÇÃO Brasileira pelo Progresso Feminino". *Revista Historia de la Educación Latinoamericana*, Tunja, v. 18, n. 26, pp. 311-26, jun. 2016. Disponível em: <bit.ly/2wZFQPf>.

MARCOLIN, Neldson. "Sempre na vanguarda". *Pesquisa Fapesp*, São Paulo, n. 134, abril 2017. Disponível em: <bit.ly/3svbLlU>.

"MORRE Carmen Portinho, aos 98 anos". Agência Estado – Cultural, 27 jul. 2001. Disponível em: <bit.ly/2x3654K>.

MULHERES NA ARQUITETURA. "Carmen Portinho e a construção do MAM-RJ", 2 abr. 2014. Disponível em: <bit.ly/2x32NP8>.

NASCIMENTO, Flavia Brito do. "Carmen Portinho e o habitar moderno: Teoria e trajetória de uma urbanista". *Revista Brasileira de Estudos Urbanos e Regionais*, v. 9, n. 1, pp. 69-82, maio 2007. Disponível em: <bit.ly/2fkGpZN>.

PREFEITURA MUNICIPAL DE CORUMBÁ. "Corumbaense Carmem Portinho foi a primeira mulher urbanista do Brasil". 8 mar. 2017.

SESCTV. "Coleções: Mestres da Arquitetura – Affonso Eduardo Reidy". 26 mar. 2012. Disponível em: <youtube/Q-aYpHNgFgw>.

LAUDELINA DE CAMPOS MELO

BARÃO, Adriana. "Laudelina de Campos Mello". *Saráo*, Campinas, v. 2, n. 2, nov. 2003.

CRESPO, Fernanda N. "Laudelina de Campos Mello: Histórias de vida e demandas do presente no ensino de história". *Revista Cantareira*, n. 24, pp. 162-77, jan./jun. 2016. Disponível em: <bit.ly/2y3nqKv>.

FEDERAÇÃO NACIONAL DAS TRABALHADORAS DOMÉSTICAS. "Laudelina de Campos Melo". Disponível em: <bit.ly/2jx8wK6>.

"HERÓIS de todo mundo: Laudelina de Campos Melo (1904-1991)". A Cor da Cultura.

PINTO, Elisabete Aparecida. *Etnicidade, gênero e educação: A trajetória de vida de d. Laudelina de Campos Mello (1904-1991)*. Campinas: Unicamp, 1993. Dissertação (Mestrado em Educação). Disponível em: <bit.ly/3VXZJyS>.

NISE DA SILVEIRA

"A SENHORA das mentes". *IstoÉ*, São Paulo, 30 set. 1992.

AGÊNCIA ESTADO. "Universidade dá título a pesquisadora". *O Estado de S. Paulo*, São Paulo, 26 abr. 1988.

AMARANTE, Leonor. "Arte incomum, sob efeito de choques e drogas". *O Estado de S. Paulo*, São Paulo, 8 nov. 1981.

"ARTE de loucos". *Veja*, São Paulo, 24 set. 1980.

CÂMARA, Fernando P. "História da psiquiatria: Vida e obra de Nise da Silveira". *Psychiatry On Line Brasil*, v. 7, n. 9, set. 2002. Disponível em: <bit.ly/2xD0xkB>.

CENTRO CULTURAL DO MINISTÉRIO DA SAÚDE. "Nise da Silveira: Vida e obra". Disponível em: <bit.ly/2ycrRDy>.

CEZIMBRA, Marcia. "Nise merece uma homenagem". *Jornal do Brasil*, Rio de Janeiro, 30 ago. 1990.

CORTE, Celina. "'Spinoza me fez mais simples'". *Jornal do Brasil*, Rio de Janeiro, 19 nov. 1995.

COURI, Norma. "E o Museu de Imagens do Inconsciente não acabou". *Jornal do Brasil*, Rio de Janeiro, 17 set. 1979.

_____. "Nise da Silveira: A grande dama da psiquiatria brasileira". *Jornal do Brasil*, Rio de Janeiro, 26 out. 1981.

_____. "Nise da Silveira – Museu do Inconsciente". *Jornal do Brasil*, Rio de Janeiro, 26 dez. 1974.

COUTINHO, Wilson. "A voz livre do outro". *Jornal do Brasil*, Rio de Janeiro, 26 out. 1981.

_____. "Amor ao inconsciente". *Jornal do Brasil*, Rio de Janeiro, 2 out. 1980.

FAERMAN, Marcos. "Receita da dra. Nise para a solidão dos loucos: cães, tinta e pincel". *Jornal da Tarde*, São Paulo, 7 ago. 1975.

FRANK, Marion. "Nise da Silveira: Sem medo do inconsciente". *Marie Claire*, São Paulo, n. 5, ago. 1991.

GOLDFEDER, Sônia. "Viagem insólita". *Veja*, São Paulo, 11 nov. 1981.

LISBOA, Luiz Carlos. "Nise da Silveira: O mundo contemporâneo é impaciente". *O Estado de S. Paulo*, São Paulo, 24 jan. 1987.

LOPES, Cláudio F. "Nise da Silveira: A revolução da psiquiatria". *Globo Ciência*, São Paulo, jul. 1997.

MARTINS, Alexandre. "Viagem ao inconsciente". *O Globo*, Rio de Janeiro, 10 maio 1987.

NASCIMENTO, Dalma. "A princesa Caralâmpia de um reino sem grades". *Tribuna da Imprensa*, Rio de Janeiro, 23 mar. 1995.

"NISE da Silveira: biografia mostra trajetória de psiquiatra que mudou paradigmas". *Jornal do Brasil*, Rio de Janeiro, 15 dez. 2014. Disponível em: <bit.ly/2vYjLNh>.

"NISE da Silveira: Impetuosa Caralâmpia". Site Psicorama, 31 mar. 2010.

PESSOA, Isa. "Uma doce terapeuta chamada Nise da Silveira". *O Globo*, Rio de Janeiro, 22 out. 1985.

RODRIGUES, Teresa C. "Dra. Nise da Silveira e seu livro *Imagens do Inconsciente*". *O Globo*, Rio de Janeiro, 8 nov. 1981.

SANTOS, Luiz G. P. "Nise da Silveira". *Psicologia: Ciência e Profissão*, Brasília, v. 14, n. 1-3, pp. 22-7, 1994. Disponível em: <bit.ly/2x72LY9>.

TICIANELI. "Nise da Silveira, uma revolucionária na psiquiatria brasileira". Site História de Alagoas, 2 jul. 2015. Disponível em: <bit.ly/2x6GiKG>.

VELOSO, Amanda M. "Quem foi Nise da Silveira, a mulher que revolucionou o tratamento da loucura no Brasil". HuffPost Brasil, 19 abr. 2016.

PAGU

CAMPOS, Augusto de. "Pagu". *Jornal da Tarde*, São Paulo, 14 mar. 1981.

CONTI, Mário S. "A verdade de Pagu, por Augusto de Campos". *Folha de S.Paulo*, São Paulo, 16 maio 1982.

COSTA, Flávio M. da. "A guerra particular de Patrícia Galvão". *IstoÉ*, São Paulo, 9 jan. 1980.

"DESCOBERTA de uma célula do partido operário leninista". *O Estado de S. Paulo*, São Paulo, 23 abr. 1938.

"EM AUSTIN, um 'brazilianist' redescobre uma escritora (e revolucionária) do modernismo brasileiro". *Jornal do Brasil*, Rio de Janeiro, 22 maio 1978.

GALVÃO, Patrícia. *Verdade & liberdade*. São Paulo: edição da autora, 1950.

GRAÇA, Eduardo. "Os mistérios de Pagu". *Jornal do Brasil*, Rio de Janeiro, 26 abr. 1998.

JACKSON, Kenneth D. "Patrícia e o realismo-social brasileiro dos anos 30". *Jornal do Brasil*, Rio de Janeiro, 22 maio 1978.

LHAMAS, Sérgio. "Pagu: foi fogo!". *Folha da Tarde*, São Paulo, 9 maio 1988.

MESQUITA, Alfredo. "Patricia Galvão". *O Estado de S. Paulo*, São Paulo, 28 fev. 1971.

"PAGU: Patrícia Rehder Galvão". *Acervo Estadão*. Disponível em: <bit.ly/2ybXkWj>.

"PATRÍCIA Galvão, musa, animadora, libertária...". *O Estado de S. Paulo*, São Paulo, 9 jun. 1985.

POMBO, Cristiano C. "Outros dias da mulher: Primeira presa política do Brasil, Pagu lutou contra opressão". *Acervo Folha*, 5 mar. 2017. Disponível em: <bit.ly/2xFn2p2>.

POMPEU, Renato. "Uma lição de vida". *IstoÉ*, São Paulo, 16 jun. 1982.

PONTES, Mário. "A musa dos antropófagos". *Jornal do Brasil*, Rio de Janeiro, 6 jun. 1982.

RICCA, Regina. "Um resgate da escritora Pagu". *Jornal da Tarde*, São Paulo, 18 mar. 1994.

"UMA MULHER de coragem. E de ideias". *Jornal da Tarde*, São Paulo, 12 maio 1988.

VIVA PAGU. Site. Disponível em: <www.pagu.com.br>.

ADA ROGATO

"ADA Rogato chega a Santos". *A Gazeta*, São Paulo, 6 jun. 1960.

"ADA Rogato conta as suas aventuras do ar no programa 'Bazar Feminino'". *Diario de S.Paulo*, São Paulo, 30 ago. 1941.

"ADA Rogato deseja novo tipo de avião". *O Estado de S. Paulo*, São Paulo, 5 ago. 1960.

"ADA Rogato volta a voar solitariamente em seu pequeno avião". *A Gazeta*, São Paulo, 10 maio 1956.

"ADA Rogato voltou triunfalmente...". *A Gazeta*, São Paulo, 13 jun. 1950.

"ADA Rogato, de volta de mais de 25 mil quilômetros de voo pelo Brasil". *A Gazeta*, São Paulo, 29 out. 1956.

"ADA Rogato, estrela continental da aviação...". *A Gazeta*, São Paulo, 2 fev. 1950.

"ADA Rogato, vencedora dos Andes...". *A Gazeta*, São Paulo, 3 jun. 1950.

"GLORIOSAMENTE solitária: Ada Rogato". *A Gazeta*, São Paulo, 23 abr. 1957.

GODOY, Roberto. "Nas nuvens com Ada Rogato". *O Estado de S. Paulo*, São Paulo, 19 jul. 2011. Disponível em: <bit.ly/2ybWAk2>.

MARZOCHI, Roger. "História de pioneira da aviação no Brasil ganha livro". *O Estado de S. Paulo*, 18 mar. 2011. Disponível em: <bit.ly/2x1kcdz>.

"PELA PRIMEIRA vez um monomotor transpõe o temido 'Inferno Verde'". *Diario de S.Paulo*, São Paulo, 18 out. 1956.

"PIONEIRA da aviação morre em SP". *Folha de S.Paulo*, São Paulo, 18 nov. 1986.

"REIDE São Paulo-Santiago do Chile". *O Estado de S. Paulo*, São Paulo, 30 jun. 1950.

GRAZIELA MACIEL BARROSO

BEDIAGA, Begonha; PEIXOTO, Ariane Luna; FILGUEIRAS, Tarciso S. "Maria Bandeira: uma botânica pioneira no Jardim Botânico do Rio de Janeiro". *História, Ciências, Saúde – Manguinhos*, Rio de Janeiro, v. 23, n. 3, pp. 799-822, set. 2016. Disponível em: <bit.ly/2yFu6zc>.

INSTITUTO DE PESQUISAS JARDIM BOTÂNICO DO RIO DE JANEIRO, Acervo Graziela Maciel Barroso.

"MARIA Bandeira: Primeira botânica do Jardim Botânico do Rio de Janeiro optou por vida religiosa ainda jovem". Blog HCS-Manguinhos, 18 mar. 2016. Disponível em: <bit.ly/3N8bVsH>.

MASSARANI, Luisa; DUQUE ESTRADA, Maria Ignez. "Graziela Maciel Barroso". Canal Ciência, Portal de Divulgação Científica e Tecnológica, jul. 1997. Disponível em: <bit.ly/3VTP1cJ>.

MAYO, Simon. Entrevista concedida a Marcos Gonzalez em maio de 2012. Disponível em: <youtu.be/LNk9uOi6A8I>.

PEIXOTO, Ariane Luna. Entrevista concedida às autoras em julho de 2017.

CAROLINA MARIA DE JESUS

BARCELLOS, Sergio (Org.). *Vida por escrito: Guia do acervo de Carolina Maria de Jesus*. Sacramento: Bertolucci, 2015.

"CAROLINA na 'Tarde de Autógrafos' ganhou casa do Ministro do Trabalho". *Diario de S.Paulo*, São Paulo, 20 ago. 1960.

FERREIRA, Adriana. "Carolina Maria de Jesus vai ter sua obra perpetuada". *O Estado de S. Paulo*, São Paulo, 6 abr. 1996.

GAMA, Rinaldo. "Despejados do mundo". *Veja*, São Paulo, 19 maio 1993.

JESUS, Carolina Maria de. *Quarto de despejo*. 10. ed. São Paulo: Ática, 2014.

MEIRA, Mauritônio. "Revista *Time* compara êxito da escritora favelada ao do *Lolita*". *Jornal do Brasil*, Rio de Janeiro, 11 out. 1960.

MIRANDA, Fernanda Rodrigues de. *Os caminhos literários de Carolina Maria de Jesus: Experiência marginal e construção estética*. São Paulo: FFLCH-USP, 2013. Dissertação (Mestrado em Estudos Comparados de Literaturas de Língua Portuguesa). Disponível em: <bit.ly/2wunscW>.

OLIVEIRA, Joana. "Textos inéditos de Zelda Fitzgerald, reedições de Carolina Maria de Jesus e mais mulheres nas leituras de agosto". *El País*, São Paulo, 20 ago. 2021. Disponível em: <bit.ly/3y22k14>.

QUEIROZ, Rachel de. "Carolina". *O Cruzeiro*, Rio de Janeiro, 3 dez. 1960.

VALEK, Aline. "Carolina Maria de Jesus, a catadora de letras". *Carta Capital*, São Paulo, 15 mar. 2016. Disponível em: <bit.ly/2eZCtx7>.

MARIA LENK

ARAÚJO, Maria Helena. "Maria Lenk, a chance perdida". *Jornal do Brasil*, Rio de Janeiro, 28 jun. 1976.

"DOIS importantes feitos das irmãs Lenk". *O Estado de S. Paulo*, São Paulo, 9 nov. 1939.

GARCIA, Claudia. "O biquíni – uma verdadeira bomba". Almanaque Folha. Disponível em: <bit.ly/2wvptWo>.

GRIJÓ, Fabio. "Pioneira da modernidade". *Jornal do Brasil*, Rio de Janeiro, 7 mar. 1999.

GUIA a história da moda: Tudo sobre a revolução no modo de se vestir. [S.l.]: On Line Editora, 2017.

"LENK depôs no Museu do Som". *O Estado de S. Paulo*, São Paulo, 13 jul. 1968.

LIMA, Natasha C. "Jânio Quadros quis 'varrer' do país brigas de galo, corridas de cavalo e biquínis". *Acervo O Globo*, 17 maio 2016. Disponível em: <glo.bo/2y3llxZ>.

"LINHA do tempo: trajes de banho femininos". Aventuras na História. Disponível em: <bit.ly/2x4droE>.

MAHAWASALA, Samantha. "História da moda praia – Mais de cem anos de maiôs e biquínis". Disponível em: <bit.ly/2jtQlES>.

"MAIS um brilhante feito da nadadora Maria Lenk". *O Estado de S. Paulo*, São Paulo, 10 nov. 1939.

"MARIA Lenk bateu o recorde mundial dos 400 metros". *O Estado de S. Paulo*, São Paulo, 13 out. 1939.

"MARIA Lenk: Nossa campeã mundial no tempo do amadorismo puro". *Jornal da Tarde*, São Paulo, 6 jul. 1983.

"MARIA Lenk". *Acervo Estadão*. Disponível em: <bit.ly/2vYb99k>.

MAXIMILIANO, Adriana. "Maria Lenk: A dama das piscinas". Aventuras na História, 1 mar. 2007.

"MULHERES vão à luta – Maria Emma Hulda Lenk Zigler (1915): Do Tietê aos Jogos Olímpicos". Portal Educacional. Disponível em: <bit.ly/2x5kbTz>.

PAULINO NETO, Fernando. "Aos 72 anos, a pioneira da natação ainda bate recordes". *Folha de S.Paulo*, São Paulo, 8 maio 1985.

"PRIMEIRA mulher sul-americana a participar dos Jogos Olímpicos, Maria Lenk fez história dentro e fora das piscinas". ESPN W., 27 maio 2016.

REZENDE, José. "Maria Lenk, uma lição de vida – Parte I". Associação de Cronistas Esportivos do Rio de Janeiro, 9 set. 2015. Disponível em: <bit.ly/2jtPGmS>.

DORINA NOWILL

DORINA: Olhar para o mundo. Direção de Lina Chamie, 2016.

FUNDAÇÃO DORINA NOWILL. Site. Disponível em: <www.fundacaodorina.org.br>.

"NESTE 'Olho no Olho' entrevistamos um anjo'. *Diário Popular*, São Paulo, 3 maio 1981.

NOWILL, Dorina. *E eu venci assim mesmo*. São Paulo: Totalidade, 1996.

"O TRABALHO de Dorina Nowill reconhecido pelo mundo". *O Estado de S. Paulo*, São Paulo, 14 out. 1979.

CACILDA BECKER

AMÂNCIO, Moacir. "Cacilda". *Jornal da Tarde*, São Paulo, 28 jan. 1984.

ANDRADE, Carlos Drummond de. *Versiprosa*. São Paulo: Companhia das Letras, 2017, p. 244.

"BIS!: 45 anos sem Cacilda Becker; relembre a trajetória da artista". Globo Teatro, 14 jun. 2014. Disponível em: <glo.bo/2h7V7mW>.

MAGALDI, Sábato. "O palco, a coisa que mais amou na vida". *O Estado de S. Paulo*, São Paulo, 7 maio 1969.

"MIS fez gravação de Cacilda Becker". *O Estado de S. Paulo*, São Paulo, 27 dez. 1967.

"O SILÊNCIO desce sobre Cacilda". *Folha de S.Paulo*, São Paulo, 15 jun. 1969.

TV CULTURA. "Cacilda Becker". *Persona em Foco*, 26 jul. 2016. Disponível em: <youtu.be/xahTdlazMYs>.

DONA IVONE LARA

BALLOUSSIER, Anna Virginia. "A dona do samba". *Folha de S.Paulo*, São Paulo, 24 ago. 2015.

DONA IVONE LARA. Site. Disponível em: <www.donaivonelara.com.br>.

ITAÚ CULTURAL. Ocupação Dona Ivone Lara, São Paulo, 2015. Disponível em: <bit.ly/3sw2sSF>.

PENNAFORT, Roberta. "Dona Ivone Lara abre o baú de sambas". *O Estado de S. Paulo*, São Paulo, 25 jul. 2012.

SANCHES, Pedro Alexandre. "Ouça a voz e o samba de Dona Ivone Lara, 83". *Folha de S.Paulo*, São Paulo, 25 jul. 2004.

ZUZU ANGEL

ACERVO ZUZU ANGEL. Site. Disponível em: <www.zuzuangel.com.br>.

ANDRADE, Priscila. "A marca do anjo: A trajetória de Zuzu Angel e o desenvolvimento da identidade visual da sua grife". *Iara: Revista de Moda, Cultura e Arte*, São Paulo, v. 2, n. 2, out./dez. 2009, dossiê 4. Disponível em: <bit.ly/2x2bHPa>.

"ZUZU Angel, entre bordados e rendas". *O Estado de S. Paulo*, São Paulo, 26 jul. 1976.

"ZUZU Angel: 'Estou sempre começando'". *O Globo*, Rio de Janeiro, 15 abr. 1976.

"ZUZU Angel". Portal Memórias da Ditadura. Disponível em: <bit.ly/3suasUa>.

JOSEFA PAULINO DA SILVA

JOSEFA: Uma mulher na luta camponesa. Direção: Roberto Maxwell e Luiz Claudio Lima, 2002. Disponível em: <youtu.be/qfa8M2dO7zs>.

MINISTÉRIO DO DESENVOLVIMENTO AGRÁRIO; SECRETARIA DE DIREITOS HUMANOS (SDH). *Retrato da repressão política no campo – Brasil 1962-1985. Camponeses torturados, mortos e desaparecidos*. Brasília, dez. 2010. Disponível em: <bit.ly/2fo6w2a>.

NIÈDE GUIDON

ALTMAN, Fábio. "A mandachuva da caatinga". *Época*, São Paulo, 7 set. 1998.

CARVALHO, Flávio de. "Piauí encontra homem de 41.500 anos". *O Estado de S. Paulo*. São Paulo, 1 out. 1988.

CORDEIRO, Flavio. "Homem do Piauí tem mais de 48 mil anos". *O Estado de S. Paulo*, São Paulo, 9 jun. 1989.

GUIDON, Nièdе. Entrevista concedida às autoras em maio de 2017.

GUIDON, Nième. *Sítios arqueológicos brasileiros.* Brasília; Santos: Unesco Brasil; Editora Brasileira, 2014, p. 11. Disponível em: <unesdoc.unesco.org/images/0023/002335/233500m.pdf>.

"PESQUISA confirma vida humana em solo brasileiro há 39 mil anos". *O Globo*, Rio de Janeiro, 17 out. 1987.

TV CULTURA. "Niède Guidon". *Roda Viva*, 29 set. 2014. Disponível em: <youtu.be/AXa2e5AcU0E>.

UNIVESP TV. "Vida de Cientista – Niède Guidon", 10 jul. 2014. Disponível em: <youtu.be/LY6kADIdIiU>.

ZILDA ARNS

AGNELO, Geraldo M. "A fé comprometida com a caridade". *O Estado de S. Paulo*, São Paulo, 16 jan. 2010.

ARRUDA, Roldão. "'Milagre' da Pastoral da Criança é a informação". *O Estado de S. Paulo*, São Paulo, 11 jan. 2001.

_____. "Zilda Arns, de Forquilhinha, segue na batalha". *O Estado de S. Paulo*, São Paulo, 21 jan. 2001.

CARRANCA, Adriana. "Obra foi revolução na saúde do País". *O Estado de S. Paulo*, São Paulo, 14 jan. 2010.

DI FRANCO, Carlos A. "Boa notícia". *O Estado de S. Paulo*, São Paulo, 12 jun. 2000.

"LULA endossa Nobel póstumo a Zilda Arns". *O Estado de S. Paulo*, São Paulo, 17 jan. 2010.

MANIR, Mônica. "Cinco pães e dois peixes". *O Estado de S. Paulo*, São Paulo, 3 dez. 2006.

MARTINS, José de S. "A missionária da mão na massa". *O Estado de S. Paulo*, São Paulo, 17 jan. 2010.

MAYRINK, José M. "Multidão comparece a velório de Zilda". *O Estado de S. Paulo*, São Paulo, 16 jan. 2010.

_____. "Zilda Arns: um chamado que salvou a vida de milhões de crianças".

O Estado de S. Paulo, São Paulo, 14 jan. 2010.

MUSEU DA VIDA. Site. Disponível em: <www.pastoraldacrianca.org.br/museudavida>.

NEUMANN, Nelson Arns. Entrevista concedida às autoras em maio de 2017.

PASTORAL DA CRIANÇA. Site. Disponível em: <www.pastoraldacrianca.org.br>.

RACY, Sonia. "'Eu gosto é de lidar com gente'". *O Estado de S. Paulo*, São Paulo, 6 jan. 2008.

REZENDE, Rosângela. "A Pastoral que salva nossas crianças". *O Estado de S. Paulo*, São Paulo, 23-24 dez. 2000.

SERRA, José. "Uma mulher e tanto". *O Estado de S. Paulo*, São Paulo, 15 jan. 2010.

MARGARIDA MARIA ALVES

"ASSASSINATO de Margarida Maria Alves completa 30 anos na Paraíba". G1, 11 ago. 2013. Disponível em: <glo.bo/2x728O8>.

COMISSÃO DE FAMILIARES DE MORTOS E DESAPARECIDOS POLÍTICOS. *Dossiê ditadura: Mortos e desaparecidos políticos no Brasil (1964-1985)*. São Paulo: Imprensa Oficial; IEVE, 2009.

FERREIRA, Ana Paula R. S. *A trajetória político-educativa de Margarida Maria Alves: entre o velho e o novo sindicalismo rural*. João Pessoa: UFPB, 2010. Tese (Doutorado em Educação).

FUNDAÇÃO MARIA MARGARIDA ALVES. Site. Disponível em: <www.fundacaomargaridaalves.org.br>.

LOURENÇO, Luana. "Conheça a história de Margarida Alves, que inspira a Marcha das Margaridas". *Fórum*, 12 ago. 2015.

"MARGARIDA Alves, assassinada em 1983, agora é anistiada política". *Rede Brasil Atual*, 7 jul. 2016. Disponível em: <bit.ly/3z9ekgT>.

"MEDALHA Chico Mendes". Site Grupo Tortura Nunca Mais – RJ. Disponível em: <bit.ly/2jZzwSx>.

ROCHA, Guilherme S. *Construtores da Justiça e da paz: Margarida Alves*. São Paulo: Salesiana Dom Bosco, 1996. Disponível em: <bit.ly/2wuvWki>.

LEILA DINIZ

"A LEILA Diniz que ninguém conhece". *Realidade*, São Paulo, abr. 1971.

ALMEIRA, Magda. "Dez anos sem a liberdade e a alegria de Leila". *O Estado de S. Paulo*, São Paulo, 12 jun. 1982.

"ATRIZ Leila Diniz, musa da liberação feminina no país, morre na Índia em 72". *Acervo O Globo*, 26 jul. 2013. Disponível em: <glo.bo/2wfGys1>.

BRAGA, Suzana. "Dez anos depois, uma semana lembrando Leila". *Jornal do Brasil*, Rio de Janeiro, 25 jul. 1982.

CAMBARÁ, Isa. "À primeira musa de Ipanema". *Jornal da Tarde*, São Paulo, 13 fev. 1987.

CASTRO, Ruy. "Leila, a estrela que explodiu no céu". *O Estado de S. Paulo*, São Paulo, 14 jun. 1992.

CATANI, Afrânio M. "Leila Diniz. Como resistir?". *Jornal da Tarde*, São Paulo, 1 out. 1983.

"CRUZ do Sul para Leila". *O Estado de S. Paulo*, São Paulo, 20 jun. 1972.

"DOR resgatada". *Veja*, São Paulo, 5 dez. 1984.

"FALTA uma certa Leila Diniz". *Veja*, São Paulo, 21 jun. 1972.

GODINHO JR., Ivandel. "O mito: Está fazendo quatro anos que Leila Diniz morreu. Procura-se um diretor capaz de fazer um filme sobre sua vida. Alguém que não seja Domingos de Oliveira, seu maior apaixonado, nem Rui Guerra, pai de sua filha Janaína". *Fatos e Fotos*, Rio de Janeiro, 27 jun. 1976.

JANSEN, Roberta. "Antropóloga mostra lado frágil de Leila Diniz". *O Estado de S. Paulo*, São Paulo, 8 dez. 1995.

"LEILA Diniz em jato acidentado". *O Estado de S. Paulo*, São Paulo, 15 jun. 1972.

"LEILA Diniz, passageira do avião que explodiu". *Jornal da Tarde*, São Paulo, 15 jun. 1972.

"LEILA", *Diario de S.Paulo*, São Paulo, 15 mar. 1970.

MAIA, Monica. "Antropóloga desvenda mito de Leila Diniz". *Folha de S.Paulo*, São Paulo, 2 dez. 1995.

"MARIETA Severo". Portal Brasileiro de Cinema. Disponível em: <bit.ly/2eZLczr>.

"O ENTERRO de Leila Diniz". *Jornal da Tarde*, São Paulo, 26 jun. 1972.

"O NOVO rebolado". *Veja*, São Paulo, 11 fev. 1970.

PENIDO, José M. "Leila Diniz era assim". *Jornal da Tarde*, São Paulo, 16 jun. 1972.

"SABOTAGEM no avião de Leila". *O Estado de S. Paulo*, São Paulo, 16 jun. 1972.

SANTOS, Joaquim F. *Leila Diniz: Uma revolução na praia*. São Paulo: Companhia das Letras, 2008.

SCHILD, Susana. "Uma Leila chamada Diniz". *Jornal do Brasil*, Rio de Janeiro, 18 nov. 1986.

SÉRGIO, Renato. "Dez anos sem Leila Diniz". *Manchete*, Rio de Janeiro, 12 jun. 1982.

"UM SHOW carioca". *Veja*, São Paulo, 2 fev. 1972.

XEXÉO, Artur; MALTA, Maria Helena; VENTURA, Zuenir. "A mulher de Ipanema". *IstoÉ*, São Paulo, 28 jul. 1982.

DINALVA OLIVEIRA TEIXEIRA

CARVALHO, Luiz Maklouf. *O coronel rompe o silêncio*. Rio de Janeiro: Objetiva, 2004.

MORAIS, Taís; SILVA, Eumano. *Operação Araguaia: Os arquivos secretos da guerrilha*. São Paulo: Geração Editorial, 2005.

PORTELA, Fernando. *Guerra de Guerrilhas no Brasil: A saga do Araguaia*. São Paulo: Terceiro Nome, 2002.

MARINALVA DANTAS

CAVALCANTI, Klester. *A dama da liberdade*. São Paulo: Benvirá, 2015, pp. 165-6.

DANTAS, Marinalva. Entrevista concedida às autoras em junho de 2017.

CANAL SAÚDE. "Brasil resgatou mais de mil trabalhadores do trabalho escravo em 2015", 28 jan. 2016. Disponível em: <bit.ly/3N29dVH>.

PORTAL BRASIL. "Mais de 63 mil crianças e adolescentes foram retirados do trabalho infantil no Brasil", 12 jun. 2017.

SMARTLAB. Site. Seções sobre trabalho infantil e trabalho escravo. Disponível em: <smartlabbr.org>.

SUBSECRETARIA DE INSPEÇÃO DO TRABALHO. Site. Disponível em: <bit.ly/3JOyoJQ>.

UNICEF. "Trabalho infantil aumenta pela primeira vez em duas décadas e atinge um total de 160 milhões de crianças e adolescentes no mundo", 10 jun. 2021. Disponível em: <uni.cf/3C2Wuib>.

INDIANARAE SIQUEIRA

BENEVIDES, Bruna G.; NOGUEIRA, Sayonara Naider Bonfim. (Orgs.). *Dossiê dos assassinatos e da violência contra travestis e transexuais brasileiras em 2020*. São Paulo: Expressão Popular, Antra, IBTE, 2021. Disponível em: <bit.ly/3rWKrgd>.

JESUS, Jaqueline Gomes de. "Uma puta educadora: Entrevista com Indianara Alves Siqueira". *Gênero*, Niterói, v. 14, n. 1, pp. 57--67, 2. sem. 2013.

"QUE A LIBERDADE ensine as pessoas". *Concinnitas*, Rio de Janeiro, v. 1, n. 28, set. 2016. Disponível em: <bit.ly/2eZVtvk>.

REDE LIVRE. "Indianara Siqueira". Disponível em: <bit.ly/2juLseP>.

REIS, T. (Org.). *Manual de Comunicação LGBTI+*. 2ª ed. Curitiba: Aliança Nacional LGBTI/

GayLatino, 2018. Disponível em: <bit.ly/3xY75Ja>.

SIQUEIRA, Indianarae. Depoimento pessoal publicado no Facebook em outubro de 2016.

_____. Entrevista concedida às autoras em abril de 2017.

TRANSGENDER EUROPE. "30 de março de 2016: Nota de imprensa, Dia Internacional da Visibilidade Trans". Disponível em: <bit.ly/2x2FDuJ>.

SÔNIA GUAJAJARA

APIB. "Carta dos povos indígenas do Brasil: Levante pela terra". 14 jun. 2021. Disponível em: <bit.ly/3OA4Yku>.

GUAJAJARA, Sônia. Coluna no site Mídia Ninja. Disponível em: <bit.ly/2foZTN2>.

_____. Depoimento ao programa Liderar do Instituto Internacional de Educação do Brasil (IEB).

_____. Entrevistas concedidas por e-mail às autoras entre abril e maio de 2017.

PINHEIRO, Iara. "Sônia Guajajara, especialista em educação: 'Quando lutamos por terra, cuidamos de todo mundo'". *O Globo*, 25 abr. 2016. Disponível em: <glo.bo/2wvSaT6>.

MARIELLE FRANCO

"ASSISTÊNCIA Técnica: Vereadora Marielle Franco apresentou projeto de lei sobre o tema". CAU/RJ, 15 mar. 2018. Disponível em: <bit.ly/378doid>.

BALLOUSSIER, Anna Virginia. "Irmã critica banalização da imagem de Marielle Franco e contagem de dias da morte". *Folha de S.Paulo*, São Paulo, 5 jul. 2021. Disponível em: <bit.ly/3LUNJZc>.

BERNARDO, André. "O que Marielle tem a ensinar sobre Educação aos jovens carentes". *Nova Escola*, 26 mar. 2018. Disponível em: <bit.ly/3Jw2PT6>.

DINIZ, Edson; BELFORT, Marcelo Castro; RIBEIRO, Paula (Orgs.). *Memória e identidade dos moradores do Morro do Timbau e Parque Proletário da Maré*. Rio de Janeiro: Editora Redes da Maré, 2013.

DIREITO À FAVELA. Site. Disponível em: <bit.ly/3E0tTce>.

FERNANDES, Fernanda. "Maré: uma cidade dentro do Rio de Janeiro". *MultiRio*, 12 ago. 2015. Disponível em: <bit.ly/3jqKLPJ>.

FRANCO, Marielle. *UPP – A redução da favela a três letras: Uma análise da política de segurança pública do estado do Rio de Janeiro*. Niterói: UFF, 2014. Dissertação (Mestrado em Administração). Disponível em: <bit.ly/362lBnF>.

FREIXO, Marcelo. "Ela é uma voz de 2013". PSOL, 26 mar. 2018. Disponível em: <bit.ly/373IjMM>.

GRAGNANI, Juliana. "Marielle era uma das 32 mulheres negras entre 811 vereadores eleitos em capitais brasileiras". BBC Brasil, 15 mar. 2018. Disponível em: <bbc.in/3NWy6Cl>.

INSTITUTO MARIELLE FRANCO. *Marielle Franco: Raízes*. Rio de Janeiro, 2021. Disponível em: <bit.ly/37COB5l>.

KARAM, Luiza. "Mãe de Marielle Franco: 'Consegui me despedir da minha filha'". *Marie Claire*, São Paulo, 26 mar. 2018. Disponível em: <glo.bo/3v9tXCl>.

"MARIELLE Franco: defensora dos direitos humanos e do direito à cidade". CAU/RJ, 22 mar. 2018. Disponível em: <bit.ly/3Jua7Xt>.

MIRANDA, Eduardo. "Entrevista | Mãe de Marielle encontra quinto delegado do caso e cobra resolução do crime". *Brasil de Fato*, Rio de Janeiro, 14 mar. 2022. Disponível em: <bit.ly/3LV9KH7>.

OTAVIO, Chico; ARAÚJO, Vera. *Mataram Marielle: Como o assassinato de Marielle Franco e Anderson Gomes escancarou o submundo do crime carioca*. Rio de Janeiro: Intrínseca, 2020.

"QUEM foi Marielle Franco? (o efeito Marielle)". Podcast *Arquivo aberto*. Fortaleza: *Jornal O Povo*, set. 2019. Disponível em: <spoti.fi/37CBUrs>.

DJAMILA RIBEIRO

"BEATRIZ Nascimento". Geledés, São Paulo, 31 maio 2009. Disponível em: <bit.ly/2CU04Nu>.

CORTÊZ, Natacha. "Guru feminista". Uol, São Paulo, 20 dez. 2017. Disponível em: <bit.ly/2CToCWM>.

"HOJE na História, 1935, nascia Lélia Gonzalez". Geledés, São Paulo, 1 fev. 2012. Disponível em: <bit.ly/2zLjd1Y>.

LIMA, Roberta. "Beatriz Nascimento, atlântica". Geledés, São Paulo, 4 nov. 2015. Disponível em: <bit.ly/2CVFXPG>.

NOVAES, Marina. "É preciso discutir por que a mulher negra é a maior vítima de estupro no Brasil". *El País*, São Paulo, 23 jul. 2016. Disponível em: <bit.ly/2CEEQja>.

OLIVEIRA, Ana Flávia. "Djamila Ribeiro, a voz da consciência negra feminina no Brasil". Vice, São Paulo, 18 nov. 2016. Disponível em: <bit.ly/2gDlWPR>.

RACY, Sonia. "'Ser negra aqui é ser estrangeira no próprio país', diz Djamila Ribeiro". *O Estado de S. Paulo*, São Paulo, 18 dez. 2017. Disponível em: <bit.ly/2Fet1St>.

RIBEIRO, Djamila. Entrevista concedida às autoras em janeiro de 2018.

_____. "Djamila Ribeiro". Site Afronta, São Paulo, 3 mar. 2015. Disponível em: <bit.ly/2D5LVKx>.

_____. "Estrangeira no próprio país". *Carta Capital*, São Paulo, 6 nov. 2017. Disponível em: <bit.ly/3DuUaAA>.

"SUELI Carneiro". Geledés, São Paulo, 14 mar. 2013. Disponível em: <bit.ly/2CTXk38>.

MARTA VIEIRA

"EUA: Marta é contratada pelo Orlando Pride". *Veja*, São Paulo, 7 abr. 2017. Disponível em: <abr.ai/2y3Pqgl>.

"MARTA é indicada a prêmio de melhor do ano". *Veja*, São Paulo, 1 maio 2017. Disponível em: <abr.ai/2xF5x8j>.

"MARTA sempre reinou nos gramados – mesmo quando não era notada". *Veja*, São Paulo, 9 ago. 2016. Disponível em: <abr.ai/2fbU6xj>.

MONTEIRO, Karla. "Marta, a rainha do futebol". *TPM*, São Paulo, n. 144, 16 jul. 2014. Disponível em: <bit.ly/2fbotEj>.

"TUDO sobre Marta: Jogadora de futebol eleita a melhor do mundo cinco vezes, Marta lidera a seleção brasileira na busca por seu primeiro ouro". *Época*, São Paulo, 27 jul. 2016. Disponível em: <glo.bo/2x7R9nG>.

VIEIRA, Marta. "Carta para eu mesma quando jovem". *The Players' Tribune*, 24 ago. 2017. Disponível em: <bit.ly/2fnpuWi>.

FELIPA DE SOUZA

MOTT, Luiz. "História da homossexualidade no Brasil: cronologia dos principais destaques". Anais do X Encontro Brasileiro de Gays, Lésbicas e Transgêneros, Maceió, 25 out. 2001.

_____. *O lesbianismo no Brasil*. Porto Alegre: Mercado Aberto, 1987.

PIMENTA, Denilson. "A história do movimento LGBT". Portal Vermelho, 14 jan. 2015. Disponível em: <bit.ly/2fpnvRP>.

OLGA BENARIO PRESTES

ALTMAN, Max. "Hoje na História: 1942 – Olga Benário Prestes é morta em câmara de gás na Alemanha". Opera Mundi, 23 abr. 2017. Disponível em: <bit.ly/2D4asTp>.

CAVALCANTE, Ania. "Uma vida contra a opressão e a injustiça". *Jornal da USP On-line*. Disponível em: <bit.ly/2AUAfrb>.

"LUÍS Carlos Prestes". Portal Memórias da Ditadura. Disponível em: <bit.ly/2D6V4oD>.

MORAIS, Fernando. *Olga*. São Paulo: Companhia de Bolso, 2014.

NUNOMURA, Eduardo. "A luta de resistência de Olga Benario". *Carta Capital*, 17 jun. 2017.

PANDOLFI, Dulce Chaves. "A revolta comunista de 1935". CPDOC-FGV.

PRESTES, Anita Leocadia. *Olga Benario Prestes: Uma comunista nos arquivos da Gestapo*. São Paulo: Boitempo, 2017.

SOUSA, Rainer Gonçalves. "Aliança Nacional Libertadora". Portal Mundo Educação. Disponível em: <bit.ly/2D4gpQy>.

"ÚLTIMA carta de Olga Benário". Instituto Luiz Carlos Prestes. Disponível em: <bit.ly/2mw15BY>.

CARMEN MIRANDA

ALTMAN, Max. "Hoje na História: 1955 – Morre Carmen Miranda em Beverly Hills, Hollywood". Portal Opera Mundi, 5 ago. 2013. Disponível em: <bit.ly/2ydcgne>.

CASTRO, Ruy. *Carmen: Uma biografia*. São Paulo: Companhia das Letras, 2005.

SANCHES, Pedro Alexandre. "Carmen foi embaixadora do Brasil oficial". *Folha de S.Paulo*, São Paulo, 16 fev. 1996. Disponível em: <bit.ly/2vYiCoP>.

VIANNA, Luiz Fernando. "Livro derruba mitos sobre Carmen Miranda". *Folha de S. Paulo*, São Paulo, 30 nov. 2005. Disponível em: <bit.ly/2foNjxl>.

LINA BO BARDI

FERRAZ, Marcos Grinspum. "Cem anos de Lina Bo Bardi, arquiteta-antropóloga". Outras Palavras, 5 dez. 2014. Disponível em: <bit.ly/2woj4gh>.

INSTITUTO LINA BO E P.M. BARDI. Site. Disponível em: <institutobardi.com.br>.

OLIVEIRA, Olivia de. "Mito, saber popular e memória coletiva. Fundamentos da obra de Lina Bo Bardi". *Crisis & Crítica*, n. 1, mar. 2013.

DOROTHY STANG

ALFONSIN, Jacques Távora. "Quem matou Dorothy Stang, em 12 de fevereiro de 2005, continua matando". MST. Disponível em: <bit.ly/3VZdnBE>.

CARNEIRO, Luiz Paulo. "Missionária Dorothy Stang é assassinada no Pará por defender grupos extrativistas". *O Globo*, Rio de Janeiro, 25 maio 2017.

MILANEZ, Felipe. "Uma década sem Dorothy Stang e com muito sangue na terra". Blog do Felipe Milanez – *Carta Capital*, 12 fev. 2015.

PRIORE, Mary Del. "Quando Dorothy encontra Dorothy". *O Estado de S. Paulo*, São Paulo, 6 mar. 2005.

THEY Killed Sister Dorothy [Mataram Irmã Dorothy]. Documentário. Direção: Daniel Jungle, 94 min, 2008, EUA.

Agradecimentos

Agradecemos imensamente à Companhia das Letras por abraçar esta ideia e a todos que apostaram neste projeto no Catarse.

Sem o auxílio de vocês, nosso livro não seria possível: Luisa Matsushita, Edmundo Leite e equipe (Acervo Estadão), Angela Porto, Mayumi Aibe, Ivan Kasahara, Naíma Saleh, Marília Gabriela.

Agradecemos também o carinho e apoio de Marcos Schulz, Lua Leça, Maria Gadú, Dani Siqueira, Sophia Rubio Arsenault e Otto Arsenault, Gisela Porto, Miro, Jana Rosa, Bia Bittencourt, Andrea Dominguez, Fabiana Gonçalves, Ana Paula Gonçalves, Erika Palomino, Dani Salles, Drica Lobo, Andrea Lerner, Maria Teresinha Palmer e família, Mario Savioli e família, Andrea Pahim, Dani Siqueira, Paola Maria Bourbon, Neusa Gadu.

Obrigada a Algemira Mendes, Paola Maria Bourbon, João de Albuquerque, Ana Paula Cavalcanti Simioni, Manuela Henrique Nogueira, Regina Teixeira de Barros, Ana Maria Magalhães, Carmen Magalhães, Ana Luiza Nobre, Casa Laudelina de Campos Melo, Tom Farias, Martha Nowill, Fundação Dorina Nowill, Aimar Labaki, Priscila Andrade, Hildegard Angel, Simone Costa, Fundação Margarida Maria Alves, Marcello Dantas, Nelson Arns Neumann, Pastoral da Criança, Leonencio Nossa, Hugo Studart, Diogo Kotscho, Fabiano Farah, Luiz Mott, David Stang, Jardim Botânico do Rio de Janeiro, Museu Imperial/ Instituto Brasileiro de Museus (Ibram), José de Arimatéia Alves, Leda Rita Cintra, Luiz Carlos Becker Fleury Martins, Vera Eunice de Jesus, André Figueiredo Rodrigues, Eliza Rogato, Lucita Briza, Djalma Conceição Oliveira, Sylvia Malfatti, Anita Prestes e Museu do Inconsciente.

Agradecemos às famílias, administradores de espólios e demais detentores de direitos de imagem pela permissão de reproduzir as ilustrações deste volume. Embora todos os esforços tenham sido feitos para entrar em contato com os responsáveis, nem sempre isso foi possível. Teremos prazer em creditar as fontes, caso se manifestem.

Sobre as autoras

DUDA PORTO DE SOUZA

Sou apaixonada pelos encontros entre educação e artes visuais, e sonho que este livro chegue às salas de aula brasileiras. Meu desejo é ver crianças, jovens e adultos serem inspirados por histórias sobre direitos humanos, essenciais para entendermos as conquistas do passado, vivermos melhor o presente e moldarmos o futuro. Sou jornalista, já trabalhei em galerias de arte, colaborei com o desenvolvimento de exposições de grande público e escrevi para publicações do segmento cultural. Defendo a cultura das bibliotecas e o poder que elas têm de transformar a sociedade. Em agosto de 2013, aos 29 anos, inaugurei a primeira Biblioteca Infantojuvenil Multilíngue pública do país, com acervo de mais de 20 mil títulos, localizada no Centro Universitário Belas-Artes de São Paulo, para a qual arrecadei livros durante quatro anos.

ARYANE CARARO

Sou jornalista e escrevi a maior parte deste livro com a Nina na barriga. Tenho um orgulho imenso de ter feito parte deste projeto, que fala de brasileiras para mulheres e homens de todas as idades, mesmo aqueles que acabaram de nascer, como a minha filha. Desejo que Nina e tantas outras meninas e meninos cresçam sabendo das histórias dessas revolucionárias e da força que as mulheres têm, e acredito que as próximas gerações vão acabar com as desigualdades de gênero. Em vinte anos de jornalismo, escrevi sobre quase tudo, mas principalmente a respeito do universo materno e infantil, em veículos como a revista *Crescer*, da qual fui editora-chefe, e o jornal *O Estado de S. Paulo*. Fiz mestrado em estética e história da arte pelo MAC-USP e especialização em jornalismo literário. Adoro contar que aprendi kung fu e sou capaz de falar sobre livros infantis durante horas (e, agora, também sobre as dores e delícias de ser mãe).

Sobre as ilustradoras

ADRIANA KOMURA

Tenho 34 anos, nasci em São Paulo e sou designer gráfica e ilustradora formada em editoração pela ECA-USP. Eu e mais dois amigos fundamos a República Books, uma pequena editora independente. Publicamos zines e a revista experimental *Cópia*, e participamos de diversas feiras de livros de artistas no Brasil e no exterior.

BÁRBARA MALAGOLI

Sou artista gráfica freelancer, focada em ilustração e design, e moro em São Paulo. Tenho trabalhado como profissional independente com estúdios e clientes em uma ampla gama de projetos. Meu trabalho fala sobre a natureza e o feminino em composições, formas, texturas e cores ousadas.

BRUNA ASSIS BRASIL

Desde pequena, sempre amei desenhar. Estudei design gráfico e fiz pós-graduação em ilustração criativa na Escola de Disseny i Art de Barcelona. Hoje, ter a oportunidade de ilustrar um livro como este é uma grande realização. Em 2016 fui uma das ganhadoras do prêmio Jabuti, na categoria ilustração infantil. Conheça meus outros trabalhos em: <brunaassisbrasil.com.br>.

HELENA CINTRA

Sou uma artista gráfica mineira, nascida em Belo Horizonte e formada em design gráfico pela UEMG. Há dez anos tenho encontrado minha voz na ilustração para falar daquilo que me encanta: a história e as "estórias", a natureza, as mulheres e os folclores do mundo. Trabalhei em livros diversos e fanzines, e atualmente me aventuro também como tatuadora.

JOANA LIRA

Sou artista gráfica pernambucana e moro em São Paulo há dezoito anos. Uma das particularidades do meu trabalho é a forte inspiração na cultura brasileira e o uso de diversos tipos de suportes de expressão. A força de um desenho e o poder de transformação que ele pode despertar nas pessoas é o que me move.

LAURA ATHAYDE

Sou advogada por formação e desenhista por teimosia. Depois de terminar a pós-graduação em direito tributário, em 2014, resolvi me entregar às minhas paixões de infância: ilustração e quadrinhos! Lancei algumas HQS independentes e já ilustrei para a Companhia das Letras, Record e Planeta.

LOLE

Hoje meu nome é Lole, mas nasci no Rio de Janeiro como Alessandra Lemos. Atualmente moro em Nova York. Comecei minha carreira como publicitária e aprendi muito nessa função. A paixão por desenhar sempre existiu, mas foi só em 2012 que decidi começar uma nova carreira como ilustradora. Gosto de experimentar técnicas diferentes, mas minha base é a aquarela – ela é incontrolável, e isso é muito libertador.

VERIDIANA SCARPELLI

Nasci, moro e trabalho em São Paulo. Formada em arquitetura, dei várias voltas até entender que a ilustração era o meu lugar. Desde então, trilho um caminho que começou com revistas, depois apareceram os jornais e vieram outros projetos dos mais diversos. Em 2012, lancei meu primeiro livro como autora – *O sonho de Vitório*.

VITÓRIA RIBEIRO

Nasci no Rio de Janeiro em 1998, e me formei em design gráfico pela Estácio de Sá. Sou criadora de conteúdo e ilustradora. Gosto de usar a minha arte como forma de identificação, principalmente com o público preto, gerando representatividade, dando voz e pertencimento.

YARA KONO

Nasci em São Paulo, sou ilustradora e designer gráfica. Quando era pequena, adorava rabiscar na parede da sala. Estudei em Araraquara, no interior de São Paulo, e vivi no Japão por um ano. Hoje moro em Portugal e desde 2004 faço parte do Planeta Tangerina. Gosto de caminhar, cozinhar para os amigos e desenhar elefantes.

Esta obra é um trabalho conjunto de várias mulheres. Foi escrita por Duda Porto de Souza e Aryane Cararo, editada por Mell Brites e Nathália Dimambro, preparada por Lígia Azevedo, produzida por Gisela Creni e Fernanda Belo, revisada por Carmen T. S. Costa, Adriana Moreira Pedro e Natália Mori, e teve o design de capa e de miolo criados por Tamires Cordeiro, usando as fontes Nofret (de Gudrun Zapf-von Hesse), Tarzana e Solex (de Zuzana Licko).

Impressa pela Geográfica em ofsete sobre papel Alta Alvura da Suzano S.A. para a Editora Schwarcz em abril de 2025

A marca FSC® é a garantia de que a madeira utilizada na fabricação do papel deste livro provêm de florestas que foram gerenciadas de maneira ambientalmente correta, socialmente justa e economicamente viável, além de outras fontes de origem controlada.